日语专业系列教材

普通高等教育"十一五"国家级规划教材
普通高等教育精品教材

日本语听力

第三版

教学参考书　第三册

主　编　侯仁锋　梁高峰

副主编　段笑晔

编　者　王　晶　刘　侃　孙　莉　沈丽芳

　　　　侯仁锋　段笑晔　梁高峰

审　校　安中妙（日）

U0164917

华东师范大学出版社

出版说明

《日本语听力》教材初版于1998～2001年间,再版于2007～2008年间。历经8年,这次我们决定进行第三版次的修订。

该教材初版之际,其编写工作即得到了日本国际交流基金会的大力支持,每册主编均应邀赴日,在日本语言和文化学界一流专家的指导下,几易初稿直至通过审核定稿。教材一经出版,即得到了国内日语界的广泛认可,每册教材多次印刷,成为我国高校日语专业听力课程的首选教材。

随着时间的推移,日本的社会文化发生了巨大的变化,中国日语教学理念不断更新;广大日语教师在使用过程中有诸多心得,也积累了不少经验,为了满足日语教育的需求,2007年我们进行了修订,是为第二版。将教材的结构由原来的五册改为四册;修订后的"教师用书"改为"教学参考书",每册均配套CD光盘(并有磁带供选用)。

为了适应当下日语教学现状和需求,2015年,在广泛征求高校教师的意见和建议的基础上,我们再次启动了修订工作。本次修订仍旧保持第二版时的规模,即入门篇(主编沙秀程 日本九州共立大学教授)、第一册(主编徐敏民 华东师范大学教授)、第二册(主编杜勤 上海理工大学教授)和第三册(主编侯仁锋 日本广岛大学教授;梁高峰 西安电子科技大学副教授),每一册修订幅度均在50%以上。根据广大日语专业教学一线的反馈,我们调整了入门篇与第一册、第二册之间的难度衔接;每册均配套CD光盘。特别值得一提的是,我们注重贴近日语国际能力考试的教学需求,不仅调整了听力材料的难度,更增加了部分日语国际能力考试听力题型。

这套教材为国家教育部批准的普通高等教育"十一五"国家级规划教材。我们相信,本次修订后的教材会以更高的质量呈现在广大读者面前,为我国的日语教育作出更大的贡献。我们真诚地希望日语教育的专家、学者以及广大读者继续对本教材提出宝贵的意见,以便不断改进,精益求精。

华东师范大学出版社

2015年7月

前言

《日本语听力（第二版）》第三册，自 2007 年出版以来，承蒙广大日语师生的厚爱，读者群体年年增加，销量逐年增长。经过这么多年的使用，我们觉得有必要对教材中的内容进行更新和完善，以满足日语界广大师生对听力教材的新要求。此次，在华东师范大学出版社的大力支持下，经过八位教学第一线老师的共同努力，再次进行修订，以崭新的内容和形式，付梓问世。

近些年来，学界对听力的研究有了新认识、新见解、新成果。本教材是在充分吸收了这些研究新成果的基础上编写的，主要有以下特点：

1. 所有内容取自口语材料

听力课的目的是培养学生从声音媒体获取信息的能力。何为声音媒体？不言而喻，就是"说"，即"听"的对象是"说"。所以，听力教材必须是口语化的教材。口语教材又分为对话型和独话型，这些本教材都兼顾到了，所使用的听力材料都是自然、地道的口语文本。

2. 声音材料原汁原味

得益于便捷的互联网和普及的数码科技，我们使用的材料不是自己重新录制的，而是从现场或互联网广播等上获取的，所以，它不论是内容还是风格，如语速、语调、谈话形式等都是原汁原味的，可使同学接受到真实而地道的日语。尤其是听的环境是真实的，如车站广播等，虽然会有些杂音，但实际情况就是如此。所以听这种材料不是纸上练兵，而是水中学泳。

3. 训练贴近现实

在选择题材和体裁时，我们始终坚持必须贴近现实的原则。如车站广播、天气预报、政府公告、童话、故事、广播剧、新闻报道等题材，都是和日常生活密切相关的内容。体裁兼顾了对话、访谈、交谈、讲解、介绍、广播等多种形式。这样的设定，可以让同学将来接触到这些内容时，起码不会感到陌生，而能从容应对。

4. 尊重"听"的规律

"听"会受到很多客观因素的制约，如受生理方面的制约，因此，听力和记忆力有关。相关研究表明，人在听的过程中的记忆力只有 20 秒左右，这就告诉我们，听的每个片段不宜太长，若太长，

即使听懂了也记不住。我们将每个听的片段设计得尽量短一些,以符合这个客观规律。又如,听力具有选择性,所以我们将设问放到了听的开始,使同学能有目的地去听。再者,遵循由易到难的原则,第一遍设问一些较为浅显的信息,如时间、地点等;第二遍就过程、梗概、大意进行设问;第三遍再设问具体细节及其判断正误。这样便可逐渐听懂每个片段。

5. 突出获取信息能力的培养

以往的一些听力教材,从文本的选用到问题的设问,无异于精读课的设计和上法,仍在讲词汇练语法。本教材从选材到设问,都以培养同学获取信息能力为出发点,强调听完每个片段后,通过重点设问、连环设问、多项选择、判断正误等,引导同学利用背景知识、相关信息、前后提示、逻辑推理等手段,在获取信息上下功夫,以培养其获取信息的能力。

6. 发挥"听"的"输入"功能

第二言语习得研究证明,外语能力的获得,需要大量的"输入","听"在外语学习过程中的另一个功能就是"输入",所以本教材安排了20课,而且每课又分课堂部分和课后部分,完全是出于这一考虑设计的。我们不奢望听完这册教材就能完全提高听力,而是想由此告诉同学们,要去大量地听,只有达到了一定的量,才会有质的变化。

* 本教材的使用方法

本教材供第二学年第二学期或第三学年第一学期使用。据我们调查,这个阶段不少院校每周只安排一次两节听力课,所以本教材按一个学期16周设计,一周一课,但考虑到不同院校的水平及进度不同,我们编写了20课,备下选择的余地。

每次两节课按100分钟编排,我们通过反复使用测试,认为每课的听力教材总长度,最好控制在20分钟左右(但根据信息的密度,有的略短些有的略长些)。即每个片段设计听三遍,这样至少就用去了60分钟,同学答题时间约20分钟,其余为老师的提示、讲解时间。根据同学的程度,当然也可以多听几遍。

具体听法如下:

听前，即"ウォーミングアップ"部分，根据内容的多少，给同学半分钟或1分钟时间浏览给出的信息，熟悉内容，真正做到"热身"。

所听内容按"○次の問題を考えながら聞きましょう。""○では、更に次の問題を意識しながらもう一度聞きましょう。""○もう一度聞いて、確認しましょう。"三步设计，每步下设若干个具体听力问题，首先边听边看这些设问，同时浏览相应的选择项。否则，同学将不知道要听什么。然后，再开始听正式内容。

另外，前面提过，每个听的片段不宜过长，所以，我们根据内容，把一个长的听力材料分成几段来听，并分别设题让同学回答。这样就需要教师备好课，了解分段的所在。

再者，本教材配有教学参考书，提供答案和听力材料文字稿，建议同学不要提前看，在听过几遍后实在听不懂时再看，只有这样做才对提高听力有益。

＊ 说明

由于不少听力材料是即席对谈，谈吐中助词脱落、约音、音变等很多，其中也有口误，但文字文本中我们没做改动，请上课老师自己把握。对收录的单词，我们只做了本课用法的释义；另外，收录了不少地名、人名等固有名词，一则是因为读音较难，二则是我们觉得在听力理解中地名、人名等都是重要信息。

＊ 致谢

我们在修订本册教材之际，为了确保听力所使用材料的原汁原味，从互联网等诸多媒体上选用了很多篇段。我们没能一一与所选篇段的媒体或作者联系，敬请原谅！并请理解我们的所为——完全是为了提高中国的日语教学。在本书的附录中，我们以"网络资源"的形式列出了所选用材料的各媒体，以表示我们诚挚的谢意。

在本教材的修订过程中，华东师范大学出版社编辑夏海涵给予了热情指导和大力支持，在此我们表示衷心的感谢。对审校本教材的各位编辑老师表示由衷的感谢。

教材的编写是一项十分严肃和重要的科研工作,我们力图本着严谨、务实和科学的态度编写本教材,但是,由于水平有限,经验不足,错误与疏漏在所难免,敬请日语界同行和广大读者不吝赐教!

编　者

2015 年 11 月 15 日于西安

目次

第1課
童話(語り)

スクリプト

内容1　童話1 (8分15秒)

その1 (3分35秒)

　　ある夜のこと、和尚さんは今日も大好物の水飴をなめていました。しかし、今日はいつもと様子が違います。そうです、和尚さんの様子を小坊主たちが障子のすき間からこっそり覗いていたのです。と、そのときです。小坊主たちが押し合いながら覗いていたので、バリバリバリと障子が破れてしまいました。「なんじゃ①、おまえたちは、そこでなにをしておる②。」「はい、和尚さまのその壺が気になって、何が入っているのかとお尋ねしようと思っておりました。」でも、ほんとうは、小坊主たちは中に入っているのが水飴だととっくに知っていたので、自分たちも食べたかったのです。「こ、これか、これはだな、そう、毒じゃ、大人がなめても大丈夫だが、子供がなめては死んでしまう毒じゃ。」和尚さんはとっさにこんなことを言いました。

　　(略)

　　さて、夕方になって、和尚さんが帰ってきました。すると、一休さんが泣いています。エーン、エーン、エーン。「これ、一休、どうしたのじゃ、なぜ泣いておる。」「はい、和尚さま、私は和尚さまが大事にしておられる硯を割ってしまいました。それで、申し訳ないと思い、毒を飲んだのですが、死ねないのです。」「何をばかなこと、そんなことで毒を飲むやつがおるか。で、その毒はどこにあったのじゃ。」「はい、昨日の夜和尚さまがなめて

おられた壺に入った毒です。」「おう、あれをなめたのか、あれは毒というか、まあ、よい、二度とあの壺の毒を飲むでないぞ。」そう言って、和尚さんは叱ることもできず、がっかりして部屋に入ってしまいました。でも、仕方ありません。あれを毒だと言ったのは和尚さまなのですから。

■ 文法と言葉遣いの解釈
① なんじゃ：“じゃ”相当于现代日语的“だ”。
② そこでなにをしておる：“ておる”相当于“ている”，略带尊大语气。

■ 解答
○ 次の問題を考えながら聞きましょう。
1. c　　　2. a　　　3. b
○ では、更に次の問題を意識しながらもう一度聞きましょう。
1. c　　　2. d　　　3. c
○ もう一度聞いて、次の問題に答えましょう。
1. a(×)　　b(×)　　c(○)　　d(×)
2. 和尚さんの嘘を利用してわざと硯を割りました。それで、自分自身を罰するふりをして、和尚さんが毒だと言った水飴を食べました。

その2 （2分43秒）

さて、それから、しばらく経ったある日、こんなこともありました。和尚さんは囲碁が好きで、呉服屋の弥助さんを呼んでは、よく囲碁をしていました。しかし、囲碁が始まると、いつも夜遅くまで終わりません。小坊主たちは囲碁が終わり、弥助さんが帰るまで、寝ることができないので、弥助さんが来るのが悩みの種でした。そこで、一休さんはお寺の門のところに、こんな張り紙をしました。「獣の皮を着ている人は、寺に入るべからず①。」というのも弥助さんはいつも毛皮を着ていたからです。しかし、その日も、弥助さんはいつものとおり、お寺に入ってきました。それを見た一休さんは言いました。「あれ、弥助さん、門に貼ってあった張り紙を見ませんでしたか。」すると、弥助さんは言いました。「見ましたよ、でも可笑しいですね。お寺にある太鼓はいいんですか。あれも獣の皮を張ってあるじゃないですか。あれがいいのなら、私もいいはずでしょう。」弥助さんも少し頓知ができるようです。でも、一休さんにはかないません。「そうですか。

なら、弥助さんは太鼓なのですね。ということは、バチで叩かれてもいいのですね。おー い、みんな、弥助さんを叩いて差し上げろ。」そう言って、小坊主たちみんなで弥助さん を叩こうと追い掛け回しました。弥助さんは「こりゃかなわん②。」と町へ逃げ帰ってい きました。

■ 文法と言葉遣いの解釈

① 入るべからず:和"べき"相对应,放在句末,表示禁止。

② こりゃかなわん:相当于现代日语的"これはかなわない"。

■ 解答

○ 次の問題を考えながら聞きましょう。

1. b　　　　　　2. b　　　　　　3. c

○ では、更に次の問題を意識しながらもう一度聞きましょう。

1. c　　　　　　2. b　　　　　　3. c

○ もう一度聞いて、次の問題に答えましょう。

1. a. 頓知　意味:<u>机智、机敏</u>　b. 敵い　意味:<u>匹敵</u>　c. バチ　意味:<u>鼓槌</u>

2. 弥助さんが自分を太鼓のように思った以上、一休さんはそれなら叩いてもいいと 言い、小坊主たちに弥助さんを叩かせてお寺から追い払いました。

その3 (1分47秒)

　そしてある日、和尚さんと一休さんに手紙を送りました。手紙には「いつものお礼を したいので、一度家に遊びに来てください」と書いてありました。その手紙を受け取っ た和尚さんと一休さんは、早速弥助さんの家へ行くことにしました。さて、家の近くの 川にかかった橋の前まで来ると、なにやら立て札が立っています。そこには「このはし をわたるべからず」と書いてあります。和尚さんは不思議そうな顔をしていますが、一 休さんはおかまいなしに堂々と橋の真ん中を渡っていきます。「これ、これ、一休、立て 札に『このはしを渡るべからず』と書いてあるぞ。」と和尚さんが言うと、一休さんはすま した顔で①言いました。「はい、ですから、端ではなく、真ん中を渡っております。」そう 言って渡ってきた一休さんに、弥助さんもすっかりかぶとを脱ぎました。

■ 文法と言葉遣いの解釈

① すました顔:若无其事,满不在乎。

■ 解答

○ 次の問題を考えながら聞きましょう。

1. c   2. b   3. d

○ では、更に次の問題を意識しながらもう一度聞きましょう。

1. a   2. b   3. a

○ もう一度聞いて、次の問題に答えましょう。

1. a

2. 弥助さんは立て札を利用して一休さんたちを困らせたかったのですが、一休さんに同音異義という言語現象でうまく解決され、一休さんの知恵に頭を下げました。

内容2　童話2 （12分29秒）

その1（3分38秒）

　むかしむかし、ある所にそれはそれは美しいお姫様がおりました。姫はとても頭がよく、上品で、しかも、琴をとても上手に弾くことができました。そして、姫にはとても優しいお母様がいましたが、もう長い間重い病気で寝たきりでした①。お母様は自分にもしものことがあった時に、あとに残される姫のことが心配でなりません②。ある日のこと、お母様が寝ていると、夢枕に観音様が現れて言いました。「姫の幸せを願うなら、姫の頭に鉢を被せるとよいでしょう。」それを聞いたお母様は、次の日、観音様のお告げのとおり、姫の頭に鉢を被せたのです。そして、安心したお母様は数日後、姫を残して息を引き取りました。

　それから何年間か経ったある日、お父様のところに新しいお母様が来ました。そのお母様は、姫の姿を見ると、冷たく言いました。「まあ、何て気味が悪いんだろうね。私は一緒に住むのはいやだよ。出ておゆき③。」こうして、姫をお屋敷から追い出してしまったのです。かわいそうな姫は一人でどこに行く当てもなく、泣きながらとぼとぼと歩きました。通り過ぎる人はみな鉢を担いだ姫のことを馬鹿にしたり、気味悪がったりします。そして、子供たちは「やーい、化けものだあ」と言いながら、石を投げつけます。そんな日が毎日続き、姫はくたくたに疲れ果ててしまいました。そして、これ以上生きていてもつらいだけだと思い、天国のお母様に言いました。「どうか私もお母様のところに連れて行ってください。」そして、川の中に入り、どんどん深いところまで進んでいったのです。

■ **文法と言葉遣いの解釈**

　① 寝たきりでした：动词"た＋きり"的形式，表示该动作结束以后再没有发生状况变化。

　② 心配でなりません："～て(で)ならない"的形式可视为惯用句型，以否定的形式表示强烈的肯定，有汉语的"非常，不能不……"之意。

　③ 出ておゆき：相当于现代日语的"出ていきなさい"。

■ **解答**

　○　次の問題を考えながら聞きましょう。

　　1.　c　　　　　　2.　b　　　　　　3.　d　　　　　　4.　b

　○　では、更に次の問題を意識しながらもう一度聞きましょう。

　　1.　a、b、e　　　　2.　b、e、f

　○　もう一度聞いて、次の問題に答えましょう。

　　1.　a.　もしものこと　意味：<u>意外的事件</u>　b.　息を引き取りました　意味：<u>咽气、死</u>

　　　c.　くたくたに　意味：<u>筋疲力尽的样子</u>

　　2.　きっとよい人と出会って、幸せになるはずだと思います。なぜかというと、観音様が守っているからです。

その2（3分44秒）

　ところが、どうしたことか、頭に担いだ鉢のおかげで、姫の体は水の上に浮いてしまい、沈むことができません。姫は水に浮かんだまま、川の流れに沿って、ずんずん流されていきました。ちょうどそのとき、川岸を武家の若君が通りかかりました。川に大きな鉢が流れているのを見つけて、不思議に思った若君は、家来にあれが何か見てくるようにと命じました。そして、家来が鉢を川岸に引き寄せてみると、何とそこには若い娘がいるではありませんか。驚いた家来は、急いで娘を岸の上まで引き上げると、若君のところへ連れて行きました。若君は娘に言いました。「いったいこんなところでどうなされたのですか。」でも、娘は泣いてばかりで、何も答えようとしません。その姿を哀れに思った若君は、娘を屋敷で働かせてやろうと思い、連れて帰ることにしました。こうして、お屋敷で働くことになった姫は、毎日一生懸命働きました。

　ある日、姫はお屋敷で琴を見つけ、少しだけと思い、弾き始めました。琴を弾いていると、お母様がまだ生きていたころの幸せだった日々のことを思い出し、涙が溢れてきます。そのとき、そばを若君が通りかかりました。そして、琴の美しい音色に心を奪われて、近づいてみると、そこには鉢を担いだ娘の姿がありました。「私は今までこんなにす

ばらしい琴の音色は聞いたことがありません。きっとあなたは身分の高い方なのでしょうね。こんな生活をされているのには、よほどの事情がおありなのでしょう。どうか私に話を聞かせてくれませんか。」と若君は声をかけましたが、姫は何も話そうとはしません。ただ涙を流しながら下を向いているばかりです。

■ 解答

　　○　次の問題を考えながら聞きましょう。

　　　1. c　　　　　　　2. b

　　○　では、更に次の問題を意識しながらもう一度聞きましょう。

　　　1. a　　　　　　　2. a　　　　　　　3. d

　　○　もう一度聞いて、次の問題に答えましょう。

　　　1. a(○)　　　　　b(×)　　　　　c(×)　　　　　d(×)

　　　2. とても悲しかった上に、若君がどんな人か分からなくて、怖かったからでしょう。

その3　（2分51秒）

　　さて、それからというもの、若君は姫の琴の音色を聞くのがとても楽しみになりました。姫も優しくしてくれる若君のために、心を込めて琴を弾くのでした。やがて若君は、この鉢を担いだ娘と結婚したいと思うようになりました。その思いは日に日に強くなり、ある日両親に言ったのです。「私はあの鉢を担いだ娘を嫁にもらいたいと思っています。あの娘は、この家に来ても恥ずかしくないほどの身分も教養もあるかたです。どうか、結婚を認めてください。」それを聞いた両親は大変驚きました。そして、怒って言いました。「何を言っておるのじゃ、あんなどこのだれとも分からないものとの結婚は絶対に許さん①。」でも、若君が姫を思う気持ちは変わることはありません。そんな若君の気持ちを知った姫は言いました。「私は一緒になりたいと思っていただいただけで、十分幸せです。でも、こんな姿の私と結婚されれば若君が馬鹿にされてしまいます。私はもうこの屋敷から出て行きますので、どうか、私のことはお忘れになってください。」すると、若君は「誰に何を言われても私はあなたと一緒になると決めました。もし、あなたが出て行くのなら、私も一緒にこの屋敷から出て行きます」と言い、二人は一緒にお屋敷を出たのでした。

■ **文法と言葉遣いの解釈**

　① 許さん："ん"否定助动词，接在动词的未然形后，表示否定。

■ **解答**

　○　次の問題を考えながら聞きましょう。

　　1. b　　　　　　2. c

　○　では、更に次の問題を意識しながらもう一度聞きましょう。

　　1. c　　　　　　2. a

　○　もう一度聞いて、次の問題に答えましょう。

　　1. お姫様の出身などが全然分らなかったからです。

　　2. 自分も結婚したいですが、自分と結婚したとすれば、若君も馬鹿にされてしまいます。そういうことが起こらないように、今のうちに別れたほうが若君のためだと思います。

┌─────────────────┐
│ **その 4**（2分16秒）│
└─────────────────┘

　さて、歩き始めてからしばらくすると、観音様を祭っているお堂が見えてきました。そして、二人はこれから幸せになれるように、観音さまに手を合わせて拝みました。すると、どうしたことか、今までどんなに取ろうとしても取れなかった姫の頭の鉢が、突然、真っ二つに割れ①、たくさんの宝石とともに姫の顔が現れたのです。その美しいこと、あまりの美しさに、若君は見とれてしまって、言葉もでないほどです。そして若君は頭の鉢が取れて美しい姿になった姫を連れて改めて両親に二人の結婚を認めてもらうために屋敷に戻りました。「父上様、母上様②、もう一度お願いに上がりました。どうか、この娘との結婚を認めてください。」そして、頭から鉢が取れた美しい姫を両親に紹介しました。すると、両親は姫を一目で気に入り、二人は一緒になることを許されたのです。こうして、鉢担ぎ姫は、優しい若君と一緒になり、ずっと幸せに暮らしたということです。

■ **文法と言葉遣いの解釈**

　① 真っ二つに割れ："真っ"是接头词，在这里表示"正好"，所以意思是"正好分成两半"。

　② 父上様、母上様：对父母的尊称。

■ 解答

○ 次の問題を考えながら聞きましょう。

1. c　　　　2. d

○ では、更に次の問題を意識しながらもう一度聞きましょう。

1. b　　　　2. d

○ もう一度聞いて、次の問題に答えましょう。

a. 祭つている　意味：供奉着

b. 手を合わせて　意味：合掌

c. 見とれて　意味：看得入迷

課外でチャレンジしましょう

スクリプト

山形県佐兵の頓知話（4分31秒）

　むかしむかし、あるところに、佐兵という、頓知の利く男が住んでおりました。ある日のこと、村の若い衆が集まって、酒盛りをしていました。そこへ佐兵がやってきて、戸の外から声をかけました。

　「おおい、わしも仲間に入れてくれえ。」

　でも、若い衆たちは、佐兵を入れてやりたくありませんでした。

　「佐兵のやつ、いつもうまいことを言って、ただで酒を飲んでいく。たまには自分も酒を持ってきたらええのに①。」

　若い衆たちが、佐兵の呼びかけに答えないでいると、また、声がしました。

　「おおい、はやく開けてくれないとこぼれちまうよ②。はやく、はやく、ああ、こぼれる。」

　「おい、こぼれるって言ってるぞ、こりゃあ、珍しく酒を持ってきたに違いねえ。はやく開けてやれ。」

　戸を開けてもらった佐兵は、ひょこひょこと中に入り、酒盛りの輪に、加わりました。見ると、酒なんて持ってきていません。

「やあ、佐兵、こぼれるって、酒を持ってきたんじゃないのか。」

「いやいや、なかなか開けてくれないから、悲しくなって、涙がこぼれるっちゅうたんじゃよ③。」

そして、みんなが持ち寄った酒をうまそうに飲み干しました。

また、ある日のこと、佐兵がお砂糖屋さんの前に立っていました。佐兵がいつまでも立っているので、お砂糖屋さんが声をかけました。「どうしたんだ、買うのか、買わないのか、はっきりしろ。」

佐兵は答えました。

「買いたいのはやまやまなんだけど、あいにく金がない。甘いものは大好きだから、砂糖だったら一山は食えるのになあ。」

それを聞いたお砂糖屋さんは、面白がって言いました。

「じゃ、お前さんが砂糖を一樽、全部食べたら、ただにしてやろう。その代わり、食べ切れなかったら、はだかおどりをしながら村中をまわるんだぞ。」

「ようし、その約束、忘れるなよ。」佐兵はにやりと笑って言いました。

やがて、あの頓知ものの佐兵が、砂糖を一樽食べるらしいといううわさを聞きつけた村人たちが、わらわらと集まってきました。

「さあ、佐兵、食べて見せてくれ。」

「佐兵と言えども④、これほどの砂糖は食べられまい。あきらめて、はやくはだかおどりをせい⑤。」

「こんなにたくさんの砂糖を食ったら、具合が悪くなるぞ。やめろ、佐兵。」

村人たちは思い思いの言葉を口にして、佐兵のようすを見ています。

みんなが見守る中、佐兵は、砂糖をぺろぺろなめ出しました。

「うまいのう⑥、甘いのう。」

ひとしきりなめると、佐兵は「では、今日はこのへんでやめとこうかの⑦」と言って、砂糖を食べるのをやめて、さっさと帰ろうとしました。

お砂糖屋さんが慌てて「おい、食べ切れないのなら、はだかおどりだぞ。」と言うと、佐兵はこうやり返しました。

「おれは、一樽を一日でなめると言ってはおらんぞ。毎日、少しずつ、おいしくいただくというわけさ。」

これにはお砂糖屋さんも村人たちも、あっけに取られて何も言えませんでしたとさ⑧。

おしまい。

■ **文法と言葉遣いの解釈**

① ええのに：关西方言，相当于"いいのに"。

② こぼれちまう："ちまう"是"～てしまう"的缩音形式。

③ こぼれるっちゅうたんじゃよ：相当于现代日语的"こぼれるって言ったんだよ"。

④ と言えども：惯用句型，表示逆接关系，有汉语的"虽然……但是、即便……"之意。

⑤ はやくはだかおどりをせい："せい"是"する"的命令形"せよ"的口语说法，关西一带多用，相当于"しなさい"。

⑥ うまいのう："のう"稍旧的说法，相当于"なあ"。

⑦ やめとこうかの："とく"是"～ておく"的缩音形式。

⑧ とさ：出现在故事这种题材的句末，表示传闻，有"听说"等意思。

■ **解答**

1. 佐兵はいつもただで他人の酒を飲むからです。

2. 佐兵の「こぼれる」にごまかされ、酒を持ってきたと思ったからです。

3. 佐兵は、一樽の砂糖を食べきれたら、ただにしますが、食べきれなかったら、はだかおどりをしながら村中を回るという約束をしました。佐兵はその約束を守りました。

4. 佐兵は頓知の利く男ですが、いつもうまい汁を吸いたいと思っている男だと思います。

第2課

伝統行事(解説)

スクリプト

内容1　日本の伝統行事「七夕」(3分34秒)

その1(1分52秒)

　今回は、七夕についてお話ししましょう。

　7月7日七夕の日の行事は、8世紀に中国から伝わった「七夕伝説」が広まり、宮中の儀式として始まったと言われています①。当時は、御殿の庭で星を眺めながら、詩歌を詠んでいたそうですよ。とてもロマンチックな七夕…ここで、七夕伝説についてお話ししましょう。

　昔、天の川の畔に、織姫というとても美しい天女が住んでいました。織姫は毎日お父さんの言いつけを守り、化粧もせず、機織に精を出していました。そんな娘をかわいそうに思ったお父さんは、牽牛という牛飼いと結婚させたのです。それから2人はとても幸せに暮らしていましたが、2人の生活が楽しすぎて、一切働かなくなってしまいました。織姫のお父さんはさすがに怒ってしまい、織姫と牽牛を引き離しました。ですが、1年に1度、7月7日の日だけ、2人に会うことを許したのです。

　たった1度②…1年に1度の短い夏の夜を過ごすため、織姫と牽牛は今まで以上に一生懸命働くようになりました。

　今でも、日本の夏の夜空を見上げると、「織姫の星」と呼ばれる「ベガ」と「牽牛の星」と呼ばれる「アルタイル」が天の川を隔ててキラキラと光っているのです。

■ 文法と言葉遣いの解釈

① と言われています：句末的"と言われています"表示传闻，有"据说"等意。

② たった 1 度："たった"副词，接在数词前，表示"仅仅"之意。

■ 解答

○ 次の問題を考えながら聞きましょう。

1. b　　　　　　2. d　　　　　　3. a

○ では、更に次の問題を意識しながらもう一度聞きましょう。

1. a　　　　　　2. b　　　　　　3. c

○ もう一度聞いて、次の問題に答えましょう。

1. b　　　　　　2. a　　　　　　3. c

その 2（1分42秒）

　さて、日本の七夕には、古くから伝わる日本独自の文化で、笹に短冊をつけて願い事をするという風習があります。

　カラフルな短冊がたくさん飾られている笹は、「夏のクリスマスツリー」と言われるほど、美しいものなんですよ。

　初めは、5色の糸を笹に飾っていました。5色の糸は「願いの糸」と呼ばれ、この糸をかけて織姫と牽牛の2つの星に祈ると、その願い事が3年の間に必ず叶うと言われていました。それがいつしか、短冊に書道の上達などを書いて願うようになり、現在では、短冊や吹流しなど、華やかな飾りをつけるようになったのです。なかでも特に有名なのが、仙台の七夕祭りです。

　このお祭りは、七夕の行事としては珍しく、毎年8月に開催されます。街には5千本の笹が飾られ、パレードや花火など盛大に行われます。毎年、およそ50万人もの人が①その華やかな祭りを一目見ようと、仙台の街を訪れるんですよ。

　今年は8月6日、7日、8日の3日間で開催されますので、みなさんも日本一の七夕祭りを見に行くのもいいかもしれませんね。

　今年の七夕、夏の夜空を見上げ、あなたは何を願いますか。

■ 文法と言葉遣いの解釈

① 50万人もの人が：数量词后续"もの～"表示该数量"之大"、"之多"等意思。

■ **解答**

○ 次の問題を考えながら聞きましょう。

1. b　　　　　　　2. c　　　　　　　3. c

○ では、更に次の問題を意識しながらもう一度聞きましょう。

1. c　　　　　　　2. b　　　　　　　3. c

○ もう一度聞いて、次の問題に答えましょう。

1. a(○)　　　　b(×)　　　　c(○)　　　　d(○)　　　　e(○)

2. 卒業したら、給料の高い大手会社に就職できるようにと願います。自分の好きな仕事につけるようにと願います。

内容 2　幸福を招く置物「招き猫」（3分49秒）

その 1（2分18秒）

　日本では、お店や商売をしている家庭などに、前足で人を招く形をして座っている猫の置物が飾られていることがあります。それは「招き猫」と呼ばれ、商売繁盛の縁起物なんです。今回は「招き猫」をご紹介しましょう。

　「招き猫」の由来は諸説あり、そのなかで最も古い伝説にこんなお話があります。1660年頃、東京にある豪徳寺は、当時大変貧しい寺でした。ですが、貧しい暮らしの中でも、その寺で飼われていた猫はとても大切にされていました。

　ある夏の日、寺の前を、鷹狩りから帰ってきた江州彦根の殿様、井伊掃部頭①直孝が通りかかりました。すると、猫が門前でしきりに手招きをしているのです。不思議に思った殿様は寺の中に入り、和尚にその出来事を話していると、激しい雨が降りだし、大きな雷が落ちてきたのです。殿様は、「災害を猫が知らせてくれた！」と大喜び、後日、その寺に多額の寄付をし、井伊家の菩提所としました。豪徳寺は、その猫によって栄えていったということです②。その後、「福を招き入れた猫の姿」を人形として作り、「招き猫」と名づけられました。そこから、今の名前「招き猫」を置くと、吉運がやってくると伝えられたんですね。

■ **文法と言葉遣いの解釈**

　① 掃部頭：该词读作"かもんのかみ"，为古代的官衔，也就是"掃部寮"的长官。主要掌管宫廷中的卫生及会场使用。"掃部寮"归属"宫内省"。

② ということです：句末的"ということです"表示传闻，有"据说"等意。

■ **解答**

○ 次の問題を考えながら聞きましょう。

1. b　　　　2. b　　　　3. a

○ では、更に次の問題を意識しながらもう一度聞きましょう。

1. c　　　　2. a　　　　3. a

○ もう一度聞いて、次の問題に答えましょう。

1. b　　　　2. a　　　　3. c

その 2 （1分31秒）

　日本では現在、様々な種類の「招き猫」が売られています。一般的に、右手を挙げている招き猫は「お金」を、左手を挙げている招き猫は「人」を招きいれるといわれています。両手を挙げている招き猫は「お金」も「人」もいっぺんに招いてくれるんですよ。招いている手の位置にも意味があり、猫の耳よりも低い位置は「身近な福」を、高い位置は「より遠くの福①」を運んでくれます。

　また、最近では「商売繁盛」だけでなく、招き猫の色によって効果も違うんです。白色は「福を招く」・黒色は「厄除け」・赤色は「無病息災」・ピンクは「恋愛成就」と様々です。最近では、ガラスでできた招き猫や、絵画仕様になった招き猫も登場し、場所にこだわらず②、インテリアとして一般家庭に置かれることも多くなりました。

　時代と共に変化を遂げてきた「招き猫」。皆さんも、これからの自分に合った招き猫探しをしてみてはいかがですか。

　今回は「招き猫」をご紹介しました。

■ **文法と言葉遣いの解釈**

① より遠くの福："より"是副词，表示"更、更加"之意，这里是"更远之福"之意。

② 場所にこだわらず："こだわらず"是"こだわる"的否定形，表示"不拘泥于、不限于"等意思。

■ **解答**

○ 次の問題を考えながら聞きましょう。

1. a　　　　2. b　　　　3. c

○　では、更に次の問題を意識しながらもう一度聞きましょう。

　　1. a　　　　　　　2. b

○　もう一度聞いて、次の問題に答えましょう。

　　1. 白　色——福を招く

　　　　黒　色——厄除け

　　　　赤　色——無病息災

　　　　ピンク——恋愛成就

　　2. a（○）　　　　　　b（×）　　　　　　c（○）　　　　　　d（×）　　　　　e（○）

内容 3　日本の国技「相撲」(9 分 35 秒)

その 1（3 分 24 秒）

　日本では、本格的な冬がやってきました。寒さに負けて、家の中で丸くなっている方も多い季節ですよね。こんな時は、おうちで気軽に「日本のスポーツ」を鑑賞するのも楽しいかもしれません。皆さんは「相撲」が日本の国技だとご存知でしたか。今回は、日本文化の代表として、海外での評価も高い日本の国技、「相撲」についてお話ししたいと思います。

　相撲は、日本の「国技」というだけでなく、古い日本文化を色濃く残している点でも人々に親しまれています。相撲ならではの①作法やしきたりは様々な意味を持ち、いにしえの日本を想像させます。単に強い弱いを決めるだけでなく、そこには格式を重んじる心があるところが、相撲の大きな魅力のひとつでしょう。現在は「大相撲」というプロスポーツとして華やかな舞台にありますが、その歴史は様々な地域文化と密接な関係にありました。相撲の起源は大変古く、神話の中に登場するほどです。その当時、「相撲」といえば「力比べ」つまり「格闘技」という認識しかありませんでした。

　「相撲」という言葉の語源は諸説ありますが、「争う」という言葉がルーツだと有力視されています。ここからも当時の相撲がただ単に「力と力のぶつかり合い」だったことが想像できますね。しかし、8 世紀ごろになって宗教文化の色が増し、神様へ供える「神事」として扱われるようになります。各地の神社などで五穀豊穣を占うために相撲大会が行われましたが、この行事は現在でもたくさんの地域で受け継がれています。

　12 世紀には武士が嗜む「武芸」として相撲が嗜まれるようになりました。これは心身の鍛錬のために使われ、刀などと共に武術の一つとして考えられていたようです。

18世紀になると相撲はまた意味合いを変え、「芸能」として扱われるようになります。お寺や神社などで「相撲興行」にお金を払い、地元の花形力士を応援する町民たち、真剣勝負だけではなく「芸能」としての相撲文化、そして職業・スポーツとしての「力士」の文化は、この時期に形成されたといわれています。

こうして、剣術や弓術など、純粋に敵を倒したり身を守ったりすることを目的とした武術とは一線を画した「相撲文化」が誕生しました。

■ **文法と言葉遣いの解釈**

① ならではの～：以"名词＋ならではの＋名词"的形式，表示"只有……才有的……"之意。

■ **解答**

○ 次の問題を考えながら聞きましょう。

1. a   2. d   3. c   4. d

○ では、更に次の問題を意識しながらもう一度聞きましょう。

1. a b   2. c   3. b   4. c

○ もう一度聞いて、次の問題に答えましょう。

a(○)   b(○)   c(×)   d(○)   e(×)   f(×)

その2 （4分16秒）

では次に、相撲のルールについて、簡単にご説明していきましょう。

「取り組み」と呼ばれる相撲の試合は、丸い円状に作られた「土俵」で行われます。試合に出るのは1試合につき①「力士」と呼ばれる男性2人。長細い布で出来た「まわし」を下半身にしめただけの姿で、勝負に挑みます。取り組みの時には、テーピングなど怪我の手当てに使用しているものを除き、「まわし」以外のものを着用することが禁止されています。

また、現在でも武士と同じような髪形をしているのも特徴ですよね。長く伸ばした髪の毛で「髷」を結い、鬢付け油で固め、勇ましい姿を見せてくれます。代表的な髪型に「大銀杏」というスタイルがありますが、これは髷の先がイチョウの葉っぱの形に似ていることから名づけられました。こういった細かい所にも、日本の文化が脈々と流れているんですね。

「力士」の中にもクラスがあり、下から順に序ノ口・序二段・三段目・幕下・十両・幕

内と分けられています。これら全てを「力士」と呼びますが、十両から上の力士は「関取」と呼ばれ、先ほどご紹介した「大銀杏」が結えるのはこの「関取」だけの特権なんです。また、取り組み前に行われる「土俵入り」などで「化粧回し」をすることも許されます。これは、金糸や銀糸で刺繍された豪華な前垂れで、最近ではライティングを施したものもあり、取り組み前の会場の雰囲気を、そして力士たちやお客様の気持ちを一気に盛り上げます。さらに、幕内の中でも前頭・小結・関脇・大関・横綱と分かれており、横綱になれば相撲の頂点に立ったともいえるでしょう。

　「横綱」というのは、本来は腰に巻く太い綱のことで、強い者だけに与えられる称号でした。それに因んで格付けの最上位も「横綱」と呼ぶようになったのです。横綱はただ強いだけではなく、年齢に関わらず風格や威厳をも兼ね備える人格者がならなければならない、というルールもあります。力士にとって髷を結うことは夢。更に綱をしめること、すなわち横綱になることが最大の目標となるんですね。

■ 文法と言葉遣いの解釈
　① 試合につき：以"数量词＋につき"的形式，表示"每……"的意思。

■ 解答
　○　次の問題を考えながら聞きましょう。
　1. b　　　　2. c　　　　3. b　　　　4. b　　　　5. c
　○　では、更に次の問題を意識しながらもう一度聞きましょう。
　1. a　　　　2. c　　　　3. d
　○　もう一度聞いて、次の問題に答えましょう。
　1. d　　　　2. b　　　　3. b

その３　(1分17秒)

　相撲の取り組みは、東と西に分かれた力士が、それぞれ紹介されながら土俵にあがります。塩でお清めをした後、審判の１人である"行司"の掛け声と共に、取り組みが始まるのです。「はっけよい」や「のこった、のこった」といった言葉にも耳なじみがありますよね。基本的に格下のクラスから取り組みが始まり、横綱など強いクラスの取り組みで終了します。

　また、注目力士同士の取り組みには「懸賞」という報奨金がかかります。力士が土俵に

上がった時、呼び出しがスポンサー名の入った旗状の「垂れ幕」を持って土俵のまわりを一周します。この垂れ幕が「懸賞」で、その勝負に勝った力士がもらうことになっています。懸賞が多ければ多いほど、その取り組みは注目されているということで力士たちにも気合いが入りますし、艶やかな懸賞の垂れ幕は、見ている方も興奮の度合いも増します。こういった所も、「力比べ」と「芸能」の文化が混ざり合った「相撲」ならではの習慣といえますね。

■ **文法と言葉遣いの解釈**

　　はっけよい：両位力士对峙时裁判的吆喝声。

　　のこった、のこった：相扑裁判员鼓励力士的喊声，意思是离摔跤场界还有余地，胜负未定。

■ **解答**

　　○　次の問題を考えながら聞きましょう。

　　1. b　　　　　　2. はっけよい　　3. c

　　○　では、更に次の問題を意識しながらもう一度聞きましょう。

　　1. 塩でお清めをしています。　　　2. d　　　　　　3. 掛け声

　　○　もう一度聞いて、次の問題に答えましょう。

　　1. b　　　　　2. a　　　　　　3. 力比べ

その4（1分55秒）

　　では最後に、力士に欠かせない食べ物、「チャンコ」についてお話ししましょう。

　　皆さんも「チャンコ鍋」という料理を食べたことがあるかもしれませんが、実は「チャンコ」は、力士が食べるものすべてを指す言葉なんです。カレーも刺身も、すべてが「チャンコ」なんですね。言葉の由来は諸説ありますが、「チャン」と「子」、つまり「親子の鍋」というのが有力です。

　　大相撲の力士は、相撲部屋の「親方」に弟子入りすることが義務付けられています。親方と弟子、つまり親子のような関係で食べるから、「チャンコ」だと言われています。もちろん、野菜や肉をまんべんなく、そしてたくさん食べることの出来る「チャンコ鍋」は、相撲部屋のメニューの一つです。部屋によって味や具材は様々ですが、基本的には味噌・醤油・水炊きの3種類がベースになっています。毎日のように食べるので、キムチ・にんにく・豆乳だしにカレー味と、バリエーションもたくさんあるんですよ。見た

目もキレイで味も抜群。健康的な体を作ることもでき、団欒を楽しめる「チャンコ鍋」が一般に浸透したことが納得できる料理ですよね。

　格闘技として、芸能として、食文化の一つとして…

　相撲は日本の文化に合わせて成長・発展し、現在も日本の人々の文化に根付いています。

　この冬は、「チャンコ鍋」を囲みながらテレビで相撲観戦もいいかもしれませんね。

　今回は、日本の国技、「相撲」についてお話ししました。

■ 解答

　○　次の問題を考えながら聞きましょう。

　　1. b　　　　　　　　2. バリエーション

　○　では、更に次の問題を意識しながらもう一度聞きましょう。

　　1. d　　　　　　　2. c　　　　　　　3. a

　○　もう一度聞いて、次の問題に答えましょう。

　　1. a(×)　　　　b(○)　　　　c(○)　　　　d(×)　　　　e(×)　　　　f(○)

　　2. 見た目もキレイで、味も抜群で、健康的な体を作ることもでき、団欒を楽しめる「チャンコ鍋」は、一般に浸透したことが納得出来る料理です。

課外でチャレンジしましょう

スクリプト

占い師の相談部屋

その 1（5 分 43 秒）

　みなさん、こんばんは。ネトラジ連動、占い師キキョウの相談部屋。早速今日からスタートします。ネットラジオとブログを連動して、占いをしようというちょっと新しい試みです。ぜひ今日からみなさんお付き合いください。第 1 回目の今日は、簡単に番組のご紹介をしたいと思います。

　簡単に説明しますと、私キキョウのブログで、皆さまからのご相談を募集して、毎週皆さまのお悩みに、私キキョウがお答えしちゃおうという内容です。もちろん本名を公表する必要はありません。誕生日と、そしてあなたのハンドルネーム、相談内容をキキョウのブログのコメント欄のほうに書いてください。毎週1名様のみ、じっくりとキキョウが鑑定しちゃいます。というわけで、あなた本当に大丈夫なの、なんて①私のこと思っている方、たくさんいらっしゃると思いますので、今日は私の、私キキョウの自己紹介のほうから始めたいと思います。

　それでは、さっそく。私キキョウはなんと3ヶ月前までは山形で占い師をしていました。もちろん今でも月に1回山形のほうで対面鑑定を行っています。また山形のVigoFMというラジオ局では、「スタイリッシュ・グルービン」という素敵な話題を提供する番組のMCも担当しています。毎週金曜日6時50分からの40分番組です。山形にお住まいの方はぜひこちらの番組もお聞きください。そして現在は、上京して東京で都会生活を送っています。11月、今月ですね。今月からは新宿2丁目にありますフォーチュン・ヒーリング・バランガンというお店で、対面鑑定を週に4回行っています。ここで、バランガンの宣伝をしたいと思います。ラジオではなくって、キキョウにこっそり鑑定してもらいたいという方はぜひこちらのフォーチュン・ヒーリング・バランガン、こちらのほうにお越しください。朝11時から夜の9時まで電話での予約を受け付けております。まずは一度お電話してください。電話番号は03-3353-8030番です。03-3353-8030番です。もちろんブログのほうにも番号のほう載せていますので、お気軽にお電話ください。そして、東京以外にお住まいの方も心配ありません。「ライブドア占いの窓」というチャット鑑定も行っています。こちらもブログのほうにリンクを貼ってありますので、ぜひぜひお越しください。この番組が終了後すぐに「ライブドア占いの窓」のほうに待機しておりますので、ログインしてください。で、具体的な活動内容、私の活動内容として、なんと毎週水曜日深夜2時45分からテレビ東京で放送中の「萌えてムーチョ」というちょっとマニアックな番組で、なんとエーボーイお悩み相談室というコーナーも持っていますので、こちらのほうも、ぜひちょっと時間が深夜ということなんで、深夜型の方見てください。また雑誌やラジオなど、ちょこちょこいろんなところに出没していますので、見かけたらぜひ応援してください。というわけで、長々と私の自己紹介をしてしまいましたが、私がちゃんとした占い師だって②、皆様分かっていただけたでしょうか。では、さっそくコメント欄に占い内容のほう、お待ちしています。

　相談内容として、例えば、彼氏、彼女ができなくて困ってます。わたしの金運はどうな

んでしょうとか、将来、会社を興したいけど、いつごろがいいですかなど、出来るだけ詳しく相談内容のほう、お書きください。必要事項はこの相談内容と生年月日、そしてハンドルネームを書いてください。もちろん番組へのメッセージ、キキョウへの質問などもどしどしお待ちしています。それでは今日第１回目の放送ということで、ご相談内容のほうはまだ届いていません。なので、今日は皆様に運気アップ方法をご紹介したいと思います。ぜひ参考にしてみてください。第１回目にふさわしく…でもないのですが、金運をアップさせる方法をご紹介したいと思います。男性の方も女性の方もお金はいくらあっても困らないものですよね。というわけで、早速金運アップの方法をご紹介したいと思います。

　皆様の今使っている財布は、今年で何年目でしょうか。実は古いものには古い気しか入り込まないため、あまり長い期間同じ財布を使っていると、お金の流れも悪くなってしまいます。もしボロボロで色も変わってきてしまった、そんな財布を使っているあなた、金運アップのためにも、そろそろ新しいものに変えてみてはいかがでしょうか。ただし、赤い財布、こちらはお金を燃やすという焼夷があるためにあまりお勧めできません。黒や茶色など、ちょっと暗めの色をお勧めします。ぜひ参考にして、皆様もどんどん金運アップしてください。

　それではこれから皆様の幸せのお手伝いをしていきたいと思います。人生に悩んでいるあなた、ぜひキキョウを頼ってください。皆様からのコメント、お待ちしています。また今から占いの窓に待機していますので、早速占い希望の方はぜひこちらの「ライブドア占いの窓」のほうにお越しください。それではまた来週バイバイ！ キキョウでした。

■ 文法と言葉遣いの解釈

　① あなた本当に大丈夫なの、なんて私のこと思っている方：“なんて”相当于“という”，使前句成为后句的定语，多用于口语。

　② 私がちゃんとした占い師だって：此处的“って”相当于“と”，口语表达形式。

■ 解答

　1. ネットラジオとブログを連動して、占いをする番組です。

　2. 誕生日、ハンドルネーム、相談内容を書けばいいです。

　3. 03 - 3353 - 8030 番です。

　4. 素敵な話題を提供する番組のMC（司会者）を担当しています。

5. 古い財布を新しいものに換えること、黒や茶色などちょっと暗めの色の財布を使うこ
  とが勧められています。

その2 （6分28秒）

　初めまして。本日から始まりました占い師星野マオのネットラジ①、ネットラジとブ
ログを連動させた新しい試みなんですが、今聞いていただいているリスナーのかたもど
んどん参加していただいて、盛り上げていこうという番組です。具体的にどういった内
容かといいますと、毎週皆様のご相談内容をこのブログのコメント欄に書き込んでいた
だいて、抽選で毎週1名の方にネットラジ内で無料鑑定をさせていただくという内容に
なります。どしどし募集いただきたいと思います。

　えー、で、まず、星野マオという占い師は何ぞや②ということで、自己紹介をさせてい
ただこうかと思います。占いになじみ出したのは小学生ぐらいからになるんですけど
も、ラッキーアイテムとか、何座の運命とか、自分の星座に関してこう…手帳をまとめた
りとかしていました。それからどんどん発展してきて、人を占うようになったのは15
年ぐらい前から(に)なります。プロとして活動し出してからは5年ぐらい、現在は丸の
内線新宿御苑前駅から歩いて30秒ぐらいのところにあるフォーチュン・ヒーリング・
バランガンという場所で、月曜日、木曜日、毎週対面鑑定を行っております。このお店
は、バリ風の店内がとっても雰囲気のある場所で、占いだけでなく、ヒーリングもお受け
いただけるんですよ。ご来店いただいた方には、ハーブティーもサービスでご用意して
いますので、ネトラジだけでは物足りないという方は、ぜひぜひご来店してくださいね。
ほかにも、「ライブドア占いの窓」にてチャット鑑定もしています。会員登録をしていた
だければ、すぐにその場で鑑定できるシステムになっています。鑑定依頼というボタン
を押せば、すぐに占い師につながりますし、ご自宅にいながら、気軽に相談が出来るとい
うことで、ご好評いただいております。鑑定中も占い師の画像が常に画面に表示されて
いますので、安心してご相談ができますよ。

　ただいま、この「ライブドア占いの窓」では10分無料キャンペーンを行っておりまし
て、チャットだけでなく、マイクでの鑑定も可能ですので、タイピングがちょっと苦手の
方でも、えー、鑑定することができますので、お気軽にこちらに立ち寄ってみてくださ
い。ほかにも、雑誌やネットでちょくちょく顔を出しているので、チェックしてみてく
ださいね。えー、このブログでの試みなんですが、私星野マオが西洋占星術とタロット
で毎週1名様を無料で占います。まず、ブログのコメント欄にご相談内容を書き込んで
ください。詳しく書いていただければ、それだけ具体的にアドバイスができますし、え

一、こんなこと書いて大丈夫かなあ、と心配される方もいらっしゃると思うんですけども、そういうご心配は無用です。例えば、「来年の金運は、健康運はどうですか」から、「付き合ってる彼の気持ちを教えて」とか、「今後二人の関係がどうなるの」とか、「いつもけんかばかりの相手と仲良く過ごすにはどうしたらいいの」など、恋のお悩みから人生相談全般、何でもOKです。あとは、あなたのご生年月日、分かる方は出生時間、出生場所、あなたの性別、お相手がいる方はお相手のご生年月日なども一緒にご投稿ください。運気の停滞している時期なら、前向きに日々をすごせ、災い転じて福となるよう、運気がアップしている時期なら、更なる飛躍ができるよう、アドバイスさせていただきます。

　では、最後に11月分の星座別運勢ランキングをご紹介しましょう。

　まず12位は獅子座、仕事のストレスでオーバーヒート気味。家族の応援は嫌がらずに感謝しましょう。

　11位、水瓶座。表舞台に引き出され、対人関係のストレスが増加しそう。秘め事は楽しめるかも。

　10位、双子座。連絡の行き違いからつまらないミスを誘発しそう。愚痴は親しい仲だけにして。

　9位、牡羊座。パートナーから苦言をもらいそう。仕事優先もほどほどにして、二人の絆を大切に。

　8位、天秤座。仕事は上々だけど、仲間内から責任を押し付けられそうな予感。ご注意を。

　7位、乙女座。精神面で不安定になりやすい時。まじめに悩むより楽しいことを優先させましょう。

　6位、射手座。読書の秋を、秘密の場所で一人静かに過ごすのは運気を安定させそうです。

　5位、蟹座。お友達の中から恋人候補が。デートで困らないよう、金銭管理を計画的に。

　4位、牡牛座。周囲に助けられそうな今月。恋愛はアプローチが受け入れられそうな予感。

　3位、魚座。向上心が旺盛に。資格取得やワンランクアップを狙って、グループ交際をお勧めです。

　2位、山羊座。人気運アップ。意中の相手がいる方は、迷わずアプローチしましょう。

　そして、1位、蠍座。新しいことはラッキー。周囲の刺激に影響を受け、パワーアップ

も計れそうな１ヶ月です。今月の１位は蠍座さんということで、運気の波に乗って、部屋に閉じこもっていないで、どんどんどんどん前に出て行きましょうね。

　残念ながら、12位となってしまった獅子座さんですけども、今は焦らず、じっくり腰据えて物事取り組む時期なんですよ。落ち込まずに前向きにこの１ヶ月進んでいってください。

　では、ご相談じゃんじゃんお待ちしています。星野マオでした。ありがとうございました。

■ 文法と言葉遣いの解釈

　① ネットラジ："ネットラジオ"的簡略説法。

　② 星野マオという占い師は何ぞやということで："何ぞや"相当于"何だか"，口语表达。

■ 解答

1. 約15年前からです。
2. 月曜日、木曜日です。
3. 「ライブドア占いの窓」でやっています。
4. 西洋占星術とタロットで占います。
5. 牡羊座(おひつじざ)、牡牛座(おうしざ)、双子座(ふたござ)、蟹座(かにざ)、獅子座(ししざ)、乙女座(おとめざ)、天秤座(てんびんざ)、蠍座(さそりざ)、射手座(いてざ)、山羊座(やぎざ)、水瓶座(みずがめざ)、魚座(うおざ)。

第3課
風習の数々(解説)

スクリプト

内容1　自然を楽しむ風習「花見」(4分59秒)

その1（2分43秒）

　新しい年度が始まりました。新たな門出を迎える人、また春の陽気とともに気分をリフレッシュさせる人など、それぞれの春を迎えていることでしょう。今回は、桜の木の下でお酒を飲みながらドンチャン騒ぎをするという日本の花見文化についてお話ししていきましょう。

　「花」の鑑賞、花の下での「飲食」、大勢で楽しみ、騒ぐ「群集」の3つの要素を併せ持つ日本独特の文化である花見は安土桃山時代、秀吉の吉野、醍醐の豪華絢爛な宴を頂点として広く行われました。秀吉は文禄3年2月25日、京を出発して文禄3年2月27日吉野山に到着。それから5日間、歌を詠み能を舞い、吉野山の桜を楽しんだといわれています。秀吉は醍醐寺の三宝院の景観を殊の外愛し、春になると、この地で観桜の宴を開きました。そのため、秀吉が近隣諸国の近江、山城、河内、大和から取り寄せた桜700本を移植したと言われています。現在も醍醐寺にその桜は見事に花を咲かせているんですよ。庶民が花見に熱狂するようになったのは江戸時代からで、それまでは上流社会だけの文化でした。江戸の桜は殆ど奈良県の吉野山から移植したもので、家康、秀忠、家光など花好きの将軍によって植栽が盛んに行われ、参勤交代で江戸は品種交流の場ともなり数々の名所もでき、花見は一般化していきました。花見といえば主に桜となり、山野の

花見は桜狩りと称して、時代が経るにつれ①、花見は公家から武家、近世には都市住民のものとなり、今日に至っています。

■ 文法と言葉遣いの解釈

① 時代が経るにつれ："～につれて"慣用句型，"随着、伴随着"之意。

■ 解答

○ 次の問題を考えながら聞きましょう。

1. b　　　　　　2. b　　　　　　3. a

○ では、更に次の問題を意識しながらもう一度聞きましょう。

1. c　　　　　　2. c　　　　　　3. d

○ もう一度聞いて、次の問題に答えましょう。

1. b　　　　　　2. c　　　　　　3. b　　　　　　4. d

5. a. 家康、秀忠、家光　　b. 参勤交代　　c. 公家、都市住民

その2 （2分16秒）

　なぜ日本人は春になると、桜の下でお花見をし、お酒を飲みごちそうを食べたくなるのでしょうか。古代日本人は、山の神様と言われるサ神様にいろいろ祈願しますのに、ただでは申しわけありませんから、まず、くさぐさのお供え物をしました。その、最も欠かせない重要なものが「酒」です。神前に捧げる意味があります。サカナやサケ菜(山のもの、野のもの)も同じ、サカナ(肴)、サ神様にお供えするものの意味です。神様へのお供え物をササゲモノとも言いますが、これは、「サ神」が下げ渡すものというのが、原意でした。現在、ササゲル(捧げる)という動詞は、下から上に向かってさし上げる感じがしますが、人間たちが神にいくらお供え物を上げたところで①、神は、気持ちだけ受け取って、実際には、飲食しないで、結局人々に下げてしまう形になります。人々はそれを知っていて、お供え物を神にあげている中に、いつか原意は逆転してしまったのです。

　クラとは古語で、神霊が依り鎮まる座を意味したクラと伝えられています。イワクラ(磐座)や タカミクラ(高御座)などの例もあるんですよ。もう、お分りだと思います。サ神様の依る、サクラ(サ座・桜)の木の下でサ神様にサケ(酒)やサカナ[サケ菜・肴(さかな)・魚]をササゲテ(捧げて)オサガリを、いただくわけなんですね。これが、日本の花見文化の始まりです。

　　現在では全国各地に花見ツアーも開催されていますから、桜名所に参加するのもいいかもしれません。また、今年の桜は 3 月下旬から 4 月上旬に開花すると予測されています。

　　皆さんも、桜の木の下でお酒を飲みながら、日本の花見を体験されてみてはいかがでしょうか②。今回は花見についてお話ししました。

■　文法と言葉遣いの解釈

　　① 上げたところで："动词＋たところで"接续助词的用法，表示转折关系，一般后句为否定句。

　　② 体験されてみてはいかがでしょうか："～てはいかがでしょうか"是一种建议的表达方式。

■　解答

　　○　次の問題を頭に入れながら聞きましょう。

　　1. d　　　　　2. b　　　　　3. c　　　　　4. a

　　○　では、更に次の問題を意識しながらもう一度聞きましょう。

　　1. b　　　　　2. d　　　　　3. c

　　○　もう一度聞いて、次の問題に答えましょう。

　　1. a(○)　　　b(○)　　　c(×)　　　d(×)　　　e(○)

　　2. あることはあるんですが、日本人のように、桜の木の下でお酒を飲んだり、カラオケで歌を歌ったり、踊ったりすることはありません。ぜひこの身で一度体験したいです。

内容 2　日本のバレンタイン・デー (6 分 28 秒)

その 1 (3 分 56 秒)

　　2 月 14 日は、「バレンタイン・デー」ですね。世界中のあちこちで愛が語られる日です。日本のバレンタイン・デーのキーワードは「チョコレート」。一体なぜだかご存知ですか。今回は、「日本のバレンタイン・デー」についてお話ししていきましょう。

　　そもそも①、バレンタイン・デーの起源は、ローマ時代のセントバレンタインという

聖者にあります。毎年、セントバレンタインが亡くなった2月14日には、愛する男女が寄り添い、彼の死を悼むというところから、自分の愛を届ける日になりました。愛の印の交換は現在でも世界各地で行われていますが、お互いに贈り物をしたりグリーティング・カードを送ったりするのが普通です。しかし、日本ではチョコレートをプレゼントするのが一般的なんです。しかも、女性から男性へ贈るという風習になっているんです。なぜ、このような文化が出来上がったのでしょうか。

　日本のバレンタイン・デーにチョコレートが登場したのは、1936年。兵庫県にあるチョコレート会社がきっかけです。アメリカやヨーロッパで浸透していたバレンタイン・デーに因んで「バレンタイン・デーにはチョコレートを贈りましょう」という広告を英字新聞に掲載したのが始まりなんです。

　1956年には別のチョコレート会社が「バレンタイン・デーにはチョコレートを贈りましょう」という広告を出しました。しかし、この頃はまだ女性から男性へチョコレートをあげるという話ではなく、愛する人やお友達、家族にプレゼントしましょう、というコンセプトのもとでした。

　1958年、またまた別のチョコレート会社がバレンタイン・デーの話を聞きつけ、東京の百貨店でキャンペーンを行いましたが、この時売れたチョコレートは、たった5個だけ。しかし、徐々に各製菓会社がバレンタイン商戦に参入し、デパートなども広告宣伝を盛んに行うようになったのですが、それ以上にバレンタイン・チョコレートの文化が定着したのは「日本の女性が強くなった」という背景もあるんです。1960年代・1970年代は、日本の女性が社会に大きく進出し始めた時代でした。

　それまでの日本女性というのは、「好きな男性に自分から告白をする」という習慣があまりありませんでしたが、社会に進出し、意見を言える場所が増えた女性にとって「愛の告白」も当然だという気持ちが芽生え始めた時期でもあるんです。

■ **文法と言葉遣いの解釈**
　① そもそも：出現在句首時为接续词用法，有汉语的"说起来"之意。

■ **解答**
　○ 次の問題を考えながら聞きましょう。
　　1. b　　　　　2. a　　　　　3. c
　○ では、更に次の問題を意識しながらもう一度聞きましょう。
　　1. a　　　　　2. d

○　もう一度聞いて、次の問題に答えましょう。

1．c　　　　　　　2．b　　　　　　　3．c

その2（2分32秒）

　そこで、誰からでも、誰にでも贈る事が出来た「バレンタイン・チョコレート」を「この日だけは、女性から男性に愛を告白する日」だというイメージをつけ、女性の購買意欲を促したのではないか①と言われています。「女性から男性にチョコレートを贈る」というバレンタイン・デーの文化は1970年代半ばに火がつき、1980年代には完全に定着しました。ですから、意外と歴史の浅い文化だといえますね。短い「日本のバレンタイン・デー」文化の中でも、「義理チョコ」「本命チョコ」といったバレンタイン・デーならではの言葉が誕生しています。会社や学校などで、お友達や上司に配るチョコレートのことを「義理チョコ」、好きな人に贈るものを「本命チョコ」といって区別しているんですね。家族の間にも「義理チョコ」は存在し、母親や娘から「義理チョコ」を受け取る男性もたくさんいるんですよ。

　もちろん、大人だけの文化でなく、小学生などの間でもバレンタイン・デーの文化は広がっています。意中の女子学生からチョコレートをもらえるかどうか…悩みすぎる生徒が増える為、チョコレートを禁止する学校が増えてきているようです。しかし、待ちかねているのは男の子たちだけではありません。その母親たちも、自分の息子が人気者なのかどうか、この日ばかりは気が気でならないのだそうです。百貨店は勿論のこと、スーパーやコンビニエンスストア、駅のホームにまで様々な種類のチョコレートが並ぶ「バレンタイン・デー」。また、日本国内の年間販売量のおよそ60パーセントが、バレンタイン・デーの時期によるものなんですよ。

　皆さんも愛の印にチョコレートをプレゼントしてみるのはいかがでしょうか。

　今回は「日本のバレンタイン・デー」についてお話ししました。

■ 文法と言葉遣いの解釈

　① 促したのではないか：这种形式的"ではないか"表示"委婉"或"不确定的判断"。

■ 解答

○　次の問題を考えながら聞きましょう。

1．d　　　　　　　2．b

○　では、更に次の問題を意識しながらもう一度聞きましょう。

1. b　　　　　　　　2. c　　　　　　　　3. a

○　もう一度聞いて、次の問題に答えましょう。

1. a(○)　　　　　b(×)　　　　　c(○)　　　　　d(×)　　　　　e(×)

2. ヨーロッパに因んだバレンタイン・デーが日本に伝わって、日本の独特なものが
それに取り込まれて、日本の独自の文化になっているということはとても興味深
いと思います。

内容3　芸者と舞妓（4分56秒）

その1（2分12秒）

　日本には、芸者や舞妓と呼ばれる女性がいます。最近では、映画「GEISHA SAYURI
(芸者小百合)」などでも取り上げられるほど、注目されていますよね。今回は、芸者と舞
妓についてお話しいたしましょう。

　芸者や舞妓と呼ばれる女性が登場し始めたのは、およそ300年前。京都の祇園が始ま
りでした。始めは、お寺や神社の参拝客、花見客の休憩所としてできた茶店や水茶屋で
お茶や団子を出す仕事をしていました。ですが、昼間のにぎわいは夜も続き、水茶屋で
は、茶と団子の代わりに、酒と料理を出すようになり、夜専門の店もできるようになった
のです。そこで、店で働く女性が三味線をひいたり、舞を踊るようになることで、更に街
はにぎわっていきました。これが今でいう「芸者」にあたる女性です。その後も、茶屋同
士の集客合戦は熾烈を極め、やがて少女にかわいい着物を着せ、舞を踊らせるようにな
りました。これが「舞妓」の始まりです。当時の祇園には、お茶屋はおよそ700軒、芸者
と舞妓の数は3000名にものぼり①、その活況は1920年頃まで続いたんですよ。

■ 文法と言葉遣いの解釈

① 3000名にものぼり："数量词＋にものぼる"表示达到该数量之多。

■ 解答

○　次の問題を考えながら聞きましょう。

1. c　　　　　　　　2. b　　　　　　　　3. d

○　では、更に次の問題を意識しながらもう一度聞きましょう。

1. d　　　　　　　　2. a　　　　　　　　3. c

○　もう一度聞いて、次の問題に答えましょう。

1. d　　　　　　2. c　　　　　　3. b

その2（2分44秒）

　現在は、政界や経済界の、著名人の交遊の場としてその名を轟かせる祇園ですが、茶屋の数は年々減少し、現在は100軒を割り込み①、芸者と舞妓もたいへん少なくなってきました。ただ、最近は京都ブームや、各メディアで取り上げられたことから、舞妓志望者も増え、積み重ねられた伝統が、しっかりと受け継がれているんですよ。

　京都の宴席を華やかに飾る芸者と舞妓。いったい何が違うのでしょうか。その違いは「妓」としての修業期間なんです。多くの舞妓は中学を卒業して「店だし」と言われる、舞妓デビューをし、その後、だいたい20歳くらいで芸者となります。その間、京ことばや舞、三味線などを勉強し、芸者を目指します。ちなみに芸者には年齢制限はないんですよ。また、現在は、労働基準法と児童福祉法により、舞妓になることができるのは15歳以上とされています②。

　京都の街を歩けば、美しく化粧された舞妓に出会うことも多くありますが、実は、この舞妓の格好をして歩いたり、写真を撮ってくれるお店も数多くあるんですよ。だいたい1万円くらいで、舞妓に変身することができるので、京都を訪れた際には、是非一度体験されてみてはいかがでしょうか。そのときには、舞妓言葉も使いたいものですよね③。簡単な言葉では、「ありがとう」は「おおきに」、「すみません」は「すんまへん」、「どうぞお願いします」を「おたのもうします」などがあります。このような、独特の話し言葉が聞けるのも、昔からの伝統が守られている証拠なんですね。

　今回は、芸者と舞妓をご紹介しました。

■ **文法と言葉遣いの解釈**

① 100軒を割り込み：“数量词＋を割り込む”，表示“跌破、不足于……”。

② 15歳以上とされています：句末的“とされています”表示“规定、认定”。

③ 使いたいものですよね：“〜たいものだ”的形式用于加强“〜たい”的语气。

■ **解答**

○　次の問題を考えながら聞きましょう。

1. a　　　　　2. b　　　　　3. c　　　　　4. b

○　では、更に次の問題を意識しながらもう一度聞きましょう。

1. c

2. b

3. おたのもうします——どうぞお願いします

　おおきに——ありがとう

　すんまへん——すみません

○　もう一度聞いて、次の問題に答えましょう。

1. a（○）　　　b（×）　　　c（○）　　　d（○）　　　e（×）　　　f（○）

2. 以前は芸者について聞いたことはなかったですが、この課の内容を聞いてはじめて芸者のことが分かりました。芸者は歌・舞踊・三味線などで宴席に興を添えることを職業とする女性のことを指しているんですね。

課外でチャレンジしましょう

スクリプト

お酒の話（13分53秒）

A: 毎週水曜日はゲストコーナーです。今日も素敵なゲストの方をスタジオにお迎えしました。早速ご紹介したいと思います。玉の光酒造株式会社の取締役副社長、宇治田さんをスタジオにお迎えしました。どうもこんばんは。よろしくお願いします。

B: こんばんは。よろしくお願いします。

A: えー、宇治田さんは日本から来られたということで、直接カナダのほうに来られたわけですか。

B: ええと、ニューヨークを回ってまいりました。（はい）はい。

A: いかがですか。あのー、ニューヨーク、カナダという感じ、やっぱりアメリカとカナダってのは①雰囲気、違いますかね。

B: カナダ好きですね、ぼく。

A: あっ、何度か来られてるわけですか。

B: いや、えー、一度ビクトリアへ行っただけ（はい）ですけども、うーん、なんと言う
か、おおらかで、自然があってね。

A: あ、そうですか。

B: 好きになりそう。

A/B: あはははは…（笑）

A: 宇治田さんはどちらのほうにお住まいなんですか。

B: ぼくは普段は京都の…、京都におります。

A: ああ、そうですか（はい）。あの、こちらに来る前、京都はお天気のほういかがです
か（ええ）。やっぱりカナダこのぐらいだと寒いですかもう。

B: そうですね。日本から来るとやっぱり寒いという感じですね。

A: こちらやっぱり寒いという感じですか（ええ）。はあ。今年の日本、夏は非常に暑
いというニュースが届いておりましたけれども、京都はもうかなり暑いんじゃな
いでしょうか。

B: 相当蒸し暑かったですね。

A: 蒸し暑かったですか。

B: ええ。だから余計にカナダが（ははは…）好きになりそう。

A: ああ、そうですか。あの、まあ、お酒と言いますとですね、皆さんご承知だと思うん
ですけど。今日、あのー、宇治田さんと初めてお会いしまして、で、名刺をいただい
た時に、「米100％、二日酔いしません」この名刺に書いてあるんですけども。お酒
というとですね。どうもあのー、「二日酔い」ということは、イメージを持ってる方
多いと思うんですけど。この「二日酔いしない」というのは、やっぱり今のお酒っ
ていうのは皆そういう感じなんでしょうか。

B: そうですね。えー、今の純米吟醸酒とか、（はい）純米酒とか、要するに、えー砂糖き
びの粕から、まあ作ります、アルコールを、量を増やすために、入れないお酒（はい
はい）。それもいい酒米をよく…まあ、磨いて、（うん）えーきれいな酒質のものは
ですね（うん）、えー二日酔いしないので（ああ、そうですか）。ええ、どうぞ定量の
倍②をお召し上がりになって…

A: 定量の倍飲んでも二日酔いしないと。なるほど（そういうことにしてます。）。あ
の、玉の光酒造というのは、簡単に歴史的な何かご説明していただければいいんで
すけど…

B: はい、もともと、あのー徳川家康の（はい）孫の時代にですね、（はい）紀州（ええ）和

歌山ですね、えー御三家のうちの紀州徳川家の免許で1673年に創業したというふうに伝えられております（はい）。で、まあ、あのー、戦争で、全部敗戦直前の空襲で焼けまして（うーん）、えー、私の父が再建したんですが、（はい）やはり造り酒屋として、（うん）全国、とくにその東京を中心にした首都圏（はい）という大市場にアクセスするには、当時はやっぱり灘・伏見ということで、1952年に伏見に蔵を構えまして、（うーん）それから、まあ、今は、本拠京都になった、とこういうことですね。

A: やっぱり伏見に、まあ、構えたということは、よくお酒お水ということを言われますけども、伏見というのは、やっぱりお水がおいしいんでしょうか。

B: ええ、今も、（うん）都市化が進んでいるんですけれども、きれいな水がたっぷりで、（ああ、そうですか）それはちゃんと理由がありましてね（うん）、えー、水源になっている桃山丘陵というのが、ほとんど国の管理なんですね（はい）。そこには、あのー明治天皇、昭憲皇太后をお祀りしている桃山御陵というお墓（うん）、それから平安京をひらいた（はい）桓武天皇のお墓（うん）等がございまして、いわゆる、えー乱暴な開発がされないと（あ、そうですか）いうことで（うん）、自然の森が残っているんですね（うーん）。そんなことでいい水が（あ、そうですか）質・量ともにいい水が出ていると（ふーん）。こういうことです。

A: まあ、300年以上歴史のある、伏見のお酒と玉の光さん。あのーやっぱりお酒というとですね、日本のその文化と非常にこう、密接にかかわっているような感じがするんですけれども、その点どうですか、日本の文化とお酒という…

B: まあ、えー、食文化、飲食文化の一番、えーコア（core）になる③ものが、やっぱりお酒だと思います（はい）。それは、どの国も実は、あの、共通したことで（うん）、やっぱりお国自慢のお酒というのを、それぞれの国民、民族がですね（はい）、誇りにしてきた。あるいは、地域の誇り（うん）にしてきた、ということだと思いますね（そうですね）、はい。そういう意味で、京都というのは、実は、日本酒の本当の意味の故郷（うん）でありまして、ちょうどまあ、室町時代ぐらいですね、麹を作るですね（はい）、そういう専門業者（うん）、あるいは、技術者集団の総元締めが（はい）京都にあって（あ、そうですか）、それで、味噌、醤油（うん）、そういうまあ伝統的な発酵食品の大事な元である麹がね、京都から供給されておったと④。まあ、こんなことですね（なるほどね）、はい。

A: まあ、先ほどあのー、いまのお酒は「二日酔いしない」ということ（はい）ですけれども、いつごろからその…お酒が少しずつ変わって、なんか、非常にいまカナダで手

に入るお酒ってのは、ワイン感覚で飲めると(はい)いう感じがするんですが、いつ
ごろからそういう変化があったんですかね。

B: そうですね。大体今からさかのぼると、30 年ぐらい前に、(あ、そうですか)いわゆ
る、まあ、あのー、ナショナルブランド的な(うん)アルコールブドウ糖入りの普通
のお酒がマーケットを席捲している時代にですね(はい)、まあ、規模は小さいけれ
ども(うん)、おいしいお酒があるじゃないかってなことで(はい)、純米酒、もしく
は、地酒のちょっとしたブームが(はいはい)…、まあだんだんそれが認知されてき
て(うん)、えー、まあいわゆるメーカーの立場で言いますと、品質競争っていうよ
うなことで、えーと、いくらか支持を得るようになった(はい)と…という時代以来
(うん)かな、と思いますね(なるほどね)。はい。

A: まあ、確かにその一、今おっしゃられたように、地酒ブームみたいな感じでですね、
日本行きますと、いや、こんなに日本にお酒の種類があったのかと非常に驚かされ
たんですけれども(はい)、やっぱりそれはあの隠れた…まあ、お酒と言ったらおか
しいです…そういうのは各地方地方村々にあったんですね。

B: そうですね。だから江戸時代には、鎮守の森ごとに(うん)、お酒がある(はあー)、
おまつりするために。7000 ぐらいあったといわれておりますし(ええ)、明治時代
になってもそれを引き継いでおりましたし(うーん)、えー戦後すぐには 4000 社ぐ
らいあったと。

A: 4000 社。

B: はい(へー)。残念ながら現在は、まあ 1000 社あまりと(うん)いうふうに減っては
おりますけども、まあ、それぞれ地域の気候、風土(うん)をまあ、背負った(はい)、
そういう食文化の中心としての存在であると、いうことは現在も一緒ですね。

A: なるほどね(はい)。ま、そういうお酒の変遷、昔のお酒と違う状況になってきたと
いうことですけど、日本国内でたとえばその一、いま若い人はですね、お酒にはどん
な意味合い、感覚を持っているんでしょうかね。

B: えー、まあ、一概に若い人と一括りにできない(はいはい)と思うんですが、えー若
い学生さん、あるいは…等のなかにも(はい)ですね、えー本当にいい日本酒は支
持、愛されておりましてね(うんうん)。たとえば、先だってはニューヨークで育た
れた(はい)方が(ええ)、京都の大学生(はい)、訪ねてきまして(うん)。いろいろ…
将来大学を卒業して、自分は世界的なビジネスっていうか、事業をやりたい(はい)
と。いろいろ仲間と相談したあげく(ええ)、ニューヨークでお酒を売ることが(はい)

誰も考えていない、その…自分たちの夢になると(うん)いうようなことを…話をもってね(はい)、訪ねてきた学生さんもいるぐらいで。

A：ああ、そうですか(ええ)。へえー。

B：だから、まあいろいろ芽は(うん)若い世代に受け継がれていく(うん)。そういう芽はあるので、大事にしていきたいと思いますね(うん)。はい。

A：まあ、日本国内のいろんな展開がもちろんあると思うんですけれども、このごろはやはり海外にも日本酒がかなり…こう…出回ってるということで、その海外進出ということのまあきっかけってのはなんかあるわけですか。

B：えーと、まあ私自身、および玉の光にとっては(はい)ですね、えーやはり日本の企業が海外にどんどん出て行くときに(うん)、まずちゃんと品質管理をしてですね、海外でご苦労、ご活躍される皆さんに(はい)、えー、ほん…まあ日本にいるのと同じ品質の(うん)お酒をやっぱりお届けするというのが日本酒メーカーの(はい)、まあある意味での使命である(うーん)というような考えで、最初はヨーロッパ(うん)、それからアジア、それから北米等にですね、アプローチさしていただいてきたんですけども⑤…まあ逆に、あのー、あれですね、えー、現地の日本人の方対象というよりも(うん)、まあ、現地のローカルの人々に(はい)徐々に(うん)浸透を始めつつあるというのが(うーん)実感でございます(なるほど)。はい。

A：あの、いつごろからそういう海外進出…玉の光さんはいつごろからなんですか。

B：玉の光としては、わりと早い時代でございまして(うん)、80年代の後半、90年代(はいはい)にはまあアジア(うん)を中心に、アジア、ヨーロッパ等を中心に(うーん)、90年代には北米を(うん)、ということで、アプローチさしていただいた…残念ながら、バンクーバ、カナダ一番最後に、(あ、そうなんですか。)へへへ、ここ一年半ぐらい(うん)ということなんです。

A：やっぱり民族によっても、国によっても、そのお酒の受け入れ方、まあ反応はまちまちだと思うんですけれども(はい)、いかがですが、その点、その…お酒、この国は、驚くほどお酒、人気があるというようなこととか…

B：やはり、北米がですね(はい)、非常に日本の食に対して、やっぱり健康であると(うん)いうようなことで(はいはい)、すしを中心にして(うん)ですね、えー、イメージをお持ちですし、現実にそれを楽しんでおられる(うん)ということですから、食とお料理とお酒についてですね、受け入れ方が非常にオープンで素直であるという感じがいたしますね。

A: あ、そうですか。

B: はい。

A: なんかヨーロッパのほうは逆にそういう趣向が強いようにも思えるんですか、そうでもないんですか、ヨーロッパあたりは。

B: ヨーロッパむしろ、やっぱり歴史と伝統があるだけに、ちょっと(うん)保守的な感じがして(あーなるほどね)、もうちょっと彼らの、その食習慣っていうかな、そのなかにおすしであるとか(はい)、日本酒をアピールして行くには(うん)、ちょっと時間がかかるかなという感じ(あーそうですか)がいたします(ふーん)。

A: やっぱりお酒というのは、日本酒…日本酒ですから日本食というものとのマッチングというのが、非常におすすめ、と(はい)いうことになるわけですか。

B: まずは、あのー、そっからスタート(うーん)、ですね。ええ。ですから、今日もあるバンクーバーのおすし屋さんで(はい)、週に2回築地と九州からエアで、(ええ)いい…あのー鮮度のいいネタが入るんですよ。(ええ)こういうふうに、やっぱり物理的に日本と同じ、えー、お魚であるとか(うんうん)、生の食材が入るという範囲の物理的な距離のところでこそ、やっぱり日本と同じね、お酒が楽しまれていくのかなということで言いますと(うん)、やはり、東海岸とかヨーロッパは物理的にちょっと遠いんですね。

A: ああ、そうですか、(うん)うーん。

B: だから、私の経験では、たとえば、香港の(はい)すし屋さん(うん)、香港出身の方、ご当地も多いようですが(ええ、ええ)…日本のすし屋さんよりネタ⑥のレパートリーが広い。

A: あ、そうなんですか。

B: なんで(ええ、ええ)って聞いてみたら、北海道から(笑)、築地・成田から(はい)、関西のほうから(ええ)…まあ関西新空港から(うんうんうん)大阪から、あるいは九州から(ええ)、全部エアで日本中の朝取れたものが夜楽しめると(へえー)、こんなところは香港だけですね。フフフ。

A: あ、そうですか。うわ、すごいね、ぼく香港へ行ったこと(そうですか)ないんでね。ああ、そうですか。

B: そういうところの人たちがご当地にもたくさんおられるんでね(ええ、ええ)、今日もおすし屋さんとお話してると(うん)、日本人以上にネタの値打ちをわかってくれると(ほお、なるほどね、うんうんうん)、こういう方々が増えてるというのもおもしろいことかなあ、と。

A: じゃあ、日本食に対してかなり味に…がこえた…というか(はい)舌が肥えた⑦人、うるさい方が多くて、それにやっぱり、そうしますと、日本食とお酒ですから(はい)、お酒に関しても、これ、結構厳しい方がいらっしゃるんじゃないですかね。

B: と思いますね。それで、今日もまた別の居酒屋さんでお聞きしたんですが(はい)、香港の方でして、「いや、玉の光は香港の人みんな香港で知ってますよと(えへへへ…)。だから、われわれも売りやすいんですと(ええ、ええ)。そのかわり、やっぱり、品質とか(うーん)、そういうことについてはやっぱり厳しいですよ。」という話をお聞きしましたね。

A: ああ、そうですか。

B: はい。

■ 文法と言葉遣いの解釈

① ってのは:"とういうのは"的口语表达。

② 定量の倍:可以多喝酒量的一倍。

③ コア(core)になる:词组,构成核心。

④ 供給されておったと:等于"供給されていた"。

⑤ アプローチさしていただいてきたんですけども:"さしていただいて"是"させていただいて"的口语表达。

⑥ ネタ:这里指做寿司的材料。

⑦ 舌が肥えた:词组,口味高,讲究吃。

■ 解答

1. 玉の光酒造株式会社の取締役副社長、宇治田さんです。

2. 1673 年に創業しました。

3. きれいな水がたっぷりあるからです。

4. 昔から麹が、京都から供給されてきたからです。

5. 非常にオープンで素直に受け入れる態度を持っています。

6. 香港です。

第4課

政府広報(会話・解説)

スクリプト

内容1　治安対策「子供の防犯」チャイルドシート・コーナー <small>(31秒)</small>

母:ねえ、パパ、チャイルドシート、どうする?

父:いいんじゃない①。近くだし。

母:そうね、もう大きいしね。

父:うん、安全運転するから、任せとけって。

母:パパ、かっこいい。

子供:パパ、ママ、僕の安全ってそんなもの?

ナレーション:小さな命を守るのは、大人の義務です。6歳未満の子供には、必ずチャイルドシートを。

父:よし。

母:近くても、ちゃんとつけなきゃね。

■ 文法と言葉遣いの解釈

　①　いいんじゃない:"〜んじゃない"是"〜のではない"較随便的说法,不表示否定,而是以反问的语气表示肯定。所以这里的"いいんじゃない"是"算了,不用系了"的意思。

■ 解答

　○ 次の問題を考えながら聞きましょう。

　　1. c　　　　　　　2. b　　　　　　　3. b

　○ では、更に次の問題を意識しながらもう一度聞きましょう。

　　<u>近くだし、子供も大きいし、お父さんも安全運転すると言ったから。</u>

内容 2　政府広報 (60秒)

1. 省エネルギーに、ご協力をお願いします。

　当たり前のように、毎日使っているエネルギー、大切なエネルギーを無駄にしないために、適正な冷暖房温度、照明などの節約、レジャー時の電車やバスの利用、経済速度での運転などを心がけましょう。日頃の省エネにご協力をお願いします。

2. ドラッグは、君を壊す。

　すぐやめられるから、きれいになるから、強いドラッグじゃないから、一回だけだから、ださいやつって言われちゃうから。軽い気持ちで一度でもドラッグの誘惑に乗れば、もうおしまい。そんなにだめになりたいの? ドラッグは君を壊してしまう。だから、いけない。

■ 解答

　○ 次の問題を考えながら聞きましょう。

　　1. b

　　2. <u>大切なエネルギーを無駄にしないために、適正な冷暖房温度、照明などの節約、レジャー時の電車やバスの利用、経済速度での運転などを心がければいいです。</u>

　○ では、更に次の問題を意識しながらもう一度聞きましょう。

　　すぐ(やめられる)から、きれいになるから、強い(ドラッグ)じゃないから、一回だけだから、(ださい)やつって言われちゃうから。軽い気持ちで一度でもドラッグの(誘惑)に乗れば、もうおしまい。

　○ もう一度聞いて、次の問題に答えましょう。

　　1. <u>違法ドラッグの服用後、視覚過敏、聴覚過敏、幻覚、幻聴、妄想などの症状が現れる。</u>

　　2. <u>乱用すると、他人を殺害したり、中毒になったり、錯乱状態になって他人に危害を加えてしまう。</u>

3. 違法ドラッグの摂取により、精神運動興奮に陥り、転落死してしまう。

内容3　架空請求にご注意を！ (2分12秒)

被害者:さあてと、メールでもチェックしますか。どれどれ、へえ、何、このメール。入
　　　　金しろって、これ、有料サイトの請求じゃない。そんなの、見てないのに、どう
　　　　して？ 払わないと、面倒なことになっちゃうのかしら。どうしよう。

ナレーション:最近、利用していない有料サイトの使用料を請求したり、クレジット会
　　　　社などの債権回収を装って支払いを請求したりする架空請求が増えていま
　　　　す。これらは葉書きや封書、携帯電話やパソコンの電子メールに送り付けら
　　　　れてきます。請求書には、入金がない場合には、自宅、勤務先へ回収に出向く、
　　　　法的手段に訴えるなど不安を煽る言葉がふるわれているため、慌てて代金を
　　　　振り込み、被害にあうケースが少なくありません。

被害者:じゃあ、架空請求を受けた時は、どう対処すればいいのかしら。

ナレーション:利用していないのであれば、一切支払う義務はありません。一度払っ
　　　　てしまうと、また新たな請求を受ける可能性があります。請求をしてきた業
　　　　者に返信、電話連絡は、絶対にしないこと①。今以上の個人情報を相手に知ら
　　　　れないようにしましょう。請求を受けて、不安を感じたり、被害を受けたりし
　　　　た場合は、各都道府県の警察本部または警察署に相談しましょう。

　　　　悪質業者は、金融機関の預金口座を悪用し、名義を変えた口座に振り込ませ
　　　　るため、正体がつかみにくいのが実情です。国や金融機関も対策を講じてい
　　　　ますが、私たち自身も不審な請求には十分に注意し、安易に応じないことが重
　　　　要です。

被害者:なるほど。皆さんも架空請求には、ご注意くださいね。

■ 文法と言葉遣いの解釈

　① 絶対にしないこと:这里的"こと"为终助词,以"动词原形＋こと/～ない＋こと"的形式,
表示语气强硬的"命令、要求",多用于规章制度等文体中。

■ 解答

　○ 次の問題を考えながら聞きましょう。

　　1. c

2. 利用していない有料サイトの使用料、クレジット会社などの架空の債権。

3. a b d e

○ では、更に次の問題を意識しながらもう一度聞きましょう。

a. 覚えのない請求は支払わないこと。

b. 個人情報を与えないこと。

c. 各都道府県の警察本部または警察署に相談をすること。

○ もう一度聞いて、次の問題に答えましょう。

a（○）　　　　　　　b（○）　　　　　　c（×）　　　　　　d（×）　　　　　　e（○）

内容4　アルコール　お酒を飲んだら乗らない！ （2分10秒）

運転手:ご機嫌で…

ナレーション:もしもし、ずいぶんご機嫌のようですけど、お酒を飲んでの運転は危険
ですし、違法ですよ。

運転手:へへへ、大丈夫、大丈夫。そんなに飲んでないし、家まですぐだから。

ナレーション:その油断が大きな事故を招くんですよ。

運転手:へっ。

ナレーション:平成14年、1年間に発生した自動車や原動機付き自転車による交通死
亡事故は7324件。そのうちの1割以上に当たる997件が飲酒運転によるも
のです。すこしくらい大丈夫という安易な気持ちが車を危険な凶器に変えて
しまいます。

運転手:でも、おれは酒に強いから、大丈夫だって①。ビールの1本、2本飲んだっ
て②、平気、平気。ほらっ、意識だって③、しっかりしてるし…

ナレーション:お酒に強いからといって、アルコールによる影響を受けないというこ
とはありません。むしろ過信していたり、自覚がない分、危険だと言えます。
お酒の強い人でも、アルコールが体内に入ると、ブレーキを踏む反応速度が遅
くなることがわかっています。また、飲酒運転で、死傷事故を起こすと、業務
上過失致死傷罪より厳しい、危険運転致死傷罪に問われることもあります。

コメント①:あっ、嫌ですね。飲酒運転の人に起こされた交通事故があったので、いけ
ないと思います。

コメント②:自分の命にもかかわるしね。まあ、他人にもね。大変迷惑をかけるし。

コメント③:飲んだら乗るなとお願いしたいと思います。はい。

運転手:なるほど。飲酒運転は本当に危険だなあ。

　(携帯のベルが鳴る)

運転手:もしもし。

奥さん:あなた、お酒を飲んで運転しようとしてるんじゃないわよね。

運転手:いや、あのう、その…

奥さん:危ないんだから、早く電車で帰ってらっしゃい。

運転手:はい。皆さんも、飲酒運転だめですよ。

■ 文法と言葉遣いの解釈

① 大丈夫だって:"って"出現在句末,相当于"ということだ",意为"跟你说没事!"

② ビールの一本、二本飲んだって:这个"って"表示提示,意思是"不就是一两瓶啤酒嘛"。

③ 意識だって:"だって"是副助词,表示提示,意思是"就连意识"。

■ 解答

○　次の問題を考えながら聞きましょう。

　　1. b　　　　　　　2. b　　　　　　　3. c

○　では、更に次の問題を意識しながらもう一度聞きましょう。

　　1. c　　　　　　　2. a　　　　　　　3. d

○　もう一度聞いて、次の問題に答えましょう。

　　a(○)　　　　　　b(×)　　　　　　c(×)　　　　　　d(○)　　　　　　e(○)

内容5　ペットはあなたの大切な家族です (2分04秒)

　空前のペットブームと言われている今、気軽に動物を飼う人が増えています。しかし、動物を飼うということはその動物の命やしつけについて最後まで責任を持つということです。動物の愛護及び管理に関する法律では、動物愛護と正しい飼い方についていくつかの決まりが定められています。その中で、飼い主の義務について、これだけは守りたい五つの項目についてご紹介しましょう。

　まず、飼おうとする動物の習性をよく調べ、理解し、本当に面倒を見ることができるの

か、慎重に判断することが重要です。

　次に、飼い始めたその時から、ペットはあなたの家族です。愛情を注ぎ、最後まで責任を持って面倒を見なければなりません。

　数が増えすぎて、近隣の人たちに迷惑をかけないように注意しましょう。責任を持って飼うことができない場合は、不妊、去勢手術などの繁殖制限を行いましょう。

　人と動物の共通感染症について正しい知識を持ち、感染防止に努めましょう。

　名札、マイクロチップなどを装着し、飼い主が誰であるか分かるようにしましょう。

　この五つの項目は全ての人が命ある動物をみだりに虐待することのないようにするだけでなく、人と動物が共生するための最低限のルールです。ぜひ、守りを心がけてください。動物と一緒に暮らすためには、飼い主の責任やモラルを身につけること、そして動物に対するしつけと愛情は欠かせませんね。あなたの家族だから。

■ 解答

　〇　次の問題を考えながら聞きましょう。

　　　1. c　　　　　　　　2. d

　〇　では、更に次の問題を意識しながらもう一度聞きましょう。

　　　a(×)　　　　　　　b(×)　　　　　　　c(〇)

　〇　もう一度聞いて、次の問題に答えましょう。

　　　1. 責任　モラル　しつけ　愛情

　　　2. a. 動物の習性を正しく理解して飼うこと。

　　　　　b. 最後まで責任を持って飼うこと。

　　　　　c. 責任を持って飼えない場合は、繁殖制限に努めること。

　　　　　d. 動物による感染症の知識を持つこと。

　　　　　e. 飼い主が誰であるか分かるようにすること。

内容6　地球温暖化 (3分03秒)

　およそ250万年の間、地球の気候は寒冷な時期と温暖な時期を繰り返してきました。しかし、20世紀の100年間で地球の平均気温は0.7度から0.8度上昇しました。急激に気温が変化したこの現象は地球温暖化と呼ばれ、人間の活動が原因だと科学者は考えて

います。

　産業革命以降、人間社会には、工場や発電所が増え、車が普及し、石油や石炭といった化石燃料を消費してきました。つまり、二酸化炭素などのガスを大量に排出してきたのです。これらは太陽の熱を大気中に閉じ込める性質があり、温室効果ガスと呼ばれます。太陽から届く光や熱の一部を大気や地面が吸収することで、地球は暖まっています。残りは反射され、宇宙空間へ戻っていきます。もともとは自然界に存在するガスが太陽の熱を吸収し、地球を暖めてきました。しかし、人類が過剰に排出した温室効果ガスによって、これまで以上に地球の温暖化が進んでしまうのです。

　近年の暖かさも地球温暖化を裏付ける証拠です。世界の平均気温は 1998 年に観測史上 1 位、2005 年に 2 位を記録しました。そして、過去 42 万年間で、温室効果を持つ二酸化炭素とメタンの濃度が最も高いことが南極の氷からわかりました。また、北極海の氷も減少しています。NASA（米航空宇宙局）の観測によると、氷の面積は過去 30 年間で 10％減りました。

　今後も先進国がエネルギーを消費し、開発途上国が化石燃料を必要とする限り、大気中の温室効果ガスは増え続けるでしょう。今世紀の終わりには、気温が 1 度から 5.5 度上昇すると予測されています。そうなると、地球上ではどんな変化が起こるのでしょうか。わずかの変化で済むかもしれません。しかし、海面が上昇し、各地の沿岸部に洪水を引き起こす恐れもあります。異常気象でハリケーンが多発するかもしれません。温暖な地域では、干ばつに見舞われるかもれません。また、環境に適応できない生物は絶滅の危機に陥るでしょう。

　地球温暖化については、まだ不明な点が多くありますが、温室効果ガスの削減が有効な対策だと考えられています。私たちにもできることがあります。電力を節約したり、電球を蛍光灯に変えたり、車の運転を控えたり、小さな努力が地球の未来を守るかもしれないのです。

■ 解答

　　○　次の問題を考えながら聞きましょう。

　　　　1. a　　　　　　　2. d　　　　　　　3. b

　　○　では、更に次の問題を意識しながらもう一度聞きましょう。

　　　　1. b　　　　　　　2. a

　　3. a. 海面が上昇し、各地の沿岸部に洪水を引き起こす恐れがある。

　　　　b. 異常気象でハリケーンが多発するかもしれない。

    c. 温暖な地域では、干ばつに見舞われるかもしれない。

    d. 環境に適応できない生物は絶滅の危機に陥る恐れがある。

○　もう一度聞いて、次の問題に答えましょう。

1. a(○)　b(×)　c(×)　d(○)

2. 温室効果ガスの削減。例えば、電力を節約したり、電球を蛍光灯に変えたり、車の運転を控えたりすること。

3. ① テレビを見る時間を減らす。

   ② 風呂の残り湯を洗濯に使いまわす。

   ③ アイドリングストップを行う。

   ④ 買い物袋を持ち歩く。

   ⑤ 冷房中の室温は27℃以上に設定をする。

   ⑥ 不要なエアコンの使用を控える。

   ⑦ 電気製品の主電源の入れっぱなしを控える。

   ⑧ 冷蔵庫を効率的に使う。

   ⑨ 照明はこまめに消灯する。

   ⑩ 短距離の移動は徒歩や自転車を利用する。

内容7　子供と学ぼう　自分で自分を守る方法 (2分47秒)

先生：せえの！

子供たち：助けて！①

ナレーション：大きな声でしたね。ここは世田谷区の保育園。世田谷区では、通学路に潜む危険から子供を守ろうと、就学前の子供たちを対象とした防犯プログラムを実施しています。事前に講習を受けた保育士たちがどのようなことが危険なのかを実演しながら、子供たちに教えていきます。

保育士：寒いからね、一緒に暖かい所に行きましょう。ねえ、行きましょう！行きましょう！

子供：助けて！助けて！

保育士：大丈夫？どうしたの？早く逃げなさい。

ナレーション：近年、子供の身近な安全が脅かされる中、子供たちに自分で自分の身を守る術を教え、このような取り組みが全国各地で行われるようになってき

ています。

　　こちらは足立区立千寿小学校です。ここでは、学級活動の時間を利用して、犯罪から身を守るためのセーフティー教室を実施しています。講師を務めているのは、警視庁少年育成課の原島さん。実際に子供が危険な目にあわないためのポイントをうかがいました。

原島さん：まず、一番目、行かない。この行かないというポイントは、知らない人にはついて行かないというポイント。そして、自分から危ない危険な場所には行かないという２つのポイントを教えています。

　　そして、２つ目の逃げる。逃げるというのは、ええ、腕を捕まえた場合ですとか、触られそうになった場合、戦ったり、子供ですので、力が大人とは全く違いますので、その場から逃げる。遠い所へ逃げる。そして、逃げる場所も大人がたくさんいる、明るい場所に逃げます。そのように指導しています。そして、３つ目の声を出す。これがとても重要で、実際に都内で被害に遭って、遭いそうになった子供さんが実際に助かっているのは、大きい声で、「助けてえ」って周りの人間に聞こえるように出したということ。実際に難を逃れているお子さんの重要なポイントになっていると思います。

ナレーション：また、子供が怖い、危ないと感じた時には、近くの民家や商店などに逃げ込める子供110番の家があります。子供たちが自分で自分の安全を守るためのこうしたポイント。ぜひ、皆さんの家庭でも、子供と確認しておきましょう。

■ **文法と言葉遣いの解釈**

　① 助けて：日语中求救时的用语，是"救命！"的意思。

■ **解答**

　○　次の問題を考えながら聞きましょう。

　　1. a　　　　　　2. c　　　　　　3. b

　○　では、更に次の問題を意識しながらもう一度聞きましょう。

　　1. b　　　　　　2. a　　　　　　3. d

　○　もう一度聞いて、次の問題に答えましょう。

　　1. a（×）　　　　b（○）　　　　　c（×）

2. a. 行かない（知らない人について行かない。自分から危険な場所へ行かない。）

　　b. 逃げる（その場から逃げる。大人がいる所へ逃げる。）

　　c. 声を出す（大きい声で「助けて」と叫ぶ。）

内容8　怪しいと思ったらすぐ相談を！ （3分52秒）

おばあちゃん：えっ、今からお金を取りに来る？

　　孫（兄）：最近、お金を取りに来る詐欺もあるんだって、気をつけて。

　　　　男：見事じゃん。よくぞ①詐欺に気づいた。

おじいちゃん：こんなの、頼んだかな。

　　孫（妹）：頼んだ覚えのない物にお金を払っちゃだめだよ。

おじいちゃん：うん。

　　　　男：見事じゃん。よくぞ詐欺に気づいた。家族のこまめな連絡が高齢者詐欺を防ぐのじゃ！ 家族皆で怪しいと思ったら、相談を。

　高齢者を狙う振り込め詐欺を始めとする特殊詐欺の手口は、ますます多様化し、依然として多くの高齢者が被害にあっています。平成25年度の被害総額はおよそ489億円と平成24年度を大きく上回りましたが、平成26年も平成25年と比較して、更に上回るペースで被害が増加しています。

　また、平成25年は全ての都道府県において特殊詐欺の被害が報告されています。もしかすると、次はあなたの家に電話がかかってくるかもしれません。息子などを騙る不審な電話などには十分注意してください。

　犯人がお金を受け取る手口は、主に次の3つがあります。

　1つ目は、銀行や郵便局などの金融機関を通じてお金を振り込ませる「振込型」。

　2つ目は、ゆうパックや宅配便などで現金を送らせる「現金送付型」。

　最後に、現金やキャッシュカードを、犯人自ら被害者の自宅や待ち合わせ場所に取りに来る「現金受取型」です。

　最近では「現金送付型」と「現金受取型」による被害が増加傾向にあります。ゆうパックやレターパック、宅配便で現金を送ることは禁止されていますので、このような指示をされたら詐欺です。また、「同僚や上司が取りに行く」「バイク便業者を向かわせる」などと言って、犯人側が自ら被害者の自宅や待ち合わせ場所に現金を受け取りに来ること

も手口の一つです。

　警察庁のホームページでは、その他のさまざまな詐欺の手口や実際にかかってきた電話の音声などを紹介しています。詐欺の被害に遭わないよう、この機会に是非確認してください。

　犯人は、あの手この手を使って巧みにお金を奪い取る、騙しのプロです。被害に遭わないために、普段から家族などとこまめに連絡を取ることが大切です。かかってきた電話や電話で言われた電話番号などをそのまま信じるのではなく、まずは元の番号で息子などに確認を取ること、または電話帳や104の電話番号案内などで必ず調べて確認を取る習慣を身に付けましょう。

　少しでも怪しいと思った場合は、最寄りの警察署または警察相談専用電話「♯9110、♯9110(しゃーぷ　きゅう　いち　いち　まる)」番に連絡してください。

■ **文法と言葉遣いの解釈**
　① よくぞ:"よく"的強调说法。(赞扬别人)干得好。

■ **解答**
　○　次の問題を考えながら聞きましょう。
　　1. d　　2. b　　3. a
　○　では、更に次の問題を意識しながらもう一度聞きましょう。
　　1. <u>犯人は息子などの親族を装って電話をかけ、トラブルの発生を口実に金銭を要求する。</u>
　　2. c
　　3. <u>3種類。「振込型」「現金送付型」「現金受取型」</u>
　○　もう一度聞いて、次の問題に答えましょう。
　　1. a(○)　b(×)　c(○)　d(×)
　　2. a　普段から家族などとこまめに連絡を取る。
　　b　<u>かかってきた電話や電話で言われた電話番号などをそのまま信じるのではなく、まずは元の番号で息子などに確認を取ること、または電話帳や104の電話番号案内などで必ず調べて確認を取る習慣を身に付ける。</u>
　　c　<u>少しでも怪しいと思った場合は、最寄りの警察署または警察相談専用電話に連絡する。</u>

内容9　パソコンやスマートフォンの
セキュリティ対策を万全に！　(3分45秒)

　インターネットはパソコンやスマートフォンなどを通じて、時間や場合を選ばず、いつでも、どこでも気軽にメッセージのやりとりができたり、様々な情報を調べることができたり、ショッピングを楽しんだりすることができます。

　しかし、インターネットは手軽で便利な反面、様々な危険もあります。例えば、差出人を偽ったメールに添付されたファイルを開くことによって、コンピューターウイルスに感染し、登録していた友達の住所などの情報が盗まれたり、銀行などを装ったメールに書かれた偽のホームページにアクセスを誘導され、IDやパスワードを入力することによって、個人情報を盗まれたりするなど、悪質のものもあります。

　そのほか、勝手にデータを書き換えられるなど、改善されたウェブサイトなどにアクセスすることによって、コンピューターウイルスに感染し、外部からパソコンを不正に利用されるといった事件も発生しています。

　このような危険から個人の情報を守り、安心してパソコンやスマートフォンを使用するために、主な三つの対策をご紹介します。

　一つ目は、ソフトウェアの更新です。パソコンやスマートフォンなどのOSと言われる基本ソフトウェアやアプリケーションを最新の状態に更新してください。更新されていないOSやアプリケーションなどを使っていると、コンピューターウイルスに感染する可能性が高くなりますので、注意しましょう。

　二つ目は、ウイルス対策などの総合的なセキュリティ対策ソフトの導入です。コンピューターウイルスも次々と新しいものが現れています。セキュリティ対策ソフトをインストールするとともに、定期的に更新して、最新のセキュリティ対策を心がけましょう。

　三つ目は、身に覚えのない添付ファイルは開かない、不審なメールやウェブサイトのリンクはクリックしないことです。身に覚えのない不審なメールに添付されたファイルを開いたり、不正なウェブサイト画面をクリックしたりするだけで、コンピューターウイルスに感染することがあります。メールの差出人やウェブサイト画面に書いてある内容をよく確認しましょう。

　また、携帯電話会社などが安全性の審査を十分に行っていない、アプリケーション提供サイトでは、コンピューターウイルスの混入したアプリケーションが発見される例があります。きちんと安全性が確認されたアプリケーション提供サイトを利用するように

し、インストールの際はアプリケーションの機能や利用条件に注意しましょう。

　　毎年2月は「情報セキュリティ月間」です。内閣官房情報セキュリティセンターの国民を守る情報セキュリティサイトには、セキュリティ対策に役立つ情報が多く掲載されています。皆さんの情報セキュリティ対策にお役立てください。

　　「情報セキュリティ月間」に関するお問い合わせは内閣官房情報セキュリティセンター。

　　電話（代表番号）03－3581－3768、03－3581－3768 へどうぞ。

■ 解答
　　○　次の問題を考えながら聞きましょう。
　　1. d　　　　　　　　2. b　　　　　　　　3. a
　　○　では、更に次の問題を意識しながらもう一度聞きましょう。
　　1. パソコンやスマートフォン/気軽にメッセージのやりとり/様々な情報/ショッピング
　　2. c
　　3. b
　　○　もう一度聞いて、次の問題に答えましょう。
　　1. a（○）　b（×）　c（○）
　　2. a　ソフトウェアの更新
　　　　b　ウイルス対策などの総合的なセキュリティ対策ソフトの導入
　　　　c　身に覚えのない添付ファイルは開かない、不審なメールやウェブサイトのリンクはクリックしないこと

課外でチャレンジしましょう

スクリプト

内容 1　児童虐待防止　(30秒)

女：もしもし、あっ、やっぱり。いえ、あのう。

　　　　　もしかしたらなんですけど、隣の家の子が虐待っていうか、毎日激しく泣いてい
て。しつけにしては^①、ちょっと。それで、お電話したんですけど。
　　ナレーション：児童虐待。疑わしいと思ったら、迷わずすぐにご連絡を。あなたの声
　　　　　　　　　で、救える命があります。

■ 文法と言葉遣いの解釈

　　① しつけにしては："～にしては"是惯用句型，表示逆接关系，这里是"即便是教育孩子，未
免也有点……"的意思。一般用来评论或评价别人的事，很少用于自身评价。

■ 解答

　　1. 児童虐待
　　2. 隣の子が毎日激しく泣いているからです。
　　3. 迷わずにすぐ警察署や相談所などに連絡します。

内容2　認知症を正しく理解しましょう。(4分21秒)

　　認知症とは、老いに伴う病気の一つです。年を取れば、誰でも物忘れをしやすくなっ
たり、新しいことをなかなか覚えられなくなったりします。しかし、認知症は単なる物
忘れとは違います。例えば、今朝何を食べたか忘れてしまったというものなら、単なる
物忘れですが、朝ご飯を食べたこと自体を忘れていたり、物忘れの自覚がなかったりす
る場合には、認知症の可能性があります。
　　認知症は様々な原因で、脳の細胞が活動しなくなることや働きが悪くなったために、
記憶力や判断力の障害などが起こり、生活する上で、様々な支障が生じてしまう病気な
のです。また、認知症は高齢者の病気と思われがちですが、働き盛りの年代でも、若年性
認知症を発生する場合もあります。
　　認知症は誰でもなり得る病気ですが、最近では野菜や果物、魚介類の豊富なバランス
のいい食事を心がける、定期的に適度な運動をするといった生活習慣の改善が認知症の
予防につながることがわかってきました。また、認知症を発症した場合でも、症状が軽
い段階で認知症に気づき、適切な治療を受けることで、症状の進行を遅らせたり、改善し
たりすることができます。認知症を進行させないためには、早期発見が重要ですので、

認知症を疑う症状に気づいたら、一人で悩まず、早めにかかりつけの医師や医療機関の物忘れ外来やお近くの地域包括支援センターなどに相談しましょう。

　認知症の高齢者は年々増加する傾向にあります。65 歳以上の高齢者のうち、認知症の人は平成 22 年時点でおよそ 439 万人となっており、認知症になる可能性があると言われる、正常でもなく認知症でもない状態、いわゆる MCI の人もおよそ 380 万人いると推計されています。この MCI の人も含めると、65 歳以上の 4 人に 1 人が認知症か MCI に該当すると言われています。

　そのような中、認知症になっても、尊厳を保ち、住み慣れた地域で安心して暮らしていけるように、厚生労働省では平成 25 年度から、「認知症施策推進 5 か年計画（オレンジプラン）」を開始しています。

　認知症の人は理解力や記憶力が落ちているものの、感情面はとても繊細です。最初に症状に気づき、誰よりいちばん不安になって苦しんでいるのは、認知症の人本人なのです。周囲の人たちが認知症という病気を理解し、適切にサポートすることで、認知症の人も様々なことが自分でできるようになります。一人一人が認知症という病気を理解して、さりげなく自然でやさしいサポートを心がけましょう。

　国の認知症対策に関するお問い合わせは、厚生労働省・老健局・高齢者支援課・認知症虐待防止対策推進室。

　電話・代表番号　03 − 5253 − 1111、03 − 5253 − 1111 へどうぞ。

■ 解答
1. 様々な原因で、脳の細胞が活動しなくなることや働きが悪くなったために、記憶力や判断力の障害などが起こり、生活する上で、様々な支障が生じてしまう病気。
2. ① 野菜や果物、魚介類の豊富なバランスのいい食事を心がける。
　② 定期的に適度な運動をするといった生活習慣の改善をする。
　③ 症状が軽い段階で認知症に気づき、適切な治療を受ける。
　④ 認知症を疑う症状に気づいたら、一人で悩まず、早めにかかりつけの医師や医療機関の物忘れ外来やお近くの地域包括支援センターなどに相談する。
3. 認知症になる可能性があると言われる、正常でもなく認知症でもない状態。
4. 厚生労働省では平成 25 年度から、「認知症施策推進 5 か年計画（オレンジプラン）」を開始しています。
5. 厚生労働省・老健局・高齢者支援課・認知症虐待防止対策推進室/03 − 5253 − 1111

内容3　人権を守れ！女性に対する暴力根絶 <small>(5分07秒)</small>

ひろし：洋子ちゃん。

洋子：ああ、ひろし君。

ひろし：飲み会の話なんだけどさ①。

洋子：あっ、ねえねえ、このマーク知ってる。

ひろし：何、これ。女性に対する暴力根絶のためのシンボルマーク。レポートでも書いてるの。

洋子：そう。これを見てたらね、夫や彼氏から暴力を受けてる女の人、けっこういるんだよね。

ひろし：へえ、そう。いや、そんな話より飲み会やるからさ。

洋子：そんな話って言わないでよ。あたし、今レポート必死なんだよ。明日提出なんだよ。

ナレーション：本来暴力は性別を問わず、許されるものではありません。中でも、女性に対する暴力は深刻な被害をもたらすことが少なくありません。平成17年度の男女間における暴力に関する調査結果では、配偶者から何らかの暴力を一度でも受けたことのある女性は33.2％、女性のおよそ3人に1人が被害を受けたことになります。

洋子：3人に1人か②。

ひろし：けっこう多いんだなあ。

洋子：なんで暴力を振るわれる女性が多いか、わかる？

ひろし：それは、男、腕力が強いから。

洋子：わかってないなあ。

ナレーション：女性に対する暴力の根底には、女性の人権への軽視が潜んでいます。これは、人としての尊厳の侵害であり、社会が取り組むべき重大な問題なのです。

洋子：男の人が女性を見下すように扱う、それだけで人権の侵害なのに、暴力を振るうなんて許せないと思わない？

ひろし：人権侵害ね。

洋子：でも結婚してる人たちだけの話じゃなくて、付き合っている彼氏から暴力受けてる場合もあるんだよ。おれの愛情表現だなんて言われてね。

ひろし：そんなやつ、別れちゃえばいいのになあ。

洋子：そんなに簡単に別れられないから、問題になってるんだよ。例えば、私に彼が
　　　いて、その人から暴力を振るわれているとしたら、どうする？

ひろし：そんなことあったら、おれが味方なってるよ。

洋子：うぉー、心強いね。でも、実際にそんな目にあったら③、私誰にも相談できない
　　　かもしれないなあ。

ナレーション：平成17年度の調査では、配偶者から暴力を受けた女性のうち、誰にも
　　　相談しなかった人は46.9％、交際相手から暴力を受けた女性のうち、誰にも
　　　相談しなかった人は39％。この調査で、多くの女性が公的機関にも相談でき
　　　ず、一人で悩んでいることが浮き彫りになっています。

専門家：被害を受けられた方は全国各地の都道府県にあります婦人相談所で、相談や
　　　保護を行っていますので、お出かけください。更に、各地の女性センターや
　　　福祉事務所の中には、相談を受け付けている所があります。警察署でも相談
　　　や保護をしてくださるので、ぜひお出かけになってください。これらの機関
　　　では、個人の秘密を厳格に守ってくださいます。一人で心配しないで、安心
　　　して、あの、こういう所にご相談に行っていただけることがとても大事なこ
　　　とだと思います。

洋子：暴力って言っても、殴ったり蹴ったりだけじゃないんだよ。

ひろし：言葉の暴力っていうのもある、かな。

洋子：その通り。

ナレーション：平成16年12月に改正された配偶者暴力防止法では、女性が配偶者か
　　　ら受ける心身に有害な影響を及ぼす言動も、暴力に含まれることになり、精神
　　　的暴力や性的暴力についても、相談、カウンセリングや一時保護の対象となり
　　　ました。また、離婚後引き続き暴力が続く場合も保護を受けることができる
　　　ようになりました。

洋子：女性が受けてる暴力はそれだけじゃないんだよ。セクハラとかストーカーだ
　　　って、暴力だと思うんだよね。

ひろし：ああ、そうだなあ。肉体的にも、精神的にも、女性を傷つける暴力は人権侵害
　　　に深くつながっている。こんなふうにレポートをまとめてみたら。

洋子：うわー、ひろし君、レポートのこと気にしてくれてたんだ。やさしいじゃん。
　　　で、飲み会って、いつだっけ④。

ひろし：今日。

洋子:へえ、レポートは明日までだよ。

ひろし:手伝う、手伝う。

洋子:本当?

ひろし:うん。

洋子:やった。ありがと…

■ **文法と言葉遣いの解釈**

① 飲み会の話なんだけどさ:"さ"是终助词,在随便谈话中多用于表示轻微的断定。

② そんな目にあったら:词组。倒霉,遭殃。

③ いつだっけ:"っけ"作终助词,这里表示确认,意思是"是什么时候来着"。

■ **解答**

1. 女性に対する暴力と人権侵害です。

2. 33.2%

3. 女性の人権への軽視が潜んでいるからです。

4. 各地の婦人相談所や警察署などの機関へ行って、相談や一時保護を求めたほうがいいです。

5. 女性が配偶者から受ける心身に有害な影響を及ぼす言動も、暴力に含まれることになり、精神的暴力や性的暴力についても、相談、カウンセリングや一時保護の対象となります。また、離婚後引き続き暴力が続く場合も保護を受けることができます。

内容4　風疹の感染に注意しましょう (3分23秒)

　　風疹の患者数が急増しています。昨年、厚生労働省に報告のあった風疹の患者数は2353例で、平成20年から平成24年までの過去5年間で、最も多くなりました。

　　平成25年は3月末時点ですでに昨年の報告数を上回っており、春先から初夏にかけてが流行となることから、更に感染が広がる恐れがあります。

　　風疹は、風疹ウイルスが唾などの飛沫感染によって起こる感染症で、2週間から3週間の潜伏期間を経て、発疹や発熱のほか、首のリンパ節の腫れなどの症状が出ます。

　　子供の病気と思われがちですが、風疹にかかったことがない大人の間で感染が広がっ

ています。妊娠中の女性、特に妊娠初期の女性が風疹にかかってしまうと、おなかの赤ちゃんにも感染してしまい、「耳が聞こえにくい」「目が見えにくい」「生まれつき心臓に病気がある」「発達がゆっくりしている」など、「先天性風疹症候群」という病気にかかってしまう恐れがあります。

　そのため、妊娠中の方は、風疹に感染しないよう、できるだけ人混みを避けるようにし、流行地域では外出を控えるようにするなど、注意することが重要です。また、一緒に住んでいる家族や周囲の皆さんも、妊娠中の方に風疹をうつさないよう、風疹の予防に努めましょう。

　風疹の予防には、予防接種が効果的です。

　風疹にかかったことのない方、風疹の予防接種を受けていない方、予防接種を受けたかわからない方は風疹の予防接種を検討してください。また、妊娠を希望する女性は子供の頃の接種を含め、2回の接種をご検討をください。ただし、妊娠中の女性は予防接種を受けることができません。

　女性の皆さんは妊娠の2か月以上前に、風疹の予防接種を済ませることをお勧めします。また、1歳児と小学校入学前1年間の幼児がいる場合は、「風疹」や「はしか」の定期予防接種を受けさせましょう。

　多くの市区町村で、無料で受けることができます。

　予防接種の実施医療機関については、かかりつけの診療所や近くの小児医療機関のほか、最寄りの保健所にお問い合わせください。

　風疹の予防については、厚生労働省―健康局―結核感染症課。

　電話・代表番号　03－5253－1111、03－5253－1111へどうぞ。

■ 解答

1. 風疹は、風疹ウイルスが唾などの飛沫感染によって起こる感染症で、春先から初夏にかけてが流行となり、2週間から3週間の潜伏期間を経て、発疹や発熱のほか、首のリンパ節の腫れなどの症状が出るという病気です。

2. 2353例

3. 妊娠初期の女性が風疹にかかると、おなかの赤ちゃんにも感染してしまい、「耳が聞こえにくい」「目が見えにくい」「生まれつき心臓に病気がある」「発達がゆっくりしている」など、「先天性風疹症候群」という病気にかかってしまう恐れがあります。

4. 予防接種

5. 厚生労働省―健康局―結核感染症課/03－5253－1111

内容5　待機児童対策——「子ども・子育て支援新制度」が始まります（3分56秒）

　　全ての家庭が安心して子育てができるように、また、幼児期の学校教育や保育、地域の子育て支援を質・量ともに充実させるために、平成27年4月から「子ども・子育て支援新制度」が始まります。この新制度の実施に当たっては、消費税による増収分が充てられることになっています。

　　今回の新制度について、主な2つの取組を紹介しましょう。

　　1つ目は、小学校就学前の教育や保育の場の整備です。

　　これまでの幼稚園・保育所に加え、この両方の良さを持った「認定こども園」の普及を目指します。

　　「認定こども園」の特徴は、保護者の就労状況に関わりなく、どのお子さんも教育と保育を一緒に受けることができることです。また、保護者の働き方が途中で変わったとしても子どもが通いなれた園を引き続き利用できることや、子育て支援として子育て相談や親子の交流の場が設けられていることなどが挙げられます。

　　さらに、待機児童が多い0歳から2歳児を少人数単位で預かることができる「地域型保育」事業が創設され、地域の様々な状況に合わせて、保育の場を確保します。

　　これらの結果、3歳未満児を預けられる保育施設が増え、待機児童が減ることが見込まれています。

　　平成26年秋から、これらの教育・保育施設の利用申込などの手続きが始まります。利用を希望する場合の具体的な申込手続きなどは、お住まいの市区町村へ確認してください。

　　2つ目は、共働き家庭だけでなく、全ての子育て家庭のために、地域の子育て支援も利用しやすくなります。

　　まず、急な用事や短期のパートタイム労働などで子どもを預かってほしいなど、子育て家庭の様々なニーズに合わせた「一時預かり」や、子育ての相談や気軽に親子の交流ができる場所として「地域子育て支援拠点」を増やすなど、地域の子育て支援を充実していきます。

　　また、様々な施設や地域の子育て支援事業の中から、それぞれの子育て家庭のニーズに合った支援を受けられるよう、情報の提供や相談・援助を行う「利用者支援」の充実を図ります。

　新制度の取組に関して、実際にどのような支援が提供されるのか、詳しくは、お住まいの市区町村にお問い合せください。

　「子ども・子育て支援新制度」に関するお問い合せは

　内閣府 子ども・子育て支援新制度施行準備室

電話・代表番号　03－5253－2111、03－5253－2111 へどうぞ。

■ 解答

1. 全ての家庭が安心して子育てができるように、また、幼児期の学校教育や保育、地域の子育て支援を質・量ともに充実させることです。

2. 男の人は主な２つの取組を紹介しました。

　1つ目は、小学校就学前の教育や保育の場の整備です。

　2つ目は、共働き家庭だけでなく、全ての子育て家庭のために、地域の子育て支援も利用しやすくすることです。

3. ① 保護者の就労状況に関わりなく、どの子どもも教育と保育を一緒に受けることができること。

　② 保護者の働き方が途中で変わったとしても子どもが通いなれた園を引き続き利用できること。

　③ 子育て支援として子育て相談や親子の交流の場が設けられていること。

4. 「一時預かり」を利用できます。

5. 内閣府 子ども・子育て支援新制度施行準備室/03－5253－2111

内容6　お酒と健康問題を考える法律ができました （3分10秒）

　忘年会や歓送迎会、お花見や季節のお祭りなど、私たちの暮らしにおいてお酒を飲む機会は数多くあり、文化や伝統にも深いつながりがあります。適量のお酒は、その場の雰囲気を和やかにし、生活に潤いを与えてくれます。

　一方で、一気飲みや度を越した多量の飲酒習慣、未成年や妊娠している女性の飲酒など、不適切な飲酒が及ぼす健康障害が問題となっています。

　そこには、生活習慣病や癌をはじめとする体の病気だけでなく、うつ病や認知症なども含まれます。また、不適切な飲酒がきっかけとなって引き起こされる暴力や飲酒運転

による事故なども、社会問題となっています。

　こういった状況を背景に、「アルコール健康障害対策基本法」が、平成 26 年 6 月 1 日に施行されました。アルコール健康障害対策を総合的に推進し、国民の健康の保護と安心して暮らすことのできる社会の実現を目指して、多くの国の機関、地方公共団体、医療機関、お酒の製造販売に関わる企業などと連携し、対策に取り組んでいくこととしています。

　また、11 月 10 日から 16 日までを、「アルコール関連問題啓発週間」と定めています。法律が施行されてから初めての週間となる平成 26 年は、東京や大阪で、一般の方も参加できるフォーラムが開催されるほか、イベントやキャンペーンが行われますので、ぜひ参加してみてはいかがでしょうか。

　適量を守って楽しく飲むお酒は、「百薬の長」とも言われますが、不適切な飲酒は、健康障害をはじめとする様々なリスクを高めます。この機会に、自分とお酒の関わりや飲酒習慣を見直してみませんか。

「アルコール健康障害対策基本法」についてのお問い合せは

　内閣府政策統括官(共生社会政策担当)

　電話　03 - 5253 - 2111、03 - 5253 - 2111 へどうぞ。

■ 解答

1. 適量のお酒はその場の雰囲気を和やかにし、生活に潤いを与えてくれること。また、適度のお酒は「百薬の長」といわれるくらい体にいいこと。

2. 生活習慣病や癌、うつ病や認知症などの健康問題と、暴力や飲酒運転による事故などの社会問題。

3. 「アルコール健康障害対策基本法」/平成 26 年 6 月 1 日

4. 11 月 10 日から 16 日まで/一般の方も参加できるフォーラムやイベント、キャンペーンなど

5. 内閣府政策統括官(共生社会政策担当)/03 - 5253 - 2111

第5課

生活安全情報(解説)

スクリプト

内容1　ひったくり被害にあわないために (2分27秒)

生活安全情報　防犯対策 ひったくり被害にあわないために(2分27秒)

始めに

　最近の犯罪情勢を見ますと、みなさんの身近でひったくり被害が多発しています。しかし、これらのひったくり被害を見てみますと、少しの注意で、未然に防ぐことができたものが大部分となっています。これから、皆さんの身近で発生するひったくり被害の状況とひったくりに対する防犯対策を紹介していきたいと思いますので、安心で安全な暮らしを実現するための一助にしてください。

　1. ひったくりの発生状況。平成11年中のひったくりの発生件数は6916件で、前年比22.5％の増加でした。この増加傾向は本年に入っても依然として高い水準で推移しています。主な発生パターンとしては、被害者の95％が女性、住宅地での発生が80％、オートバイ利用の犯行が70％、被害者後方からの追い越しざま①の犯行が95％、自転車の前かごから取られたのが50％となっています。

　2. ひったくりの防犯対策。自転車を利用する時は、ひったくり防止用ネットなどを使いましょう。自転車販売店で購入できます。ハンドバッグなどの荷物は車道側には持たないなど持ち方に気をつけるとともに、周囲にも注意を払うようにしましょう。裏通りで、人通りの少ない道路を歩く時は注意をし、できるだけ歩道、車道の区別があり、

人通りの多い道路を歩きましょう。裏通りなどでオートバイが近づいてきたら、バッグをしっかり抱え、道路のわきに寄って、オートバイが通り過ぎるまで注意しましょう。万が一被害にあったときは、大声を上げて、周囲の人に知らせたり、すぐに110番をしましょう。

■ 文法と言葉遣いの解釈

① 追い越しざま："ざま"多接在动词连用形后，表示"……的样子"。

■ 解答

○ 次の問題を考えながら聞きましょう。

1. d　　　　2. a

○ では、更に次の問題を意識しながらもう一度聞きましょう。

1. 95％、70％、50％　　　　2. 車道側、人通り、裏通り、脇

○ もう一度聞いて、次の問題に答えましょう。

1. a(○)　　　b(○)　　　c(×)　　　d(×)

内容2　空き巣ねらいにご用心（2分35秒）

生活安全情報　防犯対策　空き巣ねらいにご用心

1. 空き巣ねらいの発生状況。

空き巣ねらいはおととしから増加傾向を示しています。平成11年中の発生件数は16 259件で、前の年に比べて4061件、33.3％増加しました。

2. 空き巣ねらいに遭わないために。

家庭に侵入する泥棒対策は家や家を取り巻く環境全体の総合的な対策が必要です。1ヶ所でも弱いところがあれば、そこを狙われます。皆さんに身近な空き巣ねらいを中心に、その対策を説明します。

防犯設備の強化。玄関などの出入り口には、破壊に強く頑丈なほりこみ式箱錠などで、泥棒が開錠しにくい錠前を使用しましょう。例えば、ロータリーリスク式、電子ロック、マグネット式、リンプルキーなどがあります。詳しいことはお近くの警察署防犯係、または鍵屋さんにお尋ねください。またガードプレートや補助錠を取り付けましょう。

ガラス窓には補助錠を取り付けたり、通常の板ガラスより破壊に強い合わせガラスを入れましょう。マンションの入り口、エレベーターホール、エレベーター内に、防犯カメラを取り付けましょう。

　防犯環境の整備。まどの近くには侵入の足場になるようなものはおかないようにしましょう。ベランダの腰壁は格子状にしたり、ものをあまり置かずに、周囲からの見通しを良くしましょう。

　防犯意識の保持。ごみ捨てや幼稚園のバスの送迎など、ちょっとした外出でも、必ずかぎをかける習慣をつけましょう。郵便物や新聞を何日も溜めたり、洗濯物を干しっぱなしにしないようにしましょう。外出する際、鍵はメーターボックスの中や植木鉢などの下には入れておかないようにしましょう。

■ 解答

　○　次の問題を考えながら聞きましょう。

　　1. b　　　　　　2. a

　○　では、更に次の問題を意識しながらもう一度聞きましょう。

　　1. c　　　　　　2. a b e　　　　　3. b c e

　○　もう一度聞いて、次の問題に答えましょう。

　　a(○)　　　　　b(○)　　　　　c(×)　　　　　d(×)

内容3　子供の誘拐防止対策 (2分37秒)

生活安全情報　防犯対策　子供の誘拐防止対策

　誘拐事件は模倣性が高く、殺人や性犯罪に発展する恐れのある、憎むべき犯行です。また、夏休みのような長期の休みには、子供たちも解放的になることから、誘拐被害にあう危険性があります。しかし、常に親が子供を監視しているわけにはいきません。そこで、次の点に注意して、誘拐被害に遭わないようにしてください。

　1. よい子の約束。日ごろからこれだけは子供に約束させておきましょう。よい子の約束その1、一人で遊ばない。よい子の約束その2、遊びに行くときは行き先と帰る時間を家族に知らせる。よい子の約束その3、知らない人には絶対について行かない。よい子の約束その4、友達が連れて行かれそうになったら、近くの大人やお巡りさんに知らせ

る。よい子の約束その 5、知らない人の車には乗らない。よい子の約束その 6、自分の名前、住所、電話番号などが言えるようにする。よい子の約束その 7、連れて行かれそうになったら、大声で助けを求める。

2. 家族みんなで約束しましょう。子供を誘拐から守ろう。家族みんなで約束その 1、子供の行動は日ごろから把握しておく。家族みんなで約束その 2、学校や行事などの帰りは友達などと集団で帰らせる。家族みんなで約束その 3、何かに夢中になりすぎて、子供のことを忘れない。家族みんなで約束その 4、外出の時は、明るく人通りの多い道を通らせる。家族みんなで約束その 5、不自然な子供連れには一声かけるか、110 番通報をする。家族みんなで約束その 6、子供の帰りが遅い時は、行き先の確認をする。よその子供は明るいうちに家に送っていくか、迎えに来てもらう。

■ 解答

○ 次の問題を考えながら聞きましょう。

1. b　　　　2. c　　　　3. d

○ では、更に次の問題を意識しながらもう一度聞きましょう。

1. d　　　　2. c

○ もう一度聞いて、次の問題に答えましょう。

1. a(○)　　b(○)　　c(○)　　d(×)　　e(×)

2. a. 模倣性；性犯罪　意味：模仿性；性犯罪　b. 解放的　意味：自由状態　c. 不自然　意味：不自然

内容 4　悪徳商法ご用心 (6分44秒)

その 1 (1分41秒)

生活安全情報　防犯対策　悪徳商法にご用心

あなたを狙う、あの手この手。

熱心に訪ねてきて、親切にしてくれるセールスマンの情についほだされて買ってしまった。または、怖いセールスマンが来て、恐怖のあまり購入したなどという例も多いので、十分注意してください。とにかく、物さえ売れればいいというセールスマンにとってあなたは格好の標的です。悪質訪問販売員の話は実に巧妙です。悪質な商法でも契

約をしてしまうと、その契約は守らなければなりません。買うと決めた場合でも、良く話を聞き、納得したうえで、契約することが肝心です。訪問販売にあった時は必ず次のことに注意しましょう。

　自分にとって、その商品が本当に必要なものか、何度も考えてみる。必要でなかったら、勇気を持って断る。すぐに契約または申し込みを勧めるセールスマンは要注意。家族や友人などに相談してから契約しましょう。こんなに長く説明させたのに買わないのかと怒鳴ったり、乱暴されそうになる。迷わず110番しましょう。現金で買った場合でも、書面、契約書類や領収書は必ず取っておきます。納品書ではだめ、領収書でなければ、現金を払ったことが証明されません。

■ **解答**

○　次の問題を考えながら聞きましょう。

　1. a　　　　　　2. c

○　では、更に次の問題を意識しながらもう一度聞きましょう。

　1. d　　　　　　2. a

○　もう一度聞いて、次の問題に答えましょう。

　a(×)　　　　　　b(○)　　　　　　c(○)　　　　　　d(×)

その2（3分）

　悪質セールスマン撃退10箇条。

　第1条、何の用、しっかり聞こう、身分と用件。悪質業者は身分を偽ったり始めのうちは販売の意図を隠していたりする場合があります。少しでも不審に思ったことはどんどん聞いて、相手のペースに嵌らないことが大切です。

　第2条、おかしいと思ったときは、ドア閉めて。悪質業者は家の中に入り込むすきを狙っています。そして、一旦入り込んだら、何時間もしつこく勧誘します。うかつにセールスマンを家に上げないようにしましょう。

　第3条、儲かります。そんな言葉にご用心。うまい話はそんなにあるものではありません。うますぎる話はどこかおかしいと疑ってかかるほうが無難です。

　第4条、怪しいぞ、人の懐聞く業者。悪質業者は預金などの蓄えを根こそぎ搾り取ろうと狙っています。うかつに蓄えのことを話したりしないように注意しましょう。

　第5条、勇気出し、はっきり言おう、要りません。中途半端な態度では付け込まれます。

こちらが遠慮する必要などまったくないのです。悪質業者には、毅然とした態度をしめしましょう。

第6条、しつこいなあ、そんな相手は110番。しつこく勧誘されたり、脅かされたりしたので、つい契約してしまったという人がいます。あまりしつこい時、脅かされたりした時は、迷わず110番しましょう。

第7条、迷ったら、一人で悩まず、まず相談。セールスマンの言うことを鵜呑みにして契約するのは後悔のもと。第三者の意見も聞くようにすることが大切です。

第8条、サインして、後でしまったもう遅い。悪質業者は口で言うことと契約書に書いてあることがぜんぜん違っています。サインをするのはよく契約書を読んでからにしましょう。

第9条、契約はしてもお金は後払い。契約して、その場で全額を払ってしまうと、後で解約できなくなることがあります。たとえ全部払えるお金があっても後払いや分割にするに限ります。

第10条、あなたでは、悪質業者の次のカモ。自分だけは大丈夫と思ったときには、もう悪質業者の狙う心のすきが出来ているのです。相手は騙しのプロ、けっして油断は出来ません。大切なあなたの財産を守るのはあなた自身です。賢い消費者としての知識を身につけて、取引に臨みましょう。

■ 解答

○ 次の問題を考えながら聞きましょう。

1. c　　2. b

○ では、更に次の問題を意識しながらもう一度聞きましょう。

1. b　　2. c

○ もう一度聞いて、次の問題に答えましょう。

1. a.（×）　b.（○）　c.（×）　d.（○）

2. a. 嵌らない　意味:不掉入圈套　b. 根こそぎ　意味:一点不留地　c. 鵜呑み　意味:盲目軽信

内容5　地震に備えて <small>(5分5秒)</small>

その1 <small>(2分14秒)</small>

　地震が発生したら、身の安全を図りましょう。ぐらっときたら、用具類等の下に潜り、身の安全を図りましょう。背の高い倒れやすい家具などから離れましょう。そして、慌てて外に飛び出さないようにしましょう。いつ起こるかわからない大地震に備えて、普段から消防署、町会、自治会で行う防災訓練に参加し、防災行動力を身につけましょう。また、東京消防庁管内にある3つの防災館でも機能的な防災体験が出来ます。地震時の出火防止、身の安全確保の要領や消火要領など一連の行動が体験できます。地震の時に、慌てずに落ち着いて、必要な行動が取れるように、地震の体験訓練を繰り返し行い、自信をつけておくことをお勧めします。

　普段から小さい地震でも、とっさに火を消す行動を習慣づけることは大切なことです。ぐらっときたら、「地震、火を消せ。」と声を掛け合い、すぐに火を消しましょう。大きなゆれが収まったら、火事が起きていないか、状況を確かめることも大切です。地震が発生した時に、火を消すタイミングは3つあると言われています。まず、ぐらっと揺れがきたとき、その2、3秒の間。次に、大きな揺れの時は、一度机の下などに身を伏せ、揺れが収まってから。そして、万が一出火した時は、1、2分程度の、燃え広がる前という3つがそのタイミングです。

■ **解答**

　○　次の問題を考えながら聞きましょう。

　　1. a　　　　　　　2. b

　○　では、更に次の問題を意識しながらもう一度聞きましょう。

　　1. b　　　　　　　2. d　　　　　　　3. d

　○　もう一度聞いて、次の問題に答えましょう。

　　a(×)　　　　　　b(○)　　　　　　c(○)　　　　　　d(×)　　　　　　e(○)

その2 <small>(2分51秒)</small>

　地震に備えて、普段から家具類が倒れないような工夫をしたり、非常持ち出し品などをいつでも持ち出せる場所に用意しておくことが大切です。非常持ち出し品の中身は、

貴重品、食糧、一日一人3リットル分の飲料水、懐中電灯、ラジオ、衣類、防災頭巾かヘルメット、マッチかライター、救急セット、薬、乾電池など三日分が準備の目安です。一人最低3日分の備えがあれば、災害後の生活に支障はないと言われています。

　家具類の転倒、落下の備え。地震被害の中で、家庭内も家具類が転倒したり、テレビ、飲料ケースなどが落下して、受傷する場合が多く、家具類が倒れてこない、安全なスペースを確保することが非常に重要です。転倒防止金具などで固定し、倒れにくくしておく、ガラスには飛散防止フィルムを貼る。本棚や茶箪笥などには、重いものを下のほうに収納し、重心を低くする。棚などの高いところに危険なものを載せておかないなどのことに注意しましょう。

　地震の時の10のポイントは次の通りです。ぐらっときたら、身の安全、素早い消火、火の始末、窓や戸を開け、出口を確保、落下物、慌てて外に飛び出さない。室内もガラスの破片に気をつけよう。確かめ合おう、我が家の安全、隣の安否。協力しあって、救出救護、避難の前に安全確認、電気、ガス。門や塀には近寄らない。正しい情報、確かな行動。

■ 解答
　○ 次の問題を考えながら聞きましょう。
　1. b、c　　　　2. b
　○ では、更に次の問題を意識しながらもう一度聞きましょう。
　1. c　　　　2. b　　　　3. c
　○ もう一度聞いて、次の問題に答えましょう。
　　a（×）　　　b（○）　　　c（×）　　　d（○）　　　e（○）

課外でチャレンジしましょう

スクリプト

火災防止対策（6分1秒）

火災から命を守る。

　建物火災の中でもっとも多いのが住宅や共同住宅からの火災です。また、これらの火災でなくなる方の多くが高齢者や体の不自由な方です。一人暮らしの高齢者や体の不自由な方を災害から守るのはお隣同士の助け合いが大切です。東京消防庁では、消防の触れ合いネットワーク作りをスローガンに、火災や地震など災害が発生した場合に、自主防災組織など、隣近所の住民のみなさんの協力を得て、救出や救助がスムーズに行われるように、協力体制作りをすすめています。

　東京消防庁管内では、出火原因の第1位に、放火。または放火の疑い。第2位に、タバコ。第3位にガスコンロが挙げられます。これらの火災を防ぐにはどうしたらよいでしょうか。まず始めに、第3位に挙がっているガスコンロの火災を防ぐには、使用中はその場を離れないようにし、点火、消火を必ず確かめる。その場を離れる時は、必ず火を消す。袖口に火がつかないよう気をつける。機器の点検、手入れをきちんとする。周囲に燃えやすいものを置かないようにするという点に注意しましょう。調理器具の安全装置には、天ぷら油火災防止機能と言って、揚げ物などの調理中に、油が発火温度になる前に、自動的に消火する機能や、使用中に火が吹き消えた場合に、ガスの供給を自動的に止める立ち消え安全装置などがあります。

　次に、第2位に挙がっているタバコによる火災を防ぐには、寝タバコは絶対にしない、灰皿には水を入れて使う、タバコの吸殻は屑かごに捨てない、という点に注意しましょう。特に、タバコは温度が中心部で700から800度、表面で200から300度と小さな火のわりには高温で可燃物への着火エネルギーは非常に大きいと言えます。

　次に、第1位に挙げられている放火による火災を防ぐには、家の回りの整理整頓を心がけ、ダンボールなど燃えやすい物を置かない。ゴミは決められた日の朝に出す。街灯などをつけ、家の周りを明るくする。放火火災は昭和52年から連続して、出火原因のトップになっています。東京消防庁管内の火災の約40％は放火による火災です。放火火災は一人一人が放火されない、放火させない、放火されても大事に至らない、などの環境作りを推進していくとともに、やはり地域ぐるみ①、町ぐるみで放火に取り組むことが大切です。

　そのほかの出火原因に挙げられるものについても簡単に注意点を紹介しましょう。ストーブからの火災を防ぐには、外出や就寝前には消火を確認する。燃えやすいものは近くに置かない。給油は必ず火を消してから行う、ということが大切です。暖房器具の安全装置には地震や誤って転倒したときに、自動的に消火する耐震自動消火装置、燃料補給時自動消火装置、また炎が露出していないファンヒーターがあります。また、暖房器具の近くにスプレー缶を置かないようにしましょう。破裂して、火災になった事例が

あります。次に、電気器具からの火災を防ぐには、まず蛸足配線に注意する。配線など
に許容量以上の電気器具を使用すると過熱し、火災の原因となります。過電流で、コン
セント部分から出火し、布団に燃え移った火災もあります。そのほか、コードが家具な
どの下じきにならないようにする。コードがいたんでいるものは早めに交換する。ト
ラッキング火災に気をつける。トラッキング火災とはコンセントに長い間差し込んで
あるプラグの差し場間に埃がたまり、電流が流れて起こる火災のことを言います。ずっ
と差しっぱなしになっている電気のコンセントプラグがありませんか。定期的に掃除
をするなどの工夫をしましょう。

■ 文法と言葉遣いの解釈

① ぐるみ：作为接尾词接在名词后使用，表示"全部"、"一个不剩"之意。

■ 解答

1. 建物火災の中でなくなった方の多くが高齢者や体の不自由な方です。
2. 第2位に挙がっているタバコによる火災を防ぐには、寝タバコは絶対にしない、灰皿に
   は水を入れて使う、タバコの吸殻は屑かごに捨てない、という点に注意しなければなり
   ません。
3. 放火火災は昭和52年から連続して、出火原因のトップになっています。東京消防庁管
   内の火災の約40％が放火による火災です。
4. トラッキング火災とはコンセントに長い間差し込んであるプラグの差し場間に埃がた
   まり、電流が流れて起こる火災のことを言います。

第 6 課

天気予報 (対談・解説)

スクリプト

内容 1　天気予報 (2分3秒)

A: 続いては全国の天気です。鹿目雅子さんです。こんばんは。

B: こんばんは。

A: 今週の前半は気温の高いところ、多かったんですが、後半は寒くなってしまいましたね。

B: そうですね。今日も、北日本や北陸山陰では、日中どんどんと気温が下がっていきまして、真冬の寒さになりました。最高気温、日中は最高気温、朝出た所が多くて、日中はどんどん下がりまして、札幌や青森は氷点下 5 度以下、金沢や松江も 0 度から 2 度ぐらいと、風も強くて、きつく寒さとなったんですね。

A: あのう、この時間、雪が降っている所あるんでしょうか。

B: はい、日本海側では、雪の所が多くなっていまして、新潟県や山形県の山沿いで、やや強く降ってる所もあります。

A: はい。

B: 今夜は山陰から北の日本海側では雪、北日本では、吹雪いて見通しの悪くなる所がありますので、気をつけてください。また、海上は高波にも注意が必要です。

A: はい、そして、明日の土曜日は、天気はどうなるでしょうか。

B: はい、明日は日本海側も含め、晴れる所が多くなるでしょう。冬型が緩みまして、

西から高気圧に覆われてくるためです。明日、九州から北陸、関東にかけては①、穏やかに晴れそうです。東北や北海道の太平洋側も晴れるでしょう。東北と北海道の日本海側は、朝のうちには、雪が止んで、日中は曇りの見込みです②。(A:はい。)そして、沖縄は朝方、雲が多めですが、昼前から青空が広がる見込みです。

A: 明日の気温、朝の気温はどうでしょうか。

B: はい、朝は、全国的に冷え込みが強まりまして、北日本や北陸は氷点下、札幌は氷点下7度まで下がりそうです。関東から九州も2度くらいと、今朝より5度以上低くなるでしょう。そして、日中も、気温の上がりが今ひとつですね。九州から関東にかけては、7度前後と、真冬並み③、北日本は今日より寒さが和らぎますが、仙台では6度、札幌は氷点下1度の見込みです。

A: はい、わかりました。ありがとうございました。

B: 失礼します。

A: 全国の天気、鹿目雅子さんに聞きました。

■ 文法と言葉遣いの解釈

① 九州から北陸、関東にかけては:"～から～かけて(は)"接在地名或时间名词后,表示"从……到……"的时间或空间范围,天气预报常用语。

② 見込みです:这里的"～見込みだ"有"名词＋の見込みだ"和"动词原形＋見込みだ"两种形式,意为"估计……,推测……",是书面语,多用于广播或新闻报道中。

③ 並み:这里的"～並み"为接尾词,前接名词,与"～と同じ"意思相同,相当于汉语的"同样"。

■ 解答

○ 次の問題を考えながら聞きましょう。

1. a　　　　　2. a c d　　　　　3. b

○ では、更に次の問題を意識しながらもう一度聞きましょう。

1. c　　　　　2. b　　　　　3. c

○ もう一度聞いて、次の問題に答えましょう。

1. a(○)　　　　b(×)　　　　c(○)　　　　d(○)　　　　e(×)

2. b

内容 2　花粉予報 <small>(1分36秒)</small>

　　こんにちは。速報花粉情報です。今回は色々な花粉の飛ぶ時期についてお伝えします。現在、スギやヒノキの花粉は東日本や西日本では、ほぼ終了しました。一方、北日本では、まだ飛散が続いていますが、5月の中旬くらいには収束する見込みです。春の季節が終わり、花粉症の方はようやく一息つけそうですね。しかし、油断はできません。スギやヒノキ以外にも、花粉症を引き起こす植物があるからです。スギ花粉がほとんど飛ばないと言われている北海道ですが、現在シラカバの花粉が飛んでいます。シラカバの花粉はこれからがピークで、6月くらいまでは飛び続けそうです。そして、6月以後も注意が必要です。スギなどの木の花粉ではなく、草の花粉が飛び始めるからです。ブタクサやヨモギなどのキク科の植物は9月から10月頃に花粉を飛ばします。こうしてみると、一年中何らかの花粉が飛んでいます。草の花粉は広い範囲で飛ぶことはなく、またスギの花粉症の方が必ず草の花粉に反応するわけではありません。しかし、春の時期が終わってからも、花粉症の症状が出る方はこれらの何らかの植物に反応している可能性があります。そういった方は一度医療機関を受診してみることをお勧めします。

■ 解答

○　次の問題を考えながら聞きましょう。

　　1. d　　　　　　　　2. b c e

○　では、更に次の問題を意識しながらもう一度聞きましょう。

　　1. a(2)　b(1)　c(3)　　　　　　2. a　　　　　3. b　　　　　4. c

○　もう一度聞いて、次の問題に答えましょう。

　　1. a(×)　　　　　b(×)　　　　　c(○)　　　　　d(×)　　　　　e(○)

　　2. 一年中、何らかの花粉が飛んでおり、花粉症の人はそれらの何らかの植物に反応している可能性があるからです。

　　　また、スギやヒノキ以外にも、花粉症を引き起こす植物があるからです。

内容3　気象情報 <small>(1分53秒)</small>

　　気象情報です。29日、みどりの日は、北日本や北陸から山陰にかけて、日中はよく晴れて、絶好のお出かけ日和①になりました。青森では、桜よりも一足早く梅が開花しました。北国の春を満喫できる一日となりました。

　　では、気になる30日、日曜日の天気、まずは予想天気図から見ていきましょう。30日は前線を伴った低気圧が日本海を東に進みます。このため、29日よく晴れた北日本の天気は下り坂に向かうでしょう。

　　各地の予報です。北日本と北陸は雲が多く、夜は各地で雨が降りそうです。関東から九州、沖縄にかけては、よく晴れて行楽日和になるでしょう。日差しも手伝って気温も上がりそうです。

　　各地の気温です。朝の気温は前の日と同じくらいか高くなるでしょう。日中の気温は日差しが少なくなる北日本や北陸は前の日よりも低くなる所が多いでしょう。関東から西は25度近くまで上がる所が多く、汗ばむ陽気になりそうです。紫外線対策をしっかりなさってお出かけください。

　　では、この先の天気。まず、札幌から名古屋です。札幌、新潟は30日から5月の1日にかけて天気がぐずつくでしょう。仙台から名古屋にかけては、天気の晴れる日が多いですが、6日は雲りや雨となりそうです。大阪から那覇です。こちらは4日にかけては全般に晴天が続く見込みです。

　　さて、いよいよ大型連休がスタートしました。遠出をされる方、ご自宅でゆっくりされる方、いろいろいらっしゃると思います。旅行をされる方はお出かけ先の気温をしっかりとチェックして、寒い思いや暑い思いをしないように上手に服装を選んでくださいね。以上、気象情報でした。

■ 文法と言葉遣いの解釈

　　① お出かけ日和：“日和”作为接尾词使用，表示“好天气、晴天”或“正适合前词内容的天气”。

■ 解答

　　○　次の問題を考えながら聞きましょう。

　　1. d　　　　　　2. a

○ では、更に次の問題を意識しながらもう一度聞きましょう。

　　1. b 　　　　　　　2. c 　　　　　　　3. b c d f

○ もう一度聞いて、次の問題に答えましょう。

　　1. a(○) 　　　　　b(×) 　　　　　c(○) 　　　　　d(×) 　　　　　e(○)

　　2. 旅行先の気温を確認して着る物を選んでください。

内容4　台風情報 (1分35秒)

　まず台風情報です。台風7号は本州の南の海上を北上しています。明日には、四国から東海にかけての太平洋沿岸に接近し、その後、上陸するおそれがあります①。

　気象庁の観測によりますと②、台風7号は今日午後6時には、和歌山県の潮岬の南南東350キロの海上にあって③、1時間に15キロの速さで、北北西に進んでいます。中心の気圧は975ヘクトパスカル、中心付近の最大風速は30メートルで、中心から半径90キロ以内では、風速25メートル以上の暴風が吹いています。気象庁によりますと、台風はこの後も北上を続け、明日午後には、四国から東海にかけての太平洋沿岸にかなり接近し、その後、上陸するおそれがあります。

　台風の北上に伴い、四国から東海にかけての太平洋側では、明日は局地的に1時間に40ミリから60ミリの非常に激しい雨が降るおそれがあります。明日夕方までに降る雨の量はいずれも多いところで、東海で300ミリ、近畿南部で250ミリ、四国と関東甲信で100ミリと予想されています。

　明日は四国から東海にかけての太平洋側では、風が次第に強まり、波の高さは6メートルを超える大時化になる見込みです。台風は明日以降太平洋高気圧に北上を抑えられ、速度が遅くなって複雑な動きをするおそれがあり、気象庁は今後の台風情報に注意するよう呼びかけています。

■ 文法と言葉遣いの解釈

　① おそれがあります：出現在句末，表示"有可能"，天气预报中常用的表达形式。

　② 気象庁の観測によりますと："～によりますと"表示信息等的来源，有汉语的"据……"的意思。

　③ 海上にあって：这里的"あって"表示"位于"。

■ 解答
　○　次の問題を考えながら聞きましょう。
　　1. b　　　　　　2. a　　　　　　3. c
　○　では、更に次の問題を意識しながらもう一度聞きましょう。
　　1. a. 100ミリ　　b. 300ミリ　　c. 250ミリ
　　2. a
　○　もう一度聞いて、次の問題に答えましょう。
　　<u>台風7号は本州の南の海上を北上していて、明日には、四国から東海にかけての太平洋沿岸に接近し、その後、上陸するおそれがあります。明日以降太平洋高気圧に北上を抑えられ、速度が遅くなると予想されています。</u>

内容5　気象情報 (1分55秒)

　全国の気象情報です。朝早い電車の中で家族連れや大きなリュックを背負った方をたくさん見かけます。ゴールデンウィーク後半はお天気に恵まれていますね。それは高気圧が日本付近を広く覆っているためです。5日になると、高気圧の中心は陸地から離れますが、まだしっかりと西のほうに張り出して、雨雲を寄せ付けません。ただ北のほうには力及ばず、北海道は前線が通過するでしょう。

　それでは、5日の各地の予報です。北海道や東北北部は雲に覆われて、一時雨が降るでしょう。日本海側は風が強く、海上は波が高くなるので、海や山のレジャーはご注意ください。その他の各地は晴天が続き、更に気温が上がりそうです。関東から西は20度から25度、25度を超える夏日となる所も多そうです。まだ暑さに体が慣れていません。日陰で休憩を取ったり、小さなお子さんには、着替えを用意されるといい①かもしれません。

　向こう一週間の予報。まずは札幌から名古屋です。札幌の天気は回復し、お出かけ日和が続くでしょう。ようやくこの季節らしい暖かさ②となり、桜の蕾も綻びそうです。その他の各地は次第に雲が増えて、日曜日から月曜日にかけて一時雨が降るでしょう。続いて大阪から那覇です。天気の分かれ目は週末です。土曜日までは晴れますが、日曜日以降は曇りや雨のすっきりしないお天気が続くでしょう。

　さて、5日子供の日は晴れている地域も、風が強まりそうです。青空の下、元気よく鯉のぼりが泳いでくれそうですよ。以上気象情報でした。

■　文法と言葉遣いの解釈

　　① 用意されるといい：“动词原形＋といい”,表示劝别人进行某种行为之意,有汉语的“还是……好”的意思。

　　② この季節らしい暖かさ：这里的“らしい”为接尾词,接在名词之后,构成形容词,表示具有前词内容的性质或状态,所以这句话的意思是“这个季节该有的暖和”。

■　解答

　　○　次の問題を考えながら聞きましょう。

　　1. c　　　　　　　2. b　　　　　　　3. b

　　○　では、更に次の問題を意識しながらもう一度聞きましょう。

　　1. c　　　　　　　2. d　　　　　　　3. b

　　○　もう一度聞いて、次の問題に答えましょう。

　　1.

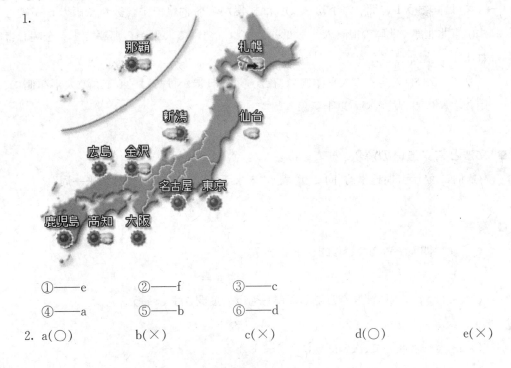

　　　　①——e　　　　　②——f　　　　　③——c
　　　　④——a　　　　　⑤——b　　　　　⑥——d

　　2. a(○)　　　　　b(×)　　　　　c(×)　　　　　d(○)　　　　　e(×)

内容6　気象情報 (2分05秒)

　　気象情報です。15日は全国的に傘の花が開きそうです。では、さっそく予想天気図からご覧いただきましょう。梅雨前線上に低気圧が発生してゆっくりと日本列島を横

断するでしょう。等圧線の数も増えて、風が強まることを表しています。南の海上から暖かく湿った空気がこの強い風に乗って運ばれ、どんどんと流れ込み、太平洋側では、雨雲が発達しそうです。

それでは、木曜日の各地の予報です。九州の雨は 14 日、水曜日から木曜日の朝のうちにかけて、午後は回復して晴れ間が広がりそうです。一方、中国、四国地方から北陸、東海地方にかけては、日中も雨、太平洋側では非常に激しく降る所もあるでしょう。土砂災害や浸水にご注意ください。関東はお昼頃から、東北や北海道も、夕方以降は雨の降り出すところが増えそうです。

それでは、続いて気温です。最高気温は西日本では、雨の止んでくる夕方以降に、一方、東日本では、降りだす前、午前中に出るところが多そうです。雨が降っている間はほとんど横這い状態で濡れると少し体が冷えそうですので、ご注意ください。

では、向こう 1 週間①の予報。まずは札幌から名古屋です。曇りや雨の日が続きます。東北北部や北陸の梅雨入りも間近ですね。続いて大阪から那覇です。金曜日は晴れますが、週末はまたぐずつくところが多いでしょう。

さて、15 日は西日本の太平洋側で、夜から 16 日にかけては、東日本の太平洋側で、大雨に注意してください。以上気象情報でした。

■ 文法と言葉遣いの解釈
  ① 向こう 1 週間：这里的"向こう"表示"未来"，所以这句话意思是"未来一周"。

■ 解答
  ○ 次の問題を考えながら聞きましょう。
  1. b   2. c   3. a
  ○ では、更に次の問題を意識しながらもう一度聞きましょう。
  1. b   2. c   3. c
  ○ もう一度聞いて、次の問題に答えましょう。
  a(×)   b(×)   c(○)   d(×)   e(○)

内容7　地震情報（1分12秒）

　　今日午前5時1分ごろ、大分県中部を震源とする地震があり、大分県と広島県、それに愛媛県で震度5弱の強い揺れを観測しました。この地震による津波の心配はありません。

　　この地震で、大分県佐伯市、広島県呉市、愛媛県の今治市、八幡浜市、西予市、伊方町で震度5弱の強い揺れを観測しました。また、岡山市、広島市中区、松山市、大分市、宮崎市、山口県萩市、愛媛県今治市大島、高知県四万十市、熊本県阿蘇市、島根県吉賀町、香川県多度津町など、九州と中国、四国地方の広い範囲で震度4の揺れを観測したほか、東海地方から九州地方にかけて、震度3から1の揺れを観測しました。

　　気象庁の観測によりますと、震源地は大分県中部で、震源の深さは140キロ、地震の規模を示すマグニチュードは6.1と推定されています。

■ 解答
　　○　次の問題を考えながら聞きましょう。
　　　　1. b　　　　　　　　2. c　　　　　　　　3. d
　　○　では、更に次の問題を意識しながらもう一度聞きましょう。
　　　　1. c　　　　　　　　2. b　　　　　　　　3. b
　　○　もう一度聞いて、次の問題に答えましょう。
　　　　1. a b e g　　　　　2. a c d f　　　　　3. c

内容8　降雪情報（2分05秒）

　　太平洋側の広い範囲で雪が降り、記録的な大雪となっています。気象庁は関東甲信や東北では大雪に警戒するとともに、交通への影響や雪崩などに十分注意するよう呼びかけています。気象庁によりますと、発達中の低気圧の影響で東日本と東北の太平洋側の広い範囲で雪が降り、関東甲信で大雪になっています。午前6時の積雪は甲府市で1メートル9センチ、前橋で65センチ、埼玉県熊谷市で62センチと、統計のあるおよそ120年間で最も多くなっています。東北の太平洋側でも、雪が強まり、福島市で27センチ、

仙台市と宮城県石巻市で 26 センチとなっています。東京の都心では一時積雪が 27 センチと、45 年ぶりの大雪となった今月 8 日の記録に並びました。午前 6 時には、23 センチとなっています。

　関東の内陸部ではこのあとしばらくの間、甲信と東北の太平洋側では明日にかけて雪が降り続き、積雪はさらに増える見込みです。あす朝までに降る雪の量は、いずれも山沿いの多い所で、東北で 70 センチ、関東甲信で 60 センチと予想されています。

　一方、関東では暖かく湿った空気が流れ込んでいるため、次第に気温が上がり、雨が強まっています。関東や伊豆諸島では、大気の状態が不安定になっていて昼前にかけて雷や突風を伴って局地的に激しい雨が降るおそれがあります。また、東日本と東北では明日にかけて沿岸部を中心に非常に強い風が吹く恐れがあり、沿岸は大しけが続く見込みです。気象庁は、関東甲信の内陸部と東北では大雪に警戒し、雪と風による交通への影響や屋根からの落雪、雪崩などに十分注意するよう呼びかけています。

■ 解答

　○　次の問題を考えながら聞きましょう。

　　1. b　　　　　　　　2. c　　　　　　　　3. d

　○　では、更に次の問題を意識しながらもう一度聞きましょう。

　　1. 甲府市(1 メートル 9 センチ)　　前橋(65 センチ)

　　　埼玉県熊谷市(62 センチ)　　福島市(27 センチ)

　　　仙台市と宮城県石巻市(26 センチ)

　　　東京都心(23 センチ・一時積雪 27 センチ)

　　2. a

　○　もう一度聞いて、次の問題に答えましょう。

　　a(×)　　　　　　　b(○)　　　　　　　c(×)　　　　　　　d(○)

内容 9　交通情報 (2 分 55 秒)

　雪などの影響で、首都圏を走る在来線や私鉄各線は今朝も始発から運転を見合わせる路線が相次いでいます。また、新幹線や特急なども一部の列車で運休が決まっています。それでは、今の状況について、新宿駅南口からラジオセンターの岩元良介ディレクターに伝えてもらいます。

「はい、新宿駅南口の前です。いま、雪は降っていません。雨が降っています。1時間ほど前と比べますと、すこし雨粒は小さくなってきています。路面には歩道、雪が積もっているんですが、その雨に打たれまして少しずつ溶けてきています。かなりシャーベット状、今歩いてみます。こういった音がするような状況です。積もった雪、足跡のところにはかなり水がたまってきています。ただ、足跡、ここかなり、強く踏んでもですね、その雪が少し踏み固められて、その地面、路面まで行くような跡がありません。踏み固められた地面はすこし固まってしまっていますので、やや滑りやすくなっています。注意が必要です。え〜JRを発着する、新宿駅を発着するJRなんですけれども、山手線が運行しているほかは、運行は見合わせられています。係員のいる改札口には目的地まで私鉄などを使ってどのように行ったらいいか、問い合わせる人の長い列ができています。その私鉄も小田急や京王線、各駅停車のみの運行であったり、行き先が変更される可能性があったりというアナウンスがされています。ダイヤ、大幅に乱れています。新宿駅でした。」岩元ディレクターの報告でした。

　航空各社によりますと、国内の空の便は今日、羽田や仙台を発着する便を中心に合わせて336便が欠航します。また、高速道路や有料道路でも雪や事故の影響で通行止めの区間が相次いでいます。ところで、東名高速道路の上り線は、昨夜、静岡県裾野市付近で複数の車が雪で立往生した影響で、後続の車が一時最大でおよそ40キロにわたって渋滞し、現在も多くの車が動けなくなっています。消防によりますと、心臓に持病がある30代の女性が気分が悪くなるなどして、これまでに合わせて2人を搬送したということです。中日本高速道路では、この区間を含む東京インターチェンジと静岡インターチェンジの間の上り線を通行止めにしています。また、動けなくなった車に対し、食料や水、簡易トイレなどの物資を配っているということです。中日本高速道路では、立往生した車の移動を急ぐと共に、通行止め区間から車を外に誘導する作業を引き続き行っています。

■ 解答
　○　次の問題を考えながら聞きましょう。
　　1. b　　　　　　2. a　　　　　　3. d
　○　では、更に次の問題を意識しながらもう一度聞きましょう。
　　1. b　　　　　　2. a
　　3. 渋滞の車に食料や水、簡易トイレなどの物資を配ること
　　　 通行止め区間から車を外に誘導する作業を行うこと

○　もう一度聞いて、次の問題に答えましょう。

a(○)　　　　　　　b(×)　　　　　　　c(×)　　　　　　　d(○)

課外でチャレンジしましょう

スクリプト

内容1　気象情報 (2分17秒)

A: では、次は全国の天気です。今夜の担当伊藤美由紀さんです。こんばんは。

B: こんばんは。

A: 今日も全国的に春の陽気のところ、多かったようですね。

B: そうですね。あのう、今日は、静岡市と沖縄の那覇市が同じ最高気温で、24度6分だったんですね。

A: はい。

B: これは、那覇でも、4月中旬並みの暖かさなんですが、(A:ええ)静岡ですと、6月の上旬並み、これは観測史上、2月として最も高い気温となりました。そして、北海道も、3月中旬並みで、旭川は半月ぶりに最高気温がプラスとなりました。

A: お天気のほうですが、西日本ではもう、既に雨の所、多いようですね。

B: そうですね。西日本では、雨が降り始めていまして、夜7時までの1時間に高知県では、20ミリ以上のざあざあ降り。

A: はい。

B: また、鹿児島県の鹿屋市では、この24時間で100ミリ近い雨が降っていますので、土砂災害などにご注意ください。

A: はい。

B: そして、今夜なんですが、この後、雨は東海や北陸に広がって、日付が変わる頃から、関東地方でも、雨が降り出しそうです。

A: はい、そして、明日はどうなるでしょう。

B: はい、明日は関東から西の太平洋側の雨は午前中に止んで、午後は曇り空でしょう。(A:はい。)東北の太平洋側は夕方まで雪か雨、そして、北陸から九州の日本海

側では、日中いっぱい雨が降りそうです。東北の日本海側と北海道では、午前中晴れるんですが、次第に雲が厚くなって、夜遅くは雪が降りそうです。沖縄も晴れのち曇りで、夜は雨が降るでしょう。

A: はい。ええ、雨だった北日本も明日はまた雪の予報ですね。

B: そう、北日本の日本海側で、特に低くなりそうです。最低気温、札幌は氷点下 6 度、秋田は氷点下 3 度の予想です。東海から西はまだ暖かなんですが、日中、東日本と北日本で真冬の寒さが戻ります。最高気温は札幌で氷点下 2 度、仙台と東京は、今日よりも 12 度も低くなって、仙台 3 度、東京 8 度の予想です。東海から九州はまだ 10 度から 15 度ぐらいの所が多く、高知は 19 度、鹿児島 21 度、那覇は 25 度の夏日の予想です。今夜はまだ気温が高くて、雨が降りますので、あの、雪の多い所では、雪崩や屋根からの落雪にご注意ください。

A: そうですね。

B: はい。

A: ありがとうございました。

B: 失礼します。

A: 全国の天気、伊藤美由紀さんでした。

■ 解答

1. 全国的に春の陽気のところが多かったです。

2. 24 度 6 分でした。

3. 雨が東海や北陸に広がって、日付が変わる頃から、関東地方でも、雨が降り出しそうです。

4. 明日は関東から西の太平洋側は、午前中雨が止んで午後は曇りになりそうです。東北の太平洋側は夕方まで雪か雨、そして、北陸から九州の日本海側では、日中いっぱい雨が降りそうです。東北の日本海側と北海道では、午前中晴れるのですが、次第に雲が厚くなって、夜遅くには雪が降りそうです。沖縄も晴れのち曇りで、夜は雨が降りそうです。また、雨が降った北日本も明日はまた雪の予報です。

5. a. 氷点下 2 度　　　　　b. 3 度　　　　　　　c. 8 度
　 d. 19 度　　　　　　　　e. 21 度　　　　　　　f. 25 度

内容2　気象情報 (2分09秒)

　　気象情報です。動きの遅い低気圧の影響で、九州から東海地方にかけては、雨が続いています。高知県、長崎県、佐賀県では、24時間の雨の量が300ミリを超えた所もあります。雨がおさまった後も、土砂災害や河川の増水にはお気をつけください。水曜日になると、雨は北日本まで広がりそうです。

　　では、水曜日の全国のお天気です。北日本は日中いっぱい、雨が降るでしょう。北陸、関東、東海地方の雨は、お昼前後には止みそうです。西日本は日中は曇り空で、九州南部や四国では、青空が戻ってきそうです。

　　予想気温です。火曜日の夜から、気温が下がりにくくなるため、水曜日の朝は、1ヵ月先の暖かさになる所が多いでしょう。日中は東日本や西日本は20度前後まで上がりそうです。そして、北日本でも15度前後まで上がるでしょう。本州や北海道などの雪がまだ多く残っている山では雪解けが進みそうです。雪崩や雪解け水による増水にはご注意ください。

　　この先の天気、札幌から名古屋です。札幌は金曜日に晴れ間が戻りますが、水曜日のような暖かさはなさそうです。仙台、東京、名古屋は、来週まで晴れはお預けとなりそうです。大阪から那覇です。沖縄、九州、四国は、木曜日には、早くも次の雨が降るでしょう。

　　今のところ、週末のお出かけ、日曜日よりも、土曜日の方がよさそうですが、計画は最新の予報をもとに立ててください。

　　さて、このところ、桜前線も足踏みしていましたが、11日には、新潟市で、桜が咲きました。いよいよ桜前線も北日本へと入っています。ただ、北日本、4月になっても、気温の低い状態が続いていました。でも、この北日本も水曜日には雨が暖かさをつれてきてくれそうです。以上気象情報でした。

■ 解答

1. 4月の天気予報です。
2. 北日本は日中いっぱい、雨が降りそうです。北陸、関東、東海地方の雨は、お昼前後には止みそうです。西日本は日中は曇りで、九州南部や四国では、晴れる見込みです。
3. 上がります。
4. 晴れはお預けとなりそうです。（悪い天気になりそうです。）

5. 桜前線は北日本まで進んでいます。

内容3　気象情報 (2分34秒)

A: 次は全国の天気です。今夜は伊藤香織さんに聞きます。伊藤さん、こんばんは。

B: はい、こんばんは。

A: ええ、春の気配がまた遠のいてしまいました。気温、大きく下がった所、多かったようですね。

B: そうですね。寒さがぶり返すことを寒の戻りとか、冴え返るといいますが。

A: はい。

B: 真冬の寒さが各地に戻ってきました。今日の最高気温、仙台では、朝からずっと1度前後という気温で、東京でも7度ぐらい、昨日より最高気温は13度ぐらい下がりました。

A: はい。

B: そして、東海から西の各地でも10度以下の所がほとんどでした。空気は春からまた、冬へと戻ってきました。

A: 天気なんですけれども、今日は雨雲や雪雲に覆われた所が多かったようですが、この時間はどうでしょうか。

B: はい、南岸の低気圧や前線の影響を受けたものなんですが、現在、東北の南部から、中国、四国地方の各地で、雨の所が多くなっています。

A: はい。

B: そして、今夜はもう既に九州では雨が止んできている所が多いんですが、西日本の雨、あと1、2時間ぐらいで止んでくるでしょう。東日本の雨は今夜いっぱい続くところが多くなりそうです。

A: はい。

B: 北海道の沿岸部では雪、沖縄も今夜は雨脚が強まる時間帯がありそうです。

A: はい、明日は、どうなるでしょうか。

B: はい、明日の、お天気のポイント、ええ、今日よりも更に寒くなるということです。ではまず、お天気からお伝えしましょう。ええ、日本付近は、冬型の気圧配置に変わって、上空には、非常に強い寒気が流れ込む見込みです。山陰から北の日本海側で雪が降って、吹雪くところもありそうです。交通障害や高波に注意が必要です。

太平洋側の各地と九州では、晴れ間はあるんですが、雲が広がりやすくなりそうです。そして、瀬戸内では、所々で雪が降りそうです。沖縄は雲に覆われるでしょう。

A：はい、気温、朝はどうでしょう。

B：明日、朝の最低気温、今朝よりは2、3度下がる所が多いですが、でも、平年を上回りそうです。

A：はい。

B：札幌は氷点下7度、北陸では2度から3度、関東から西の各地、5度前後でしょう。そして、日中の最高気温、札幌では、氷点下6度ということで、朝とほとんど変わりません。(A：はい。)東北の南部と北陸では、3度から4度ぐらい、近畿地方では、10度以下の所が多くなりそうです。

A：はい、体調管理に気をつけていただきたいですね。

B：そうですね。そして、明日、全般に季節風が強く吹きますので、体感的には、更に寒くなります。暖かくしてお出かけください。

A：ありがとうございました。全国の天気、伊藤香織さんでした。

■ 解答

1. 寒の戻りとか、冴え返るといいます。
2. 1度前後でした。
3. 南岸の低気圧や前線の影響を受けたからです。
4. a. 雪　　　　　　　b. 曇り　　　　　c. 晴れ、曇り　　　　　　d. 雪
5. 今日よりも更に寒く感じることです。

内容4　気象情報 (2分14秒)

では、続いて気象情報です。前線や低気圧が西日本や東日本の太平洋側を進むでしょう。九州から関東では雨になりそうです。前線や低気圧の近くでは雨が強く降る所もあるでしょう。一方、前線や低気圧から離れている東北や北海道は晴れそうです。

各地の天気です。沖縄は一日晴れる予報です。九州や中国、四国地方は朝まで雨になるでしょう。雷が鳴ったり、雨が強く降ったりする所もありそうです。ただ、天気は回

復に向かって午後は晴れる所が多いでしょう。北陸は午前中に雨で、近畿や東海も昼過ぎまで雨になりそうです。雨が止んだ午後も雲の多い天気になるでしょう。関東は厚い雲に覆われて、一日雨が降ったり止んだりになりそうです。桜が見ごろを迎えている東北は晴れるでしょう。北海道も晴れる所が多くなりそうです。

　気温です。那覇は26度、鹿児島は23度、福岡は20度、高知は24度、広島は19度と平年並みになりそうです。近畿や東海、関東は昨日より5度から10度低くなるでしょう。大阪と名古屋は18度の予想です。東京は昨日より7度低い15度、朝が一番気温が高く、ここ数日の暖かさに慣れた体には日中寒く感じられそうです。今日は少し厚めの上着を用意したほうがよさそうです。新潟は14度、仙台は13度と昨日より3度ぐらい低くなりそうです。札幌は8度と今日も北風が冷たい一日になるでしょう。明日は晴れる所が多いでしょう。九州から東海は20度ぐらいまで上がって過ごしやすくなりそうです。関東は東京など南部ほど雲が多い天気になるでしょう。気象情報でした。

■ **解答**

1. 沖縄は1日晴れる見込みです。九州や中国、四国地方は朝まで雨が降って、午後は晴れる所が多いです。北陸は午前中は雨で、近畿や東海も昼過ぎまで雨になりそうです。雨が止んだ午後も雲の多い天気になる見込みです。関東は厚い雲に覆われ、一日雨が降ったり止んだりになりそうです。東北は晴れ、北海道も晴れる所が多くなりそうです。

2. 前線や低気圧が西日本や東日本の太平洋側を進むので、九州から関東では雨になりそうです。一方、東北や北海道では晴れるのは前線や低気圧から離れているからです。

3. 東北地方

4. a. 那覇——(26)度　　　　　b. 鹿児島——(23)度
　　c. 福岡——(20)度　　　　　d. 高知——(24)度
　　e. 広島——(19)度　　　　　f. 大阪——(18)度
　　g. 東京——(15)度　　　　　h. 名古屋——(18)度
　　i. 新潟——(14)度　　　　　j. 仙台——(13)度
　　k. 札幌——(8)度

5. 22度

内容5　気象情報 (1分35秒)

　　では、続いて気象情報です。今日は沖縄と九州から東北は広く高気圧に覆われて晴れるでしょう。寒気の影響を受ける北海道は晴れ間がありますが、北部や東部では雪や雨の所がありそうです。

　　各地の天気です。九州と沖縄は晴れる所が多いでしょう。中国地方と四国、近畿、東海は雲の広がる時間はありますが、おおむね晴れる見込みです。関東甲信は一日を通して晴れる所が多いでしょう。北陸も安定した晴れの天気が続く見込みです。東北も広く晴れて天気の崩れはありません。北海道は晴れ間の広がるところが多いですが、寒気の影響を受けるため、北部や東部では局地的に雪や雨が降りそうです。

　　気温です。那覇は24度の予想で、昨日と同じぐらいでしょう。鹿児島も24度、福岡は23度まで上がる見込みです。高知や高松も23度、広島22度、松江20度、大阪22度、名古屋25度でしょう。東京は24度で今年一番気温が上がりそうです。金沢18度、新潟17度、仙台18度、秋田は14度でしょう。札幌は8度で、昨日より8度低くなります。また旭川は7度で昨日より9度低くなるでしょう。体調を崩さないようご注意ください。気象情報でした。

■ 解答

1. 北海道は晴れ間の広がるところが多いですが、北部や東部では局地的に雪や雨が降りそうです。北海道以外では概ね全国的に晴れる見込みです。

2. 北海道が寒気の影響を受け、沖縄と九州から東北が広く高気圧に覆われるから

3. a. 那覇——(24)度　　　　　　　b. 鹿児島——(24)度
   c. 福岡——(23)度　　　　　　　d. 高知——(23)度
   e. 高松——(23)度　　　　　　　f. 広島——(22)度
   g. 松江——(20)度　　　　　　　h. 大阪——(22)度
   i. 東京——(24)度　　　　　　　j. 名古屋——(25)度
   k. 金沢——(18)度　　　　　　　l. 新潟——(17)度
   m. 仙台——(18)度　　　　　　　n. 秋田——(14)度
   o. 札幌——(8)度　　　　　　　p. 旭川——(7)度

4. 16度

内容 6　気象情報 （1分45秒）

　これは予想雨量です。明日夕方までに降る多いところでの雨の降る量です。東北・北陸・近畿・中国で 100 ミリから 150 ミリと予想されています。このように明日はこうした地域を中心に東北地方から西日本、大気の状態非常に不安定です。1 時間に 50 ミリ以上の非常に激しい雨が数時間立て続けに降って、多いところで 150 ミリ雨の降る所がありそうです。短時間に集中的に降るというのがこれから明日にかけての雨の降り方の予想です。ご注意ください。それでは、雨の予想を見ていきますと、このように降るところは赤や黄色が局地的なんですね。ですが、短時間に集中的に雨が降るというのが特徴です。

　それでは、天気図を見ていきましょう。明日の予想天気図ですが、明日はこの前線に向かって蒸し暑い空気が今日と同じように流れ込み続きそうです。このため、東北地方から、西日本大気の状態が非常に不安定でしょう。

　それでは、明日の全国の天気です。東北地方から西日本にかけて 1 時間に 50 ミリ以上、車の運転が危険なくらいの非常に激しい雨が予想されています。明日の朝の最低気温です。北海道から盛岡にかけて 15 度から 20 度の予想です。日中の予想最高気温です。九州から関東にかけての太平洋側で 30 度以上の真夏日となるでしょう。この先 1 週間の天気です。札幌から東京にかけてです。あさって日曜日も仙台から東京にかけて雨で激しく降ることも予想されます。続きまして、名古屋から那覇です。こちら、あさって日曜日も激しい雷雨にご注意ください。

■ 解答

1. 短時間に集中的に雨が降ること。
2. 明日の朝の最低気温は北海道から盛岡にかけて 15 度から 20 度の予想で、日中の予想最高気温は九州から関東にかけての太平洋側で 30 度以上になる見込みです。
3. 全国的に雨が激しく降りそうです。
4. 1 時間に 50 ミリ以上

スクリプト

内容1 (31秒)

　うまいが生きてる一番搾り①。一番搾りは二番麦汁を一切使わないビール。麦やホップなど素材が持っている自然なおいしさをそのまま素直に引き出しました。
　ああ、だから、一番麦汁ならではのまろやかな飲み口とすっきりした味わい。ああ、一番麦汁100パーセント、キリン一番搾りをお楽しみください。

麦芽の上質なうまみさ十分に引き出し、しっかりとした飲みごたえはありながら、まろやかで飲みやすいビールです。ビールづくりにおけるキリンビールの「うまさ」と「品質」に対するこだわりを注ぎ込んだ、まさにキリンの自信作てす。

〔商品概要〕　商品名:キリン一番搾り生ビール
　　　　　　　原材料: 麦芽・ホップ・米・コーン・スターチ
　　　　　　　アルコール分:約5.5%

350 ml缶　　500 ml缶　　中びん　　大びん

■ 文法と言葉遣いの解釈
　① 一番搾り:这种形式叫"体言结句(体言止め)"或"名詞结句(名詞止め)",起到一种"强调、

提示"的修辞效果,广告、文学作品中常用。本段广告中多次出现这种形式。

■ 解答
　　○　次の問題を考えながら聞きましょう。
　　　　1. d　　　　　　　2. b　　　　　　　3. c
　　○　では、更に次の問題を意識しながらもう一度聞きましょう。
　　　　<u>1. 素材にこだわって作っていることです。(一番麦汁 100％を使って仕込んでいるこ</u>
　　　　<u>とです。)</u>
　　　　<u>2. まろやかですっきりしたうまい味がします。</u>
　　○　もう一度聞いて、次の問題に答えましょう。
　　　　一番搾り　　　二番麦汁　　　ホップ　　　素直に　　　飲み口

内容 2 (42 秒)

　　最近しわが増えてきて悩んでいるのという方に朗報、本場中国からの自然療法であな
たの悩みを解決します。
　　にきび、しわ、しみ、肌荒れ、内臓から来るお肌のトラブルには、漢方フェーシャル、テ
レビでも話題の鍼によるしわ取りは①、お肌がきれいになり、若返ります。肌に悪影響
がなく、ストレス解消にも効き、健康的なので安心。また、肩こり、腰痛、慢性の病気の方
には鍼と漢方治療で健康な体に!
　　今すぐお電話を! 310 - 328 - 8858、310 - 328 - 8858 まで。

■ 文法と言葉遣いの解釈
　　① 話題の鍼によるしわ取りは:"～による～"表示方法、方式或手段,有"通过……"的意思,
所以这句话可译为"通过针灸去皱"。

■ 解答
　　○　次の問題を考えながら聞きましょう。
　　　　1. c　　　　　　　2. b　　　　　　　3. d
　　○　では、更に次の問題を意識しながらもう一度聞きましょう。
　　　　1. a　　　　　　　2. b d f

○　もう一度聞いて、次の問題に答えましょう。

　　1. b

　　2. a. 肌がきれいになり、若返ります。

　　　　b. 肌に悪影響がなく、ストレス解消にも効きます。

　　　　c. 肩こり、腰痛、慢性の病気に効果的です。

内容3 （39秒）

Ⅰ

社員：ああ、課長。

　　（男）得意先への提案にぴったりの新開発の技術を見つけました。

　　（女）今度のプロジェクトの成功を裏付ける情報があります。

課長：おやおや、一人ずつ頼むよ。

社員：（男）この企業面に、（女）この消費面で、では、早速動いてみます。

課長：あいつらちゃんと「日経」を読んでるんだ。

ナレーション：ニュースをチャンスに「日本経済新聞」です。

Ⅱ

今から5秒後、イーバンク銀行（eバンク銀行）の投資委託の特徴を2つご紹介します。

1つ、イーバンク銀行でしか買えないオリジナル商品をご用意。

2つ、投資委託の申し込み手数料を低い水準に設定、詳しくはイーバンク銀行のホームページをご覧ください。

■ 解答

○　次の問題を考えながら聞きましょう。

　　1. b　　　　　　　　2. c

○　では、更に次の問題を意識しながらもう一度聞きましょう。

　　1. ① オリジナル商品

　　　　② 低い水準

2. a. (×)　　　　b. (○)　　　　c. (×)　　　　d. (○)

内容4 (1分14秒)

Ⅰ

ヘッドラインニュース。ここからは森乳豆腐、東洋タイヤの提供でお送りします。

——大豆の力をもらいましょう。お豆腐をお届けして 20 年森永のおいしい調製豆乳。

——おいしい。

——これが豆乳、牛乳みたい。すっきりとした飲みやすさに仕上げました。そして無
　　菌包装とセーフティシールでダブルに安心。日本でもアメリカでも大豆の力で
　　毎日元気に! 森永のおいしい豆乳です。日米同時発売。森乳です。

Ⅱ

東洋タイヤのタイヤミニ知識、タイヤと密切な関係にある道路、最近注目を集めてい
る排水性舗装は隙間の多いアスファルトでできており、雨水を浸透させます。水はねが
ないので、雨の日も運転しやすく、危険なハイドロプレーニング現象も防止できます。
また、舗装自体に隙間が多いため、車の走行時に発生するノイズを低減させる効果もあ
ります。

今日も一日安全運転で、東洋タイヤ。

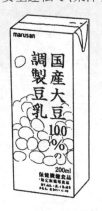 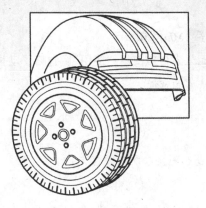

■ 解答

○　次の問題を考えながら聞きましょう。

　　1. a、d　　　　2. c

○　では、更に次の問題を意識しながらもう一度聞きましょう。

1. すっきりとした　　セーフティシール

2. アスファルト　　雨水

○　もう一度聞いて、次の問題に答えましょう。

1. a.（×）　　　　b.（×）　　　　c.（○）　　　　d.（×）　　　　e.（○）

2. ① 雨の日も運転しやすく、危険なハイドロプレーニング現象も防止できます。

　　② 車の走行時に発生するノイズを低減させます。

内容 5 （42 秒）

皆さん、鏡を見てください。そしてにっこり笑ってみてください。歯並びが悪かったり、歯の色が黄色かったり、黒ずんだりしていませんか。

ホンダプラザから提供する新療法ルミニアーズなら、あなたの歯を瞬く間に白くします。コンタクトレンズほどの厚さで違和感もなく、20 年の耐久素材を使用①。もちろん注射麻酔も必要ございません。

お問い合わせ・お申し込みは、1888 - 486 - 4337

ホンダプラザへは、213 - 687 - 3895

どちらも、日本語でどうぞ。歯を白くして、笑顔がすてきに、ますますきれいに！

■ 文法と言葉遣いの解釈

① 20 年の耐久素材を使用："使用"后省略了动词"する"，在广告和报刊题目中常出现这种形式，给人简洁精炼的感觉。

■ 解答

○　次の問題を考えながら聞きましょう。

1. b　　　　2. b

○　では、更に次の問題を意識しながらもう一度聞きましょう。

1. b　　　　2. d

○　もう一度聞いて、次の問題に答えましょう。

1. a（○）　　　　b（×）　　　　c（×）　　　　d（○）　　　　e（×）

内容6 (1分46秒)

男：アンジュさん、カシオからまた新しいエクシリムが登場しましたね。

女：はい、S600 ですね。

男：はい、このスタイリッシュな薄型ボディーに3倍ズーム、そして背面には、2.2 型液晶モニターを搭載しているんですよね。

女：ねえ。

男：で、あのう、液晶モニターというのは、あのう、撮影している時に、屋外とかで明るい光に当たったりすると、見にくいということあるじゃないですか。

女：そうですね。

男：で、このエクシリム S600 はですね。そういう時に設定オートにしておくと、明るいところでは液晶モニターがちゃんと明るくなってくれて、見やすくなってくれるんですね。

女：それは助かりますね。

男：はい、とても見やすくて撮りやすいんです。

女：S600 というぐらいですから、やはりあのう 500 万画素から 600 万画素になったんですよね。

男：そうですね。この薄さで 600 万画素の高画質が味わえるというのは魅力ですよね。

女：そうですね。ユーザーのことを考えてますよね。

男：そうですね。しかもそれだけじゃなくてですね。電池の撮影枚数も大きく伸びたんですよ。S500 の時は、1 回の充電で 200 枚の撮影ですね。(女：ええ。)それが、今回は 300 枚っていうことで、100 枚も伸びました。やっぱりですね、昔のカメラというのは、電池がすごくすぐなくなるという印象があったんじゃないですか。

女：ええ。

男：でも、この S600 では、300 枚っていうことですから、まあ、例えば、家族で出かけて 1 日中撮影しても(女：すごいですね)十分電池が長持ちするということですね。あとはですね。このカラーバリエーションのほうもこのエクシリム S600 の魅力の一つですよね。

女：そうですね。四色ありますね。これはもう私がすごく好きで、S500から使っているラテンオレンジ、新色のスパークルシルバー、ミストラルブルー、ルミナスゴールドの四色が揃いましたね。田中さんは、どれがお気に入りですか。

男：そうですね。僕はシルバーかやっぱりこのブルーがちょっと高級感があるかなあって…

女：そうですね。シンプルでブルーというよりもなんかこう上品な感じですよね。

男：そうですね。アンジュさんは。

女：やはり、あのう、このラテンオレンジが気に入っています。

■ 解答

○　次の問題を考えながら聞きましょう。

1. c　　　　　　　 2. a　　　　　　　 3. b

○　では、更に次の問題を意識しながらもう一度聞きましょう。

1. b　　　　　 2. c　　　　　 3. a　　　　　 4. c　　　　 5. a

○　もう一度聞いて、次の問題に答えましょう。

1. a.（○）　　　 b.（×）　　　 c.（×）　　　 d.（×）

2. ① 見やすく撮りやすい　　　 ② 電池が長持ちして撮影枚数が多い

③ カラーバリエーションが四色ある。　　 ④ 600万画素の高画質を持つ。

⑤ 薄型でおしゃれ

或いは（機能も優れている。手軽くて扱いやすい。電池の持ちもよい。画質も優れている。四色もある。）

内容7 (30秒)

　AMワールドエクスプレスのリムジンサービスはいかがでしょうか。大切なお客様の送迎、視察、観光などを熟練された運転手がご案内します。多くの車種で南カリフォルニア全域はもちろん、サンノゼ、サンフランシスコエリアもカバー。

　お問い合わせは、AMワールドエクスプレス、1800-794-0994、24時間サービスでお待ちしております。

■ 解答

○　次の問題を考えながら聞きましょう。

1. b　　　　　　　2. a

○　では、更に次の問題を意識しながらもう一度聞きましょう。

1. a. 南カリフォルニア全域

　　b. サンノゼ

　　c. サンフランシスコ

2. a

○　もう一度聞いて、次の問題に答えましょう。

1. 熟練された運転手が大切なお客様の送迎、視察、観光などを案内するというサービスです。

内容 8 （45秒）

父：母さん、元気ですか。こっちは家族三人、皆元気でやってます。息子の俊也は、今年から小学校一年生になったよ。この間、夕食の時…

父・息子：ああ、おいしそう、ギョウザだ。

母：ハハハ、いやだ。

父：うん?

母：だって同じ顔をしているんだもん。

父・息子：ははは…

父：今度の夏休み、家族で遊びに行くから、父さんにもよろしくて伝えといてね。隆志。

祖父：うん? 誰からだ?

祖母：隆志よ。夏休みに皆遊びに来るって。

祖父：そうか。

　　（ツー）

祖母：はい。

祖父：ああ、おいしそう、ギョウザだ。

祖母：まあ。

ナレーション：デーリーフーズは日本ハムの米国法人です。

■ 解答

　　○　次の問題を考えながら聞きましょう。

　　1. c　　　　　　2. b

　　○　では、更に次の問題を意識しながらもう一度聞きましょう。

　　1. c　　　　　　2. b

内容 9 （35秒）

　　おはようございます。日通引越しセンターの加藤です。上手な引越しテクニック、日本にペットを連れて帰る場合、色々な検疫検査や手続きが必要なため、帰国予定の約7ヶ月前から準備をしませんと、間に合いませんので、ご注意ください。アメリカ国内国外引越しのことなら、日通にお任せください。電話310 – 515 – 2222、515 の 2222①（ニッツーニッツー）まで。（引越しは日通）

■ 文法と言葉遣いの解釈

　　① 2222――にっつうにっつう（日通）

　　"日通引越しセンター"的名字是由电话号码"2222"的谐音得来，"2"的和语发音是"に"，而外来语读作"ツー"。所以"2222"就读成了"日通・日通"。

■ 解答

　　○　次の問題を考えながら聞きましょう。

　　1. d　　　　　　2. c

　　○　では、更に次の問題を意識しながらもう一度聞きましょう。

　　1. c　　　　　　2. b

内容 10 （1分30秒）

男：おいしそうな梅干。

女：これは和歌山紀州南高梅、食べてみて。

男：肉厚で、やわらか…うん、おいしい。

女：これは梅の木で十分完熟させ、自然落下させたものだけで作ったこだわりの梅干。

男：でも、こんな果肉たっぷりの大粒の梅干って高いですね。

女：いえいえ、それが今回１キロ入りを３個セットで税込み5400円！

男：へえ！

女：実は１キロ5000円相当の梅を使用していますが、漬け込む際に、傷ついた梅や形が
　　つぶれた梅を混合し、大きさも揃っていないので、特別なお値段でお届けできるん
　　です。

男：傷やつぶれは味には関係ないですよ。

女：そう、梅肉にして梅しそとんかつを作ったり、
　　豚の角煮に梅干を入れるとおいしいんです。
　　鯛、鯵を梅煮にすれば、魚の臭みも消してくれ
　　ます。

男：毎日のお弁当やおむすびにも、たっぷり使えま
　　すよ。

女：１キロ5000円相当の梅を使用した紀州南高梅「完熟つぶれ梅」お買い得セットは３キ
　　ロセットで5400円と大変お買い得です。

男：お申し込みの番号は0120－666－666、日本直販です。

■ 解答

　○　次の問題を考えながら聞きましょう。

　　1. a　　　　　　　2. b　　　　　　　3. b

　○　では、更に次の問題を意識しながらもう一度聞きましょう。

　　1. b

　　2. 漬け込む際に、傷ついた梅や形がつぶれた梅を混合し、大きさも揃っていないの
　　　で、特別な値段で販売できます。

　○　もう一度聞いて、次の問題に答えましょう。

　　1. 梅の木で十分完熟させ、自然落下させたものだけを使用しています。

　　2. 梅肉にして梅しそとんかつを作ったり、豚の角煮に梅干を入れるとおいしいです。
　　　鯛、鯵を梅煮にすれば、魚の臭みも消してくれます。
　　　毎日のお弁当やおむすびにも、たっぷり使えます。

内容 11 （20秒）

　　今週の金土日はお近くのパナソニックの店でパナソニックフェア開催です。今話題の 4K 対応テレビ、ビエラ 4K をはじめ、エコナビ搭載家電などお気軽にご相談ください。あなたの街のパナソニックフェア。抽選でくつろぎの温泉旅館宿泊券をプレゼント。詳しくはお店で。パナソニック

■ 解答

　○　次の問題を考えながら聞きましょう。

　1. c　　　　　2. a

　○　では、更に次の問題を意識しながらもう一度聞きましょう。

　1. b　　　　　2. d

内容 12 （22秒）

女：ああ、自然な風は気持ちいいなあ。

男：実はエアコンの風でした。

女：ええ？ 自然の風でしょう？

男：いいえ、エアコンです。世界初「DUAL BLASTER™
　　（デュアルブラスター）」機能を搭載、温度の違う 2 種類の気流で自然のように心地
　　いい nocriaX　富士通ゼネラル。

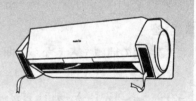

■ 解答

　○　次の問題を考えながら聞きましょう。

　1. b　　　　　2. c

　○　では、更に次の問題を意識しながらもう一度聞きましょう。

　　世界初「DUAL BLASTER™（デュアルブラスター）」機能を搭載、温度の違う 2 種類の気流で自然のように心地いい。

課外でチャレンジしましょう

内容 1 <small>(57 秒)</small>

「ワタシは貯金通帳。生まれたのは港町の郵便局。」

「ワタシの持ち主は、何かにつけて記念日好き
なイクメンパパ!

　実はワタシ、かわいいイラストがついたピンク
色の通帳なの。

　なぜかって? 娘が生まれた記念の通帳だから。

　はじめて笑ったぞ～記念で、貯金!

　はじめて歩いたぞ～記念で、貯金!

　はじめてパパって言ったぞ～記念でも、貯金!

　ワタシを手にしてパパは言うの。

『お前は豪華な振袖になるんだぞ～!』だって。20 歳の記念日、もう夢見てるんです。

　さぁ、ワタシも大きく育ててくださいな! イクメンパパさん!」

　ナレーション:未来につづく夢貯金。ゆうちょ。

■ 解答

1. 貯金
2. ゆうちょ銀行/港町の郵便局
3. かわいいイラストがついたピンク色の通帳
4. イクメンパパ
5. 娘の誕生

内容 2 <small>(20 秒)</small>

ベアリング。例えば 1 台の自動車には、150 個ものベアリングが使われています。そ

の一つ一つの高い精度と耐久性が車をもっとスムーズに、もっと快適に。あなたの走らせる車の未来に幸せを! NSK(日本精工)。

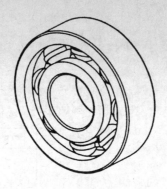

■ 解答

1. ベアリング/日本精工(NSK)

2. 150個

3. 一つ一つの高い精度と耐久性が車をもっとスムーズに、もっと快適に走らせること

内容3 (60秒)

ATEAM(エーチーム)

(歌詞)笑ってこぉ、笑ってこぉ、笑ってこぉ…

進学で実家を出て初めての1人暮らしをする時も、最愛の人と出会い、二人で暮らすことを決めた時も、就職して自分の道を歩き始めた時も、転勤で新天地へ向かう時も、そして新しい家族が増え、念願のマイホームを建てた時も、あなたの人生が動く時、あなたのそばに私たちはいます。人生のイベントに引越し侍。

■ 解答

1. 引越し会社。

2. 引越し会社はなくてはならない存在だということ。

3. 「人生のイベント」とは人間の人生が動く時を指します。例えば、初めての1人暮らしをする時。最愛の人と出会い、二人で暮らすことを決めた時。就職して自分の道を歩き始めた時。転勤で新天地へ向かう時。念願のマイホームを建てた時などです。

内容 4 （30 秒）

A：うちのお父さんったらダイエットのために買ったスリムファインを気に入って飲んでいるんだけど、コレステロール値が標準値まで落ちてとっても喜んでるのよ。

B：へえ、すごいわね。それで、肝心のあなたの方は体重落ちたの。

A：3 キロ減ったわ。特にウェストは 7 センチ落ちたのにはびっくり。それに、π ウォーターもかなり飲んだわ。やっぱり水の性質が違うのかしら。代謝もよくなり、体調も抜群によくなったみたい。

B：スリムファインと π ウォーターで健康ダイエットというわけね。私もやってみよう。フィットネスアドバイザーのジェニーがアドバイスいたします。詳しくは π ウォーターインクまで。

■ **解答**

　　1. 健康ダイエットについて

　　2. 3 キロ減った。

　　3. ウェストは 7 センチ落ちた。

　　4. スリムファイン

　　5.「普通の水とは性質が異なり、π ウォーターを飲んだら、代謝もよくなり、体調も抜群によくなった」と言っている。

内容 5 （20 秒）

能年玲奈です。

　肌がきれいって言われると、すごく嬉しいです。お気に入りの洗顔ナチュサボンは泡がもちもち、毎日この泡に癒されてます。石油系界面活性剤ゼロの洗顔料ナチュサボン誕生。コーセーソフティモから。

■ 解答

1. 洗顔料ナチュサボン/コーセー
2. 能年玲奈
3. 泡がもちもちで、毎日肌を癒し、石油系界面活性剤を使っていないこと

内容6 （3分38秒）

博多大吉：さあ、ええ、ということでお待たせいたしました。ここからは実際にオンエアされまして、CMフェスティバルで上位に入賞された作品を聞いていただきます。編集長には解説そして見解もお聞きしますので、よろしくお願いします。まずは一本目に参りましょう。ACC CMフェスティバルラジオCM部門でブロンズ賞を獲得しました。江崎グリコのポッキーのCMでございます。「分かち合う人生」というタイトルがついてるんですが、このCM120秒。

女：へえ…

博多大吉：120秒あるんですね。まずはこちら、はい、お聞きください。

（CM1）「ポッキー食べますか。」そう言ってポッキーを差し出すのは、ばあさんじゃないか。思えばずいぶん長い間一緒にいるもんだなあ。振り返れば、大変なこともいろいろあったけど。お前がいてくれたから、何とか乗り切れた。そうだ、二人の結婚式のこと、覚えているかい？ 君はずっと笑いっぱなしで、とても幸せそうだったね。渋谷のカフェで偶然出会ったのが付き合うきっかけで、それまでは学校も違うし、あんまりしゃべらなかったけど、ずっと好きだった。好きになったのは一人ぼっちでいる時、さあちゃんがにこっと笑ってくれたから、そのとき、僕うれしくなって言ったの。「ポッキー食べる？」って。「ポッキー食べる？」そう言って健ちゃんが私にポッキーをくれた。嬉しかった。それからずっと仲良しだったのに、別の中学になってからはぜんぜん会わなくなって、でも、本当はずっと気になってた。渋谷のカフェで働いてるって聞いて、覗きに行ったら、見つかちゃって、偶然のふりしたっけ。あれよあれよという間に結婚式。あなた涙もろくてワンワン泣くから、私が泣けなくなっちゃって、ずっと笑ってた。それからいろいろあったけど、二人で何とか乗り越えてこれましたね。長いこと生きてきましたけど、おじいさん、私はあなたと人生を分かち合えて、本当に幸せでした。ねえ、健ち

やん、ポッキー食べますか。人生に分かち合う幸せを。レ
ッツシェアポッキー。グリコ。

女：ええ、すごい！

博多大吉：大作でしたね。

女：はい。

編集長：みんな涙目になっちゃって。

女：ええ、ちょっと、これ、ぐっと来ますね。こういう手法
　　　で、はあ…

編集長：聞かせますよね。あのう、言ってることはある種平凡なことなんだけど、編集
　　　で聞かせてる感じがすごく引っ張られていくし。

博多大吉：声がねえ、ちょっとずつ変わっていって。

編集長：子供のころに戻ってまた逆をたどってくるという感じ。

女：で、なんか２分でちょっとこういろいろ見えましたね。

編集長：なんか120秒で実はすごい長いんですよね。

博多大吉：ラジオ CM の中でも、長いですね。

編集長：180秒もありますけど、２分間相手に聞き込ませるってすごいテクニックだと
　　　おもうんですよ。

女：はあ…

編集長：これはねえ、あのう、種々評判がよかったし。

女：ポッキー分けようって思いましたね。人とポッキー分けようって。

女：ちょっとちょっとごめんなさいね。

編集長：まあ、けど、しょうゆ味。

女：しょうゆ味ですか。ありがとうございます。…「ばかうけ」を…
　　　これで、まだブロンズ賞っていうことはまだ上がある…

編集長：言ったら、銅メダル。

女：銅メダルということですね。

編集長：そうですね。シルバー、ゴールド、グランプリと。

博多大吉：ありますね。

（博多大吉が紹介する「おもしろラジオ」）http：//www. youtube. com /watch? v ＝
C4u5MCoGYHQ

■ 解答

1. ポッキーというお菓子の CM で、メーカーは江崎グリコです。

2. この CM は 120 秒で、テーマは「分かち合う人生」です。

3. 「言ってることはある種平凡なことなんだけど、編集で聞かせてる感じがすごく引っ張られていく。声がちょっとずつ変わっていって、子供のころに戻ってまた逆をたどってくるという感じだ。2 分間相手に聞き込ませるってすごいテクニックだ。」と言っています。

4. いいえ、ブロンズ賞は銅メダルに当たり、その上には、シルバー、ゴールド、グランプリなどの賞があります。

5. （略）

内容7 （2分02秒）

博多大吉：さあ、どんどん参りましょう。続きましてはシルバー賞を獲得したパナソニックのテレビドアホンの CM です。タイトルは「市原悦子篇」です。お聞きください。

（パナソニック/テレビドアホン）

■ 市原悦子篇

SE：ピンポーン♪（家のチャイム）

ものまね：ごめんくださいませぇ、市原悦子です。日々、ご家庭の安全を願う私からひとつ。なりすまし犯罪の対策には、来訪者の顔を確認できるパナソニックのテレビドアホンがいいわよ。あらいやだ、今、私に騙されているあなたにこそ使ってほしいわぁ。以上。市原悦子さんになりすまして、ものまね芸人がお送りしました。

SL：Panasonic♪

女：わあ、そういうことか。

博多大吉：見事ですね。

編集長：まあ、でも、市原悦子さん来ても開けないですよね。

博多大吉：いや、そんな…

女：そっか、そっか。市原悦子さん、お若いときの声かなとかと思ってましたら…

編集長：ちょっと若い声にしたんです。ものまね芸人の方で市原悦子さんのすごく声色（こわいろ）が上手な方がやってるっていう。喉、なりすましをかけてるんだと思います。

博多大吉：ねえ、だから、テレビドアホンなんで、本当商品の機能もね、アピールできてるし、パナソニックさんに取材したところですね、社内で聴いた人の反応は笑いよりも驚いた人が多く、われわれも正直驚きましたもんね。笑うというより。

女：確かに。

編集長：企画のこれは狙い通りだったと。

博多大吉：編集長、このシーンはどう感じましたか。

編集長：ええと、あの授賞式に、本人、ものまね芸人の方もいらしてたりしてお話ししてたんですけど、あのう、賞がもらえるとぜんぜん思ってなかったっておっしゃっていて。んー、すごくシンプルで、ええと、ワンネタで引っ張るという感じ、なんだけど、どうしても忘れられない感じで、会場でもあのう、ACCの発表会でもどっと笑いがこぼれるんですよね。なんか、ドアホンなのに、明るい感じ、あのう犯罪を防ぐのに明るい感じに引っ張ってるのは、よかったなあと思いました。

女：そうだ、そうだ。

博多大吉：さあ、これがシルバー賞でございました。

■ **解答**

1. シルバー賞を受賞しました。

2. タイトルは市原悦子篇で、パナソニックのテレビドアホンの広告です。

3. いいえ、市原悦子本人ではありません。物まね芸人の声です。

4. 来訪者の顔を確認できることです。

5. 「本当に商品の機能をアピールできている。すごくシンプルで、ワンネタで引っ張るという感じだ。犯罪を防ぐのに明るい感じに引っ張ってるのはよかった」と言っています。

内容 8 （1分45秒）

博多大吉：さあ、参りましょう。続いても、ラジオCM部門のシルバー賞でございます。愛知県蒲郡市（がまごおり）にあります複合型マリンリゾート、えー、まあ、いわゆるテーマパークになりますね。ラグーナ蒲郡のラジオCM。タイトルはヴィジュアル系紹介。お聞きください。

女：もしもヴィジュアル系バンドのボーカルがラグーナ蒲郡を紹介したら。

男：わが名はミカエル。

女：僕の名前はミカエルです。

男：混沌の世界で迷いし子羊たちを

女：皆さん、こんにちは。

男：漆黒の世に光をもたらす水の楽園

女：シーサイドリゾートラグーナ蒲郡には

男：天空より見下ろす神々の眺め

女：観覧車や

男：空を引き裂くパンドラの箱で泣き叫ぶマリオネットたちのあくび

女：ジェットコースター

男：神の使いに跨り、回り続ける forever。

女：メリーゴーランドなどのアトラクションのほかに

男：傷ついた羽を癒す堕天使たちの泉

女：温泉に入ったり

男：この世の絶頂へといざなう海のジュエル

女：おいしい海鮮丼が食べられます。

男：解放されし魂たちを、海が奏でるレクイエムに踊れ

女：ぜひお越しください。ラグーナ蒲郡

女：ああ、面白い、面白い。

編集長：楽しいのって、いいですよね。

女：はい、いちいちこれ何のことだろうって。次からね考えて聞いちゃいますけど。

編集長：ちょっと意地悪な感じだね。短く短くしていく。

女：ああ、天空から見下ろす、観覧車でね。

編集長：海鮮丼が一番いいです。

女：ジュエルね。へえ、へえ。

博多大吉：いま、ねえ、ラジオCM実は60秒もあったんですけど、全然時間を感じさせ
　　　　　ない。

編集長：いいことですね。

女：なるほど。

博多大吉：すばらしいですね、こういうのね。

女：へえ。

■ 解答

1. ラグーナ蒲郡のラジオCM。

2. 愛知県蒲郡市にあり、観覧車、ジェットコースター、メリーゴーラウンド、温泉、海鮮丼
   などを充分に楽しめる複合型マリンリゾートだ。

3. 60秒。

4. 「ちょっと意地悪な感じだね。短く短くしていく。面白い、楽しい、すばらしい、全然時
   間を感じさせない」と言っている。

5. ラグーナ蒲郡——漆黒の世に光をもたらす(水の楽園)

   観覧車——天空より見下ろす(神々の眺め)

   ジェットコースター——空を引き裂くパンドラの箱で泣き叫ぶ(マリオネットたちの
   　　　　　　　　　　　　あくび)

   メリーゴーランド——(神の使い)に跨り、回り続ける forever。

   温泉——傷ついた羽を癒す(堕天使たちの泉)

   海鮮丼——この世の絶頂へといざなう(海のジュエル)

内容9 (2分25秒)

博多大吉：さあ、参りましょう。続きましては、九州からのエントリーでございます。

編集長：これも大好きです。

博多大吉：大好き、次は。ええ、次は見事ゴールド。

女：これが金賞?

博多大吉：金賞でございますよ。鹿児島県指宿温泉にあります砂むし温泉指宿白水館
　　　　　のラジオ CM です。えー、タイトルは「足りなかったイブ」。お聞きくだ
　　　　　さい。

男：もうすぐ彼女との 3 回目のクリスマスイブ。

歌詞：おととしはピアスあげました。そしたら、これだけって言われました。だから、
　　　去年はプレゼントとレストランも予約しました。でも、また、「えっ、これだけ」っ
　　　て言われてしまいました。こないだ、思い切って彼女に聞いてみました。
　　　「何が足りなかったの?」
　　　「イブが好き」って言って。
　　　そうか、イブに好きが足りなかったんだ。イブ、好き、イブ、好き。
　　　イブ好き。指宿で伝えよう。イタリアレストラン『フェニーチェ』で最高の料理
　　　を。鹿児島指宿白水館

女：はあはあ、やあ、いいかも、いいかも。

編集長：いいでしょう。いいでしょうって僕が作ったわけじゃないですよ。

女：なに、この恥ずかしい展開みたいになってたら、そうかっていうね。

編集長：わかってやってる感じが、いいですね。

博多大吉：堂々と駄洒落で。

女：そうですね。

編集長：駄洒落をこう、歌にして、はもって、構成して、歌いこんでみせて…

女：そうですよ。で、あの、指宿ってちょっと和の温泉のイメージがありますけど、がら
　　っと変わりましたね。

編集長：もう一つね、これ、あの、別バージョンのシンデレラの女の人が歌ってるバージ
　　　　ョンがあるんですけど、まるであのディズニーのような、歌いあげで、本当にこ
　　　　れ何回も聞きたくなる感じじゃないですか。何回も騙されたくなると。

女：そうですね。

編集長：よくできてますよね。

博多大吉：さあ、こちらの CM は FM 鹿児島が製作した。

女：すばらしい!

博多大吉：ラジオ局が製作するのが、ラジオ CM はそう珍しいことではないと…いうこ
　　　　　とですね。ええ、3 年前から製作しているそうなんですが、それまでは数十年

　　　　　間おんなじ CM を流してたんですって。

女：あっ、この白水館さんは。

博多大吉：白水館。で、社長の交代で新しい CM を作ることになりまして、CM ソングこんなの作って、お客様に大好評と。

■ 解答

1. 鹿児島指宿白水館の CM で、タイトルは「足りなかったイブ」です。

2. 「イブ好き→指宿」という駄洒落を歌にして、はもって、構成して、歌いこんでみせるすばらしい作品だからです。

3. 社長の交代

4. 3 年前から、FM 鹿児島が製作したものです。

5. （略）

第 8 課
駅構内・車内放送(オリジナル放送)

スクリプト

内容 1　駅構内放送 (2分35秒)

その 1

　　新宿、空港方面の乗り換えをご案内をいたします。成田空港方面お越し①のお客様、今度の成田エクスプレス1号は6時7分です。3番線からの乗換えでございます。成田エクスプレス1号成田空港行きは②6時7分3番線からのお乗換えです。

■ 文法と言葉遣いの解釈

　　① 成田空港方面お越しのお客様："お越し"是"来、去"的敬语,经常用于车站或百货商店的广播。

　　② 成田空港行きは："地方名词＋行き",表示"开往……方向"。

■ 解答

　　○　次の問題を考えながら聞きましょう。

　　1. c　　　　　2. a

　　○　では、更に次の問題を意識しながらもう一度聞きましょう。

　　1. a.　　　　　2. c.　　　　　3. b

その 2

　　山手線の内回り①、原宿、渋谷、恵比寿、五反田、品川、浜松町方面お越しのお客様、12 番線の乗換えでございます。山手線の内回り、渋谷、品川、浜松町方面、内回りの 12 番線です。山手線の外回り高田馬場、目白、池袋、田端、日暮里、上野方面お越しのお客様、13 番線です。

■ 文法と言葉遣いの解釈

　　① 山手線の内回り：东京的"山手线"分"内回り"(内环)和"外回り"(外环)，对开运行。

■ 解答

　　○　次の問題を考えながら聞きましょう。

　　1. a.　　　　　　　2. a

　　○　では、更に次の問題を意識しながらもう一度聞きましょう。

　　1. a　　　　　　　2. b

　　○　もう一度聞いて、次の問題に答えましょう。

　　1. 原宿　渋谷　品川

　　2. 池袋　日暮里　上野

　　3. d

その 3

　　埼京線をご利用のお客さま、この時間帯まだ新宿からの運転はございません。埼京線、赤羽、武蔵野、大宮、川越方面お越しのお客様、山手線の外回り、13 番線をご利用いただきまして、途中の池袋にてお乗換えいただきますようお願いいたします。埼京線ご利用のお客様、山手線の外回り、13 番線をご利用いただきまして、池袋でお乗換えください。

■ 解答

　　○　次の問題を考えながら聞きましょう。

　　1. a　　　　　　　2. b

　　○　では、更に次の問題を意識しながらもう一度聞きましょう。

　　1. a　　　　　　　2. a

その4

　　中央線の快速列車、上下ともに運転がございません①。まだこの時間帯は快速列車は動いておりません。中央線、四谷、御茶ノ水、東京方面お越しのお客様、中央線の各駅停車 11 番線、ご利用いただきますようにお願いいたします。

　　また、総武線、秋葉原、錦糸町、船橋、津田沼、千葉方面お越しのお客様、11 番線ご利用いただきまして、途中の御茶ノ水でお乗換えください。

　　通過して参りました中野、高円寺、阿佐ヶ谷、三鷹方面のお乗りの客様、下りの各駅停車 14 番線です。

■ 文法と言葉遣いの解釈

　　① 上下ともに運転がございません：这里的"上下"指列车的"上行、下行"。

■ 解答

　　○ 次の問題を考えながら聞きましょう。

　　1. b　　　　　2. a

　　○ では、更に次の問題を意識しながらもう一度聞きましょう。

　　1. a　　　　　2. b

内容2　車内放送 (3分13秒)

その1

　　今日も京阪電車をご利用くださいまして、ありがとうございます。

　　この電車は 9 時 45 分発の、京都出町柳行き特急です。

　　途中の停車駅は、北浜、天満橋、京橋、中書島、丹波橋、七条、四条、三条です。

　　終着駅の出町柳には、10 時 35 分に到着いたします。

　　次に乗り換え駅のご案内をいたします。

　　六地蔵、黄檗、宇治方面は中書島で、近鉄京都線は丹波橋で、大津、琵琶湖方面は三条で、八瀬、大原、鞍馬方面は出町柳で、それぞれお乗換えです。

　　まもなく発車いたします。

■ 解答

　○　次の問題を考えながら聞きましょう。

　　　1. a.　　　　　　　2. b　　　　　　　3. a

　○　では、更に次の問題を意識しながらもう一度聞きましょう。

　　　1. a　　　　　　　2. a　　　　　　　3. a

　○　もう一度聞いて、次の問題に答えましょう。

　　　1. b　　　　　　　2. a　　　　　　　3. c

その2

今日も京阪電車をご利用くださいまして、ありがとうございます。

次の停車駅は、中書島、中書島です。

中書島の次は、丹波橋、七条、四条、三条、出町柳の順に停まります。

皆様にご案内いたします。

この特急の5号車に、カード専用電話を設けておりますのでご利用ください。

地下線内ではご利用できませんので、予めてご了承願います。

なお車内での携帯電話のご使用は、他のお客様の迷惑となりますので、ご遠慮くださいますよう、ご協力をお願いいたします。

■ 解答

　○　次の問題を考えながら聞きましょう。

　　　1. <u>次の駅は中書島です。</u>

　　　2. d　　　　　3. b

　○　では、更に次の問題を意識しながらもう一度聞きましょう。

　　　1. b　　　　　2. b

　○　もう一度聞いて、次の問題に答えましょう。

　　　1. b　　　　　2. b

その3

次は三条、三条です。

大津、琵琶湖方面と地下鉄東西線は、お乗換えです。

なお大津、琵琶湖方面は東西線のりばから、浜大津行きにご乗車下さい。

三条を出ますと、出町柳まで停まりません。

丸太町は、次の三条でお乗換えです。

出町柳、出町柳です。

八瀬、大原、鞍馬方面は叡山電車にお乗換えです。

お忘れ物のないように、ご注意下さい。

今日も京阪電車をご利用下さいまして、ありがとうございます。

■ 解答

○ 次の問題を考えながら聞きましょう。

1. a

○ では、更に次の問題を意識しながらもう一度聞きましょう。

1. a　　　　2. b

○ もう一度聞いて、次の問題に答えましょう。

1. b　　　　2. a

内容3　新幹線車内放送 (7分05秒)

その1

　ご案内いたします。仙台6時発やまびこ132号東京行きです。止まる駅は大宮、上野、終点東京の順に停車いたします。

　この列車は16両編成で運転いたしますが、1号車から10号車の車両をご利用ください。11号車から16号車の車両は回送列車として運転いたします。お気をつけください。

■ 解答

○ 次の問題を考えながら聞きましょう。

1. a　　　　2. c　　　　3. a

○ では、更に次の問題を意識しながらもう一度聞きましょう。

1. b　　　　2. c

その 2

　　自由席は 1 号車から 4 号車です。自由席は 1 号車から 4 号車です。

　　指定席は 5 号車から 10 号車です。

　　禁煙車両、喫煙車両は、車内の出入り上のほうに表示されております。禁煙車表示、喫煙車表示、車両番号をお確かめの上、ご乗車ください。

　　まもなく発車時刻でございます。お見送りのお客様、ホームでお願いいたします。次の停車駅は大宮です。停車駅にお気をつけください。

■ 解答
　　○　次の問題を考えながら聞きましょう。

　　　1. a　　　　　　　2. b

　　○　では、更に次の問題を意識しながらもう一度聞きましょう。

　　　1. a　　　　　　　2. c

その 3

　　本日も JR 東日本をご利用くださいまして、ありがとうございます。この電車は東北新幹線やまびこ号東京行きです。次は大宮に止まります。お客様にお願いいたします。携帯電話をご使用の際は、デッキをご利用ください。（英語）おはようございます。ご乗車くださいまして、ありがとうございます。仙台 6 時発、やまびこ 132 号東京行きです。止まりの駅と到着時刻ご案内いたします。次は大宮です。7 時 18 分の到着です。上野 7 時 38 分、終点東京には 7 時 44 分の到着です。終点東京には 7 時 44 分の到着です。

■ 解答
　　○　次の問題を考えながら聞きましょう。

　　　1. a　　　　　　　2. c

　　○　では、更に次の問題を意識しながらもう一度聞きましょう。

　　　1. b　　　　　　　2. d

　　○　もう一度聞いて、次の問題に答えましょう。

　　　1. a　　　　　　　2. デッキで使えます

その4

　次に、車両のご案内とお願いを申し上げます。ご乗車の列車は16両編成で運転いたしておりますが、1号車から10号車の車両をご利用ください。自由席は1号車から4号車です。自由席は1号車から4号車です。指定席は5号車から10号車です。9号車、グリーン車、指定席です。禁煙車両、喫煙車両は車内で出入りの上のほうに表示されております。車両番号、禁煙車の表示、喫煙車の表示をお確かめの上、ご乗車ください。トイレ、洗面所は一両おきに①ついております。

■ 文法と言葉遣いの解釈
　① 一両おきに：每隔一节车厢。

■ 解答
　○ 次の問題を考えながら聞きましょう。
　1. c　　　　　2. d

その5

　お客様がたにお願いを申し上げます。携帯電話をご使用の際には、恐れ入りますが、デッキでのご使用をお願いいたします。盗難事故防止のため、席を離れる際には、現金、貴重品を身につけてお持ちくださいますようお願いいたします。ただ今JR東日本では駅や車内の警戒を強化しております。網棚や、足元など、車内で不審物や、お気がかりのことがございましたら、お近くの駅係員、車掌、または警備員までお知らせください。

■ 解答
　○ 次の問題を考えながら聞きましょう。
　1. a　　　　　2. b
　○ では、更に次の問題を意識しながらもう一度聞きましょう。
　　c

その6

　なお、手荷物の確認をさせていただくことがございますので、お客さまのご協力をお願いいたします。また、車内にお備えつきのゴミ箱使用停止とさせていただいておりま

す①。ご不便をおかけいたしますが、ゴミについては、駅のゴミ箱にお捨てくださいますようお願いをいたします。ご案内させていただく車掌は仙台新幹線雪渡です。車掌室は9号車です。次の停車駅は大宮です。

■ 文法と言葉遣いの解釈

　① ゴミ箱使用停止とさせていただいております："させていただいて"自谦表达，表示"垃圾箱已经停止使用"之意。

■ 解答

　○　次の問題を考えながら聞きましょう。

　　1.　b　　　　　　2.　b

　○　では、更に次の問題を意識しながらもう一度聞きましょう。

　　　b

その7

　まもなく大宮です。上越新幹線、長野新幹線、高崎線、京浜東北線、埼京線、川越線はお乗換えです。お降りのお客様はお忘れ物のないよう、お支度ください。大宮の次は上野に止まります。

　（英語）

　ご案内いたします。まもなく大宮です。お出口は左側です。お降りの際にはお忘れ物をなさいませんようお気を付けください。上越新幹線、長野新幹線をご利用のお客様、18番線から連絡いたします。また、お客様がたにお願いいたします。車内に備えつきのゴミ箱は使用停止とさせていただいております。ご不便をおかけいたしますが、ゴミについては駅のゴミ箱にお捨てくださいますようお願いいたします。

■ 解答

　○　次の問題を考えながら聞きましょう。

　　1.　b　　　　　　2.　b

　○　では、更に次の問題を意識しながらもう一度聞きましょう。

　　1.　a　　　　　　2.　b

> **その 8**

　　まもなく上野です。山手線、京浜東北線、常磐線はお乗換えです。お降りのお客様は、お忘れ物のないようお支度ください。上野の次は終点東京です。（英語）

　　まもなく終点東京です。東海道新幹線は 14 番線から 19 番線。東海道線は 7 番線から 10 番線。中央線は 1 番線、2 番線。山手線上野、池袋方面は 4 番線。品川、渋谷方面は 5 番線。京浜東北線、川崎、横浜方面は 6 番線。浦和、大宮方面は 3 番線、横須賀線、西武快速線、京葉線は地下ホームにそれぞれお乗換えです。お忘れ物のないようお支度ください。本日も JR 東日本をご利用くださいまして、ありがとうございました。（英語）

　　ご案内いたします。まもなく終点東京です。22 番線に到着いたします。お出口は左側です。お降りの際には、お忘れ物をなさいませんようお気をつけください。やまびこ 132 号をご利用いただきまして、ありがとうございました。

■ 解答

　　○　次の問題を考えながら聞きましょう。

　　1. b　　　　　　　2. c　　　　　　　3. a

　　○　では、更に次の問題を意識しながらもう一度聞きましょう。

　　1. a　　　　　　　2. d

課外でチャレンジしましょう

スクリプト

> **特急列車の車内放送**（7 分 54 秒）

　　お待たせいたしました。東北線、津軽海峡線回りの寝台特急列車北斗星 3 号、札幌行きです。本日はご利用くださいまして、ありがとうございます。ただ今上野駅は時刻どおりに発車しております。

　　それでは、これから先の止まります駅と到着時刻をご案内いたします。次は大宮に止まります。大宮には 7 時 28 分に着きます、宇都宮 8 時 27 分、郡山 9 時 54 分、福島 10 時

29 分、仙台 11 時 29 分、函館明朝の 6 時 34 分、長万部（おしゃまんべ）8 時 14 分、洞爺（とうや）8 時 49 分、伊達紋別（だてもんべつ）9 時 10 分、東室蘭（ひがしむろらん）9 時 32 分、登別（のぼりべつ）9 時 48 分、苫小牧（とまこまい）10 時 19 分、南千歳（みなみちとせ）10 時 41 分、終点の札幌は 11 時 15 分、札幌には 11 時 15 分に着きます。

　列車は前のほうが 11 号車、一番後ろが 1 号車です。1 号車、2 号車、3 号車、4 号車、5 号車は B 寝台車です。6 号車はロビーカーです。ロビーカーにはビデオ、テレビ、ジュースなどの自動販売機、カード式公衆電話、シャワールームがついております。シャワールームご利用のお客様、食堂車に行って、のちほどカードを販売いたします。7 号車は食堂車です。食堂の営業につきましては、後ほど係りのものが放送にてご案内をいたします。8 号車は二人用 A 個室寝台、ツインデラックスです。9 号車は一人用 A 個室寝台ロイヤルと、一人用 B 個室寝台ソロです。10 号車は一人用 A 個室寝台ロイヤルと二人用 B 個室寝台デュエットです。また、11 号車は、B 寝台車です。この列車の禁煙車は、2 号車、3 号車、4 号車です。

　お客様にお願いいたします。お休みになる際には、現金や、貴重品など必ず身につけまして、盗難事故などに遭いませんようお気を付けください。また寝台の上の段、上段をご利用のお客様、はしごの上り下りの際は、足元に十分お気をつけください。寝台車内でのおタバコは火災防止上、堅く禁じられております。おタバコは灰皿のある場所でお願いいたします。

　洗面所は各車両にございます。進行方向前よりのデッキにございます。また、洗面所ご使用の際には、はずしました指輪、めがね、時計など、お忘れになりませんようお願いいたします。担当いたします車掌は青森運輸区山本と佐藤です。5 号車と 11 号車に乗務しております。

　途中青森までご案内をさせていただきます。どうぞよろしくお願いいたします。この列車青函トンネルへの進入時刻は明朝の 5 時 7 分ごろ予定しております。また個室ご利用のお客様お部屋の鍵、カードキーのほうにつきましては、乗車券、特急券を拝見しました際にお渡しいたします。多少時間のかかるところもございますが、ええ、ご了承くださいますようお願いいたします。さっそく恐れ入りますが、ただ今から、乗車券、特急券のほうを、えー、ご案内の方々、拝見させていただきます。ご協力お願いします。本日は寝台特急列車北斗星 3 号をご利用くださいまして、ありがとうございます。次は大宮に止まります。

　車内の皆様、おはようございます。おはようございます。ただ今の時刻 6 時 19 分を回っております。本日 8 月 21 日時刻は 6 時 19 分です。寝台特急北斗星 3 号ご利用くださいまして、ありがとうございます。ただ今列車は 2 時間と 35 分ほど遅れて運転されております。ただ今、北斗星 3 号は 2 時間 35 分ほど遅れて運転されております。

　昨晩、栃木県内と福島県内でありました集中豪雨の影響を受けまして、列車は大幅に遅れて、運転されております。お急ぎのところ、大変ご迷惑をおかけいたします。申し訳ございません。2 時間 35 分ほど遅れて運転されております。

　このままの遅れでまいりますと、函館には 9 時 9 分、函館には 9 時 9 分の到着を予定しております。長万部には 10 時 49 分、洞爺 11 時 24 分、伊達紋別 11 時 45 分、東室蘭 12 時 7 分、登別 12 時 23 分、苫小牧 12 時 54 分、南千歳 1 時 16 分、終点の札幌には 1 時 50 分の到着を予定しております。このままの遅れでまいりますと、終点の札幌は 1 時、1 時 50 分の到着を予定しております。寝台の上の段をご利用のお客様、はしごの上り下りの際はどうぞ足元に十分お気をつけください。お怪我のないようにお気をつけください。洗面所をご使用の際には、はずしましためがね、指輪、時計などお忘れになりませんようお願いいたします。

　昨晩の集中豪雨の影響を受けまして、ただ今列車は 2 時間 35 分ほど遅れて運転されております。列車は青森県の野辺地—青森間をただいま走行しております。野辺地—青森間を走行しております。また、お客様にお聞きいたしますが、本日函館駅から 7 時 50 分に発車いたしますドラえもん海底列車をご利用になりますお客様、いらっしゃいましたら、のちほど車掌が車内を通ります。お知らせくださいますようお願いいたします。函館から 7 時 50 分に発車いたしますドラえもん海底見学列車ご利用の予定のお客様、いらっしゃいましたら、後ほど車掌が車内を通ります。お知らせください。列車が遅れまして、大変ご迷惑をおかけいたします。申し訳ございません。

■ 解答

1. 上野から札幌までです。
2. 11 時 15 分です。
3. はい、できます。
4. はい、あります。
5. 5 号車と 11 号車に乗務しています。
6. はい、出ています。
7. 栃木県と福島県の集中豪雨のためです。

第9課

環境保護(現地レポート)

スクリプト

内容1　地球のために何かをしたい (7分57秒)

その1 (38秒)

　地球のために何かをしたい、というお客様の気持ちとコスモ石油の気持ちが一つになって生まれたコスモザカード——エコ。このカードを持つ会員の方々とコスモ石油グループからの寄付金をもとに、「ずっと地球で暮らそう」をテーマに、地球温暖化防止や、子供たちの環境啓発に取り組むのがコスモ石油エコカード基金。この基金のプロジェクトの一つが環境学校支援プロジェクトです。

■ 解答

　○　次の問題を考えながら聞きましょう。

　　1. a　　　　　2. c

　○　では、更に次の問題を意識しながらもう一度聞きましょう。

　　1. d　　　　　2. b　　　　　3. a

その2 (19秒)

　アルピニストの野口健さんが日本各地で、環境学校を開催しています。その中で今回取り上げた地域は小笠原。全国から集まった子供たちが4日間さまざまな体験を通じ

て、環境への意識を深めていきます。

■ 解答

　○　次の問題を考えながら聞きましょう。

　1. b　　　　　　　2. b　　　　　　　3. a

　○　では、更に次の問題を意識しながらもう一度聞きましょう。

　1. d　　　　　　　2. c

その3（43秒）

　さあ、さっそくスタートです！

　アルピニスト野口健、16歳から登山を始め、当時史上最年少で、7大陸の最高峰を制覇した彼は、山上付近に登山家が捨てていたゴミの多さに衝撃を受けます。その経験から、環境保全や環境教育の重要性を感じ、エベレストや富士山での清掃登山をスタート。現在さまざまな環境への取り組みを行っています。では、どのようにして、コスモ石油と出会ったのでしょうか。

■ 解答

　○　次の問題を考えながら聞きましょう。

　1. d　　　　　2. a

　○　では、更に次の問題を意識しながらもう一度聞きましょう。

　1. b　　　　　2. c

その4（30秒）

　「コスモ石油さんとの、あの、出会いのきっかけというのは、エベレストに登ったあとからなんですけれども、エベレストに登頂して、で、その次の年から、じゃ、清掃しようと、いうとこで、エベレストの登頂までっていうのは、いろんなね、こう、サポートがあったんです。いろんなとこから。ところで清掃活動に、じゃ、サポートというとね、意外と、ま、当時清掃登山という言葉の前なんですね。こう清掃登山をやるんだといっても、なかなかね、それに対してサポートしてくれるところはなかったんですけれども。

■ 解答

　　○　次の問題を考えながら聞きましょう。

　　1．c　　　　　　　2．c

　　○　では、更に次の問題を意識しながらもう一度聞きましょう。

　　　　c

その5（22秒）

　　ちょうどそのときに、コスモ石油さんが環境保護、されているんで、あのう、相談しに
行きましたらね、や、それはすばらしいということでね、あの、清掃登山からどーんとね、
サポートしてくれましたね。ええ、ですから、その環境というとこで、僕やりたいこと、
コスモ石油さんがやっているところ、そこはね、ぱっとね、こう一致したかというね。

■ 解答

　　○　次の問題を考えながら聞きましょう。

　　1の答え：コスモ石油

　　2の答え：はい、サポートされました

　　○　では、更に次の問題を意識しながらもう一度聞きましょう。

　　　　c

その6（45秒）

　　あの、環境学校をその作ろうと思ったきっかけというのは、初めてエベレストへ行っ
た時に、そのエベレストには日本のゴミがたくさんあって、それに対して、あのう、世界
中の登山家がね、なぜおまえら日本人がゴミを捨てるか分からないと。で、彼らが言っ
たのが、日本人は教育をね、受けていると、で、教育をそれだけ受けている日本人が、なぜ
ゴミを捨てるんだと言われたときに、一瞬で、その環境問題と教育っていうのが、僕の中
で繋がらなかったんですよね。その時に、そのヨーロッパの登山家たちが言っていたの
が、自分たちの国ではね、教育の中で、環境っていうのが入っていると。当然日本でも入
っているんだろうと。それであるにもかかわらず、なんで日本人、じゃあね、環境に対し
て弱いんだと指摘された時に、あ、なるほどなと思いましたね。

■ 解答

　　○　次の問題を考えながら聞きましょう。

　　　　1. b　　　　　　　2. a
○　では、更に次の問題を意識しながらもう一度聞きましょう。
　　1 の答え　　<u>環境問題</u>
　　2 の答え　　<u>環境問題</u>

その 7 （43秒）

　東京湾から船でおよそ 25 時間の旅。小笠原諸島は東京湾から南へおよそ1000キロ。東京とサイパンのちょうど中間に位置する四季を通じて暖かい亜熱帯の島々です。東洋のガラパゴスとも言われ、島ができてから、一度も大陸と陸続きになったことがないため、ほかでは見ることのできない小笠原固有の動物や植物がたくさん見られます。

　野口さんたちを乗せた船が父島に到着。小笠原在住の生徒たちと合流し、開校式が行われました。

■ 解答

○　次の問題を考えながら聞きましょう。
　　1. c　　　　　　　2. c
○　では、更に次の問題を意識しながらもう一度聞きましょう。
　　a.（○）　　　　b.（○）　　　　c.（×）　　　　d.（×）　　　　e.（×）
　　f.（○）　　　　g.（○）

その 8 （36秒）

　「どうも、どうも、こんにちは。野口です。ええ、今日はまず、去年行けなかった南側へ行きます。」

　「みんなになってもらいたいのは環境メッセンジャーですね。感じたことを伝えてもらいます。」

　「思ったことを伝える、で、これはなんというかな、漠然的にこう思っていると、実際に自分の口で言うこととまた違うからね。言うということは、頭の中で思っていることを整理するし、しゃべるということは、そこで責任が生まれるしね。だから、こっそり思っているということよりも口に出して伝えるということで、やってください。」

■ 解答

○　次の問題を考えながら聞きましょう。

1. c　　　　　　　2. d

○　では、更に次の問題を意識しながらもう一度聞きましょう。

d

その 9　（1分18秒）

「山田です。よろしくお願いします。」

「お願いします。」

「それじゃ、今ね、島の仲間たちが東京から来た仲間たちに、南島に渡るときのルールを、説明をします。」

「そういうね、南島に入っていない植物の種を服や、靴につけたまま南島に入ってしまうと、その植物が育ってしまって、南島にしかない植物、固有種って言うんですけど、それを、なんというか、負かしちゃって、固有種がなくなっちゃう。そうすると、ええ、南島の生態形というのが壊れちゃうし、美しい南島、そういうのではなくなってしまいます。」

　いよいよ、南島が見えてきました。父島から南島への入り口は一箇所。眠りブタというサメがたくさん生息していることから、サメ池と呼ばれているエメラルドグリーンの入江（いりえ）から入ります。

■　解答

○　次の問題を考えながら聞きましょう。

1. b　　　　　　2. b　　　　　　　3. c

○　では、更に次の問題を意識しながらもう一度聞きましょう。

1. b　　　　　　2. b

その 10　（1分09秒）

「これは拾って、カタマイマイっていうんですけど、南島にしかありません。位置を動かしたり、えーっと、持って帰ったり、南島のものなんで、しないでください。」

「えーと、私が今日一番印象に残ったのは、えーと南島に行ったことです。ええ、南島ではいろいろ入島制限したりとか、種を払ったりとかしていて、えーと、そういうのが厳しくって、なんか、自然を守ろうという気持ちが強いなあと感じました。初めて来た小笠原で、海が青かったりとか、すごいきれいだったりしたのは、テレビではまあ、普通にきれいだなあと思ったりするけど、実際に見るのとやっぱり感じが違うんだなあと思っ

て、『百聞は一見にしかず』だなあと思いました。以上です。」

■ 解答

　○　次の問題を考えながら聞きましょう。

　　1. a.（×）　　　　b.（×）　　　　c.（○）

　　2. d

　○　では、更に次の問題を意識しながらもう一度聞きましょう。

　　a.（○）　　　　b.（○）　　　　c.（×）　　　　d.（○）

その 11 （27秒）

　「あの、行くと、本当にきれいじゃないですか。ですからね、あそこに行って、きれいなところへ行って、でも僕らも行きたいけれど、どう守っていくかということなんですね。あそこの島をぼくらで行きながら、で、僕ら行って感じるし。だから、行きたいけど、みんなでもう行って壊したくないし、それとのバランスはね、どうすればいいかみんなで考えようということで、南島へ行ったんですけどね。」

■ 解答

　○　次の問題を考えながら聞きましょう。

　　a.（×）　　　　b.（×）　　　　c.（○）　　　　d.（×）

その 12 （36秒）

　「百聞は一見にしかず」というように、本やテレビなどメディアを通じて、見たり聞いたりするだけでは分からないことがそこにある。実際に行ってみて、自然を感じることの大切さ、そして、自然を守るためには、人間も自分を抑える気持ちが必要だ、ということを生徒たちは肌で感じたことでしょう。小笠原での環境体験は、まだまだ始まったばかりです。

■ 解答

　○　次の問題を考えながら聞きましょう。

　　実際に行ってみて、（自然を感じる）ことの大切さ、そして、自然を守るために、人間も（自分を抑える）気持ちが必要です。

内容2　つぼ刺激 (5分28秒)

その1 (34秒)

　聞くことばかりで、ちょっとお疲れになった方が多いのではないでしょうか。ここでちょっと休憩。

　みなさんには体を動かしていただき、リラックスできるつぼ刺激を体験していただきましょう。それでは、まず、動きやすい体勢を整えるために、背筋をぴんと伸ばして、できれば椅子に浅く腰掛けていただけますか。

■ 解答

　　○　次の問題を考えながら聞きましょう。

　　1. b　　　　　　2. c

その2 (1分41秒)

　今回は、簡単にできるものを三つ選んでご紹介します。

　ちょっとした刺激で、体も気分もいきいきしてきますので、一緒にやってみてください。準備はよろしいですか。

　初めは太陽と呼ばれているつぼです。眉じりと目じりの結んだ線の真ん中から外側に1.5センチのところ、いわゆるこめかみです。両手の中指を左右のこめかみに当て、息を吐きながら頭を右にゆっくり倒します。頭の重さを中指にかけながら、ゆっくり倒しましょう。1、2、3とゆっくり言ってみてください。ここは頭痛や目の疲れに効果的なつぼです。ゆっくりと頭を元の位置に戻します。4、5、6とゆっくり言ってみてください。

　はい。次は、頭を左に倒します。両手の中指はこめかみにあてたまま、息を吐きながら、頭を左にゆっくり倒します。1、2、3…はい。では、ゆっくり頭を元の位置に戻しましょう。4、5、6…

■ 解答

　　○　次の問題を考えながら聞きましょう。

　　1. a　　　　　　2. b

○　では、更に次の問題を意識しながらもう一度聞きましょう。

1. b　　　　　　2. d

その 3 （1分30秒）

　次は、けんせいのつぼです。左ひじを軽く胸につけ、左手を右肩にかけて、中指の先端がつくところ。ここがけんせいです。ちょっと確かめてみてください。押さえると気持ちのいいつぼですよ。そのまま、中指を下のほうに向かって押していきましょう。1、2、3、ここは肩こりに効果的なつぼです。

　次に、けんせいを押したまま、息を吐きながら、頭をゆっくりと左に傾けましょう。4、5、6…首筋を伸ばすような気持ちで、こうすると、いっそう気持ちよくて、効果的です。はい。ゆっくり戻しますよ。

　今度は左肩も同様に行います。右ひじを軽く胸につけ、右手を左肩にかけ、そのまま、中指を下のほうに向かって押しましょう。1、2、3。次にけんせいを押したまま、頭をゆっくりと右に傾けます。4、5、6。

　はい、ゆっくりと戻しましょう。

■ 解答

○　次の問題を考えながら聞きましょう。

1. c　　　　　　2. a

○　では、更に次の問題を意識しながらもう一度聞きましょう。

　b

その 4 （1分45秒）

　最後は、足のつぼ——さんいんこうです。足のうちくるぶしの上、約6センチぐらいのところにあります。右足のうちくるぶしのてっぺんから、薬指、中指、人差し指をそえた高さのところがほぼ6センチぐらいです。その内側の骨の際がさんいんこうです。ちょっと探してみてください。ありましたか①。女性のためのつぼとも言われ、足の冷えや生理不順、生理痛などに効果的です。見つかりましたか。

　では、息を吐きながら、右手の親指で左のさんいんこうをゆっくりと押しましょう。あまり強く押さえないように気をつけながら、気持ちいいと思えるところで、止めてください。

　1、2、3…はい、ゆっくりと離しましょう。4、5、6、反対側も同じように行いましょう。

　左足のうちくるぶしのてっぺんから、薬指、中指、人差し指をそえた高さの骨の内側を押します。左手の親指で、息を吐きながら、ゆっくりと押しましょう。1、2、3…はい、ゆっくりと離しましょう。4、5、6。

　これで、つぼ刺激の時間は終わりです。お疲れ様でした。いかがでしたか。体がすーっと軽くなった気がしませんか。

■ 文法と言葉遣いの解釈

　① ありましたか：在这里并不是"有了吗?"的意思，而是"找到了吗?"的意思。

■ 解答

　○　次の問題を考えながら聞きましょう。

　1. a　　　　　　　2. a

　○　では、更に次の問題を意識しながらもう一度聞きましょう。

　　c

内容3　リラクゼーション (4分42秒)

その1 (1分01秒)

　今回の「おしゃれな一時」特別号、スキンケア基礎編もそろそろ終わりの時間が近づいてきました。ご自分に合うお手入れ方法は見つかりましたか。スキンケアで肌に潤いを与えたら、今度は体と心にも潤いを。

　これからの時間は体と心の中から美しくなるリラクゼーションの方法をお伝えします。

　よい香りを嗅ぐ、好きな音楽を聴く、おいしいものを味わう、自分の肌に触れてお手入れをする、美しい景色を見るといった五感に心地よい刺激を与えることは、疲れやストレスを和らげたり、気持ちをリフレッシュするのにとても効果的です。中でも香りは工夫次第で、毎日の生活のいろいろな場面に取り入れることができます。

■ 解答

　○　次の問題を考えながら聞きましょう。

1. c

2. a. 嗅ぐ　　　b. 聴く　　　c. 味わう　　　d. 触れる　　　e. 見る

○ では、更に次の問題を意識しながらもう一度聞きましょう。

五感に心地よい(刺激)を与えることは、疲れや(ストレス)を和らげたり、気持ちを(リフレッシュする)のにとても(効果的)です。

その**2**（42秒）

まず、玄関の香りは、一日の仕事や外出を済ませて帰ってきたとき、第一に触れる家の空気。家族やお客様を歓迎するためだけのものではありません。自分自身をもてなす意味でも心地よさを感じたいものです。香り高い生花があれば、これ以上の新鮮さにかなうものはないのですが、最近では、おしゃれなオブジェとしても活用できる、花や、果物の形をしたポプリ、石鹸なども玄関先に多く見かけるようになりました。そのほか香りのリース、ルームコロンも生花に近い香りが増えています。

■ 解答

○ 次の問題を考えながら聞きましょう。

1. a　　　　2. a

○ では、更に次の問題を意識しながらもう一度聞きましょう。

最近では、おしゃれな(オブジェ)としても活用できる、花や、果物の形をした(ポプリ)、(石鹸)なども玄関先に多く見かけるようになりました。そのほか香りの(リース)、(ルームコロン)も生花に近い香りが増えています。

その**3**（37秒）

次に、バスルームや洗面所、キッチンなどで、毎日活躍してくれる石鹸の香り。ただ、汚れを落とす機能だけに注目するのではなく、使うたびに気分が明るくなる香りを選んでみてはいかがでしょうか。花や、果物、草木、ハーブの力を借りるならば、気持ちを活気付けるレモンやローズマリー、ペパーミントなどはお薦めです。リラックスしたいとき、疲れを感じているときには、ラベンダーや、バラの香りが効果的です。

■ 解答

○ 次の問題を考えながら聞きましょう。

1. c
○　では、更に次の問題を意識しながらもう一度聞きましょう。
1. b　　　　　2. b

その4（45秒）

　そして、眠りを誘う香りです。ラベンダーやバラの香りがリラックスさせる香りですが、この香りをポプリにして、薄い布袋につめて枕元に置くだけで、深い眠りに導いてくれる効果があります。ハーブピローというハーブのポプリがそのまま枕になった便利なものもあります。よく眠れそうですね。

　そのほか、入浴後の肌を整えるクリームや乳液も、やさしい香りの中で、全身をマッサージしながらつけると効果的です。花の香りを中心とした優しい香りは、特に眠りまでの一時を豊かな気持ちにしてくれることでしょう。

■ 解答
○　次の問題を考えながら聞きましょう。
1. a.　　　　　2. a
○　では、更に次の問題を意識しながらもう一度聞きましょう。
a. (○)　　　　b. (○)　　　　c. (×)　　　　d. (○)

その5（1分42秒）

　次は、心地よい音楽で美しくなる方法。今回スキンケア基礎編の中では、ヒーリング効果といわれる心の疲れを癒す音楽をBGMでお聞きいただきましたが、人が心地よいと感ずるメロディーは、F分の一揺らぎと呼ばれる一定の揺らぎを持っているそうです。例えば、木漏れ日や小川のせせらぎ、イルカの声、鳥のさえずり、森林で感ずる心地よい風、すべてが、この揺らぎを持っていることが分かっています。私たちの体の中の音の持つ揺らぎもこれと一致するそうです。CDなども出ていますので、一度おためしになってみてはいかがでしょうか。これを聞くと元気になれるという曲を持つのも効果がありそうですね。

　そして、おいしくバランスの取れた食事を心がけることも、肌や、髪、つめにとっては、重要な美の源。一緒に食べる人との関係を考えながら、新しいお料理にチャレンジするのもいいですね。香辛料やハーブを使うのも食欲を増進させます。1日3食、よく噛ん

でゆっくりと食べるように心がけましょう。余分な皮下脂肪を増やしにくい方法だそうですよ。

　いかがでしたか。みなさんもスキンケアで肌のお手入れをするのと同じように、毎日の生活の中でも、リラックス上手になって、体と心の中から美しくなってくださいね。応援しています。

■ 解答
　○　次の問題を考えながら聞きましょう。
　　1. a　　　　　　2. a
　○　では、更に次の問題を意識しながらもう一度聞きましょう。
　　① 小川の(せせらぎ)、(イルカ)の声、鳥の(さえずり)、森林で感ずる(心地よい風)、すべてがこの揺らぎを持っています。
　　② (香辛料)を使うのも食欲を増進させます。1日3食よく(噛んで)、ゆっくり食べるように心がけましょう。余分な(皮下脂肪)を増やしにくい方法だそうです。

課外でチャレンジしましょう

スクリプト

アロマセラピー　花粉症(解説)

男：毎週木曜日お届けしております「アロマセラピー　健康と美」、今日もスタジオに中山さんをお迎えしております。どうも、こんばんは。よろしくお願いします。
女：こんばんは。どうぞよろしくお願いします。
男：ええ、ずっとスタジオの中はですね。このほのかな香りに包まれておりますけれども。
女：はい。今日の香りは、何か、こう、これじゃないかなと思う。
男：これはやっぱり、あの単品じゃないんじゃないんですか。
女：えーとですね。今日は、そうですね。2種類。

男：いろいろミックス。

女：2種類、入っていますね。

男：なんか僕はいつも、ラベンダーのにおいといつもそういうんですけれども。

女：おなじみの、ラベンダーではない。今日はですね。殺菌効果の高い2種類と言えば。

男：はい。ええ。

女：殺菌効果。

男：ネロリ。

女：ネロリじゃない。ネロリはどちらかというと、眠気を誘う…

男：ティテリー。

女：ティテリー。そうですね。ティテリーと…

男：ええ。

女：ユーカリ。

男：ユーカリとティテリー。

女：はい。

男：本当勉強不足ですよね。もう毎回毎回いろいろ教わっているんですけれども、右から左へとすーっとこう流れてしまう。

女：それは敏感になってきて…

男：そうですね。ティテリーと…　あ、なるほど。

女：ティテリーとユーカリ。

男：ユーカリですね。

女：ええ、殺菌効果の高いオイル。

男：はい。

女：ということで、ええ、今日はですね。春の花粉症のお話をですね。シリーズで、あのお話したいと思うんですけど。ちょっとバンクーバー、春というよりもまた冬が戻ってきたようなんですけれども。

男：そうですね。

女：ええ、花粉の季節、通常ですね。日本では2月ぐらいから、杉が…

男：あ、もう始まっているんですか。

女：もう始まっているんですね。始まってるんです。こちらでも、あの、お客さんの中でもですね。ちょっと花粉症の症状が出て来始めたというかたも、徐々に(男：もうでていらっしゃるんですか。)出ていらっしゃるんですね。そして、花粉症な

んですけれども、花粉がですね、一定期間中にある量をですね、超えて私たちの体の中に入ってくる、とですね。まあ、個人差、健康状態、環境にもよるんですけれども、ある量をこえてですね、身体の中に入ってくると、その、いわゆる花粉症という症状が出てくるんですけれども、この花粉はですね、比較的直径が大きい、特に杉花粉とか、ですね。ですので、ええ、気管支系の、ええ、粘膜に到着する前にですね、目や鼻の、粘膜に、あの、とらわれて、くっついてしまってですね。

　そして、花粉症を引き起こすヒスタミンというようなですね、物質を出してですね、いろいろな症状が起こるわけなんですけれども。例えば、目が痒い、鼻がむずむず、くしゃみ、鼻水。ええ、目や鼻の症状が多いと思うんですね。そしてですね、ええ、一般的な対策としましては、その花粉がやはり身体に触れないようにするということなんですけれども、ええ、帽子をかぶったりですね、めがねをこうかけたり、あとですね、たまりやすい場所、やはり、外に出るとですね、髪の毛とか、たまりやすいですので、長い方はですね、しばったり、短い方もですね、ええ、きちんと外出したあとはですね、花粉症の季節、症状が出る人は、ええ、髪を洗う。あとですね、おうちに入るときもですね、家の中に持ち込まないようにですね。ええ、上着などを払っていただいたり、髪についているものを、よく払い落としてもらう。目には見えないですけれども、確実に、そういった季節には、ええ、服、衣類ですね、あと髪の毛に花粉がついています。そのまま気にせず、入ってきてしまうと、おうちの中にもですね、花粉が舞ってしまう状態になります。あとですね、ええ、一般的につるつるした素材の洋服や、あの、帽子などをかぶったりですね、静電気防止のスプレーをしたりということでも、かなり花粉の対策になるわけなんですね。あと、おうちの中の、ええ、掃除を頻繁にするとか、乾燥していると、埃と同じでして、あの、花粉も舞い上がってしまいますので、ええ、加湿器など、おうちの中、お部屋の中でたいてですね、花粉が舞い上がらないようにするという方法も一般的に、使われ、あの、よくされます。

　そしてですね、ええ、このアレルギーの原因を防ぐということ、お薬を使う方も多いと思うんですね。飲み薬。ええ、一般的に、このヒスタミンの働きをおさえる抗アレルギーの薬ですね、初期早いうちから、ええ、飲んでですね、予防するということなんですけれども。ええ、そして、ピークのときの炎症など、少なくする。でですね、この、お薬を飲んでいる人からよく聞くんですけれども、やはり、副作用というのがあるようなん、(男：違いますよね。)あるようなんですね。例えば、喉が渇きやすくなったり、眠気がしたり、あと、ぼーっとしたり、ということで、

この、ええ、抗アレルギーの薬、あと、ヒスタミンをおさえる薬ですね、短期、まあ、花粉症の症状をおさえる程度でしたら、やはり、それでも３ヶ月から、４ヶ月ぐらい持続して、飲み続けることになるんですけれども、まあ、その程度でしたら、まあ、お医者さんからの、ええ注意事項をよく守ってですね、量や期間など、守れば、それほど副作用はないと思うんですけれども、やはり、あの、日常でしたら、眠気が襲ってきたり、ぼーっとしたり、ということで。あと、長期になるとですね、いろいろな、そういった、ちょっとした症状じゃ、ではなくてですね、やはり、深刻な副作用も出てくるわけなんですね。ええ、顔がむくんできたりですね。あと、生活習慣病が悪化したり、これは、ステロイドなどを使った場合ですね。あと、皮膚、髪の毛が弱くなったりという症状も出てくるわけなので、やはり、その副作用というのは、みなさん気になってくると思うんですね。

男：そうですよ。でも、やっぱりあの花粉症のひどい方って、見ていると、本当にかわいそうな感じしますよね。

女：ええ、もう涙…

男：涙も、鼻ぐずぐずで、クシュン、クシュンくしゃみはするし、という感じで。

女：で、そこでですね、やっぱり、お薬も使ってもらって、もちろん、あの、いいんですけれども、アロマセラピーを使ってですね、自然な、あの注意力を高めて、ということも可能なわけですね。(男：なるほどね。)ここでですね。いろいろな、日本ではですね、この花粉症の時期に、このティテリーを使ってですね、処方をしているドクターも増えているということで、例えばですね、50名の患者さん、もう症状のある方ですね、その方たちに、ええ、ティテリーを１、２滴紅茶に入れてですね、ええ、飲む。そうすることによって、多くが症状が、ええ、軽くなった。もしくは、あの、事前に出なくなった、であるとか。あと、ええ、これも日本のクリニックなんですけれども、231人、かなり多くの方、患者さんですね、に、ええ、これは、ドクターによって、その方たちの症状、個人個人に合わせてですね。処方して、内服、ティテリーですけれども、した場合、68人の方が、症状が出なかった。(男：ほう。)あと127人の方が軽くなったということで、約84％の方たちに改善が見えたということで、この方たち10年以上、ええ、花粉症に悩まされていた方たちらしいんですけれども、そういったことで、このアロマセラピーも、ええ、平行して使っていただいたり、軽い症状の方でしたら、事前に、ええ、この予防も可能ではないかと思われます。そして、安全にですね、ええ、守って、あのエッセンシャルオイルの使い方を守って、使っていただくと、副作用もなく、ええ、安心して、使っていただける。

男：そうですね。でも、その、今、ティテリーをお茶か、何かに入れて飲むと。

女：はい。

男：飲むというのは、今まで、聞いたことはないんですね。

女：飲むというのは、一般的にはお薦めしていませんので、この場合は、やはり、ドクターの、専門的な、ええ、医師の、ええ、処方によっての、あの薦め方ですね。

男：なるほどね。今、花粉症の方ですから、ああ、これはいいやと思って、ゴクゴクと飲まないように。

女：自分の判断では、決して、飲む場合ですね、内服する場合は、決して、自分の判断で、あの、量を決めたり、飲んでしまったりということは、まず、あの絶対にしないでください。お医者さんの指導に従ってですね、やはり、あの、症状であることとか、ある期間であるとか、あの、やはり、大きい人、体の大きい人、小さい人、ええ、身体に、ええ、合わせてですね。量、あと回数もありますので、お医者さんの指導の下であれば、安心して、副作用もなく、使えます。そのほかにもですね、個人でも、ええ、内服する以外はですね、ええ、抗菌効果や粘膜の炎症をおさえる作用のあるオイルを使ってですね、簡単に、安心して、あの、使っていただけますので、ええ、アロマセラピーのオイルですね、今日使って、スタジオでたいている、ええ、ティテリー、ええ、ユーカリなんですけれども、これは、花粉症にとても有効的なものです。ええ、ティテリーの代表的な、ええ、効果としては、殺菌効果が、通常の、ええ、消毒のものよりも、人工的なもの 12 倍といわれてですね。そして、なおかつ、ええ、自然のものですので、いろいろ、お部屋でたいたり、マッサージをしたりということで、ええ、使っていただけます。そして、ユーカリもですね、ええ、さわやかな香り、なんですけれども、これも殺菌効果にすぐれています。例えばですね、2％に薄めたユーカリのスプレーですね、で、お部屋の中をこう、プシュ、プシュと、スプレーした場合、ええ、たった 2％のユーカリのミストなんですけど、70％以上の、ええ、雑菌を殺すということで、お部屋の空気の浄化にも、すごく優れているのですね。(男：いいですね。)はい、ですので、この安心して、使っていただけるアロマセラピーでの、ええ、花粉症のトリートメントを、引き続きですね、シリーズで、あの、来週もお伝えしていきたいと思います。

■ 解答

1. 殺菌効果があります。
2. 杉の木の花粉です。

3. 目が痒くなる、鼻がむずむずする、くしゃみ、鼻水などの症状です。

4. 花粉が身体に触れないようにすることです。

5. つるつるした素材の洋服を着ること、帽子をかぶったり、花粉防止のめがねをかけたり、静電気防止のスプレーをしたりしたほうがいいです。

6. 加湿器をたいたほうがいいです。

7. いろいろな副作用が出ることです。

8. アロマセラピーを使うことです。

9. ティテリーを紅茶に1、2滴を入れて、内服します。

10. お医者さんの指示に従うこと、大量に飲まないことです。

11. マッサージをしたり、部屋で加湿器などをたいたり、スプレーしたりして、雑菌を殺します。

第 10 課
生き方(対談)

スクリプト

内容1　ライフ（10分14秒）

その1 （55秒）

男：水城雄です。えー、今日は声優の津々見沙月さんにおいでいただきました。こんにちは。

女：こんにちは。津々見です。

男：つづみっていうの?

女：はい。あのー

男：つつみじゃなくて。

女：「つづ」って濁るんです。

男：津々見沙月さんね。はい、分かりました。今、確認して、何しているんだという感じなんだけど。

女：失礼します。

男：えー、何かーしばらく前から、（女：はい。）えー、こちらの（女：そうです。）朗読協会のほうに、（女：はい。）来るようになっていただきまして。

女：昨年からですかね。

男：そうですね。1回ワークショップかなんか参加しましたっけ①?

女：ええ。ワークショップに。ええ、参加させていただきました。

男：あ、そうですか。

女：すごく楽しくて。

男：ええ、ええ。

女：もう次回早く行きたいんですけど。（男：はい。）ま、あのー、稽古の毎日ということで。

男：今、稽古しているということで、（女：ええ。）えー、舞台があると。

女：はーい。そうなんでーす。

男：ということですね。それの、今日は、紹介をしてほしいと思います。はい。

女：はい。宣伝させてください。

男：はい。

■ 文法と言葉遣いの解釈

　① 1回ワークショップかなんか参加しましたっけ：这里的"…たっけ"表示说话人对一个旧信息记得不是很清楚，进行确认时常用的一个表达方式。相当于汉语的"……来着"。

■ 解答

　○　次の問題を考えながら聞きましょう。

　　1. a.　　　　　　2. b

　○　では、更に次の問題を意識しながらもう一度聞きましょう。

　　　b

その 2 （1分4秒）

女：今回ですね、（男：はい）あのシーフレンズ主催で（男：はい。）、ええ、白峰ゆりこひきいるシーフレンズ（男：はい。）主催のあのライフという舞台に（男：はい。）、あの、出演させていただくことになりました。

男：ライフ。

女：はい。

男：人生?

女：人生ですね。生き方。

男：とういうタイトルですか。このライフというのは。

女：はい。そうです。そうです。

男：ははは。こう、シーフレンズというのは何ですか。

女：シーフレンズって、あの、その白峰ゆりこのいる(男：さんが主催している)はい、(男：なんですか。劇団?)主催している、ワークショップになるんですけれども。

男：ワークショップ、つまり、演技をする方の集団って形?

女：そうですね。はい。

男：おう、ほほ。それはワークショップから生まれた舞台ということですかね。

女：そうですね。はい。

男：うーん。

女：白峰さんが、あのー、2年前にですね(男：はい。)。すごく熱い思いを持って(男：うん。)、あの、こういう舞台をしたい(男：ほー。)ということで(男：ほー。)、オリ、完全なオリジナル(男：はい。)作品になるんですね。ま、2年の間に、何回何回も台本を、えー、書き直して、書き直して(男：はい。)、やっと仕上がったものになるんですけれども。

男：へえ、2年間暖めて(女：そうです。)、そして、今回ようやく(女：はい)実現すると。

女：はい。

■ 解答

○ 次の問題を考えながら聞きましょう。

1. d　　　　2. b

○ では、更に次の問題を意識しながらもう一度聞きましょう。

1. a　　　　2. c

○ もう一度聞いて、次の問題に答えましょう。

a

その3 (46秒)

男：はい。えー、公演はいつですか。

女：えー、3月8日から、14日までです。3月8日水曜日から、14日の火曜日まで、1週間。

男：1週間ですね。

女：はい。

男：はい、はい、はい。えー、昼の回のある日とない日と(女：とあるんですけれども。)、夜は毎日。

女：夜は毎日です。

男：夜は、あ、本当だ、毎日だ。

女：そうなんですよ。

男：え、最後の日まで?

女：そうです。

男：ちゃんと夜まであるんですか。

女：(笑)ちょっと早めにして、

男：はい。

女：最後の日は 17 時ですね。

男：場所は、えーと、どこですか。

女：六本木の、えー、地下鉄大江戸線の(男：はい。)赤羽駅から、徒歩 2 分(男：赤羽橋で
すよ。これきっと。)うん? 赤羽橋? あ、そう、赤羽橋です。(男：でしょう。)けっ
こう間違えやすい。

男：これ、赤羽橋駅のすぐそばですよ。

女：そうです。はい。

■ 解答

○　次の問題を考えながら聞きましょう。

1. b　　　　　　　2. c

○　では、更に次の問題を意識しながらもう一度聞きましょう。

1. c　　　　　　　2. d

その 4（1 分 35 秒）

男：で、沙月さんは、(女：はい。)どういう役で出演してるんですか。

女：あのー、今回は、(男：うん。)えー、40 代の主婦(男：はい)が主役、主人公になるん
ですけれども。この、あのー、主人公のかなこさん(男：はい。)が、数年前に、えー、
乳がん摘出手術を受けたという設定で始まるんですが(男：はい。)、このかなこさ
んの家族の中の、私は長女を(男：おー)やらせていただきます。

男：えーと、ということで、主人公というのは(女：はい。)お、お母さんというわけ?

女：お母さんです。

男：ああ、その娘さん。

女：娘。三人兄弟の長女なんです。(男：ほほほ。)はい。ちょっとしっかりもので、(男：うん。)えー、すごく責任感があって(男：うん。)、で、結婚を間近に控えていて、(男：もうすぐするんだ。)そうなんです。(男：ふん、ふん、ふん。)で、インテリアコーディネーターになりたいという夢があって。

男：おー、資格もとろうとしている。

女：そうです。はい。(男：ふん、ふん、ふん。)ま、そういう、結構こう、うきうきの中で始まるんですけれども(男：うん、うん、うん。)、実は、その家族それぞれに(男：うん。)、いろんな問題とか、隠し事なんかがあって、話は展開して行きます。はい。

男：なるほど。まあ、みんなそうですよね。それぞれの家族はね。

女：そうですね。はい。

男：えー、じゃ、家族のストーリーということですか、物語ということ。

女：ま、あの、家族は主なんですけれども、その家族にかかわる方たちもでてきて、えー、そうですね。かなこさんの、あのー、お友達、そして、あのー、えー、パパ、私から見たパパの問題となる相手が出てきたりとか、あります。(男：お、ほほほほ。)

■ 解答

　○　次の問題を考えながら聞きましょう。

　　1. c　　　　　2. b

　○　では、更に次の問題を意識しながらもう一度聞きましょう。

　　1. a　　　　　2. b　　　　　3. c

　○　もう一度聞いて、次の問題に答えましょう。

　　c

その5 (2分29秒)

男：この劇で、公演で伝えたいという一番のことはなんですかね。

女：あの、タイトルにもなっていますけれども、ライフ、生き方(男：うん。)、えー、とても、ちょっと重たい感じはあるかもしれないんですけれども、(男：うん。)あのー、ちょっと生き方を考えて、(男：真正面な感じですよね。)

女：そうですね。もう、ストレートに。(男：うーん。)で、

男：今、あのう、こう、けっこうね、若い人だけじゃなくて、(女：ええ。)けっこう、中年、中高年の人も、自分がどうやって生きたらいいのかという分からない人が多いん

じゃないの。

女：うん。そうですね。だから、やっぱり、40代の主婦に焦点をあててということなんですけど。あのー、乳がんって、うん、ね、女性の癌になりますけれども、あの、だ、いつ、ね、自分に来るかも分からないし、家族に来るかもわからないという、あのー、病気じゃないですか。(男：うん。)

男：ま、何か、その癌にしても、それから、なん、なんらかの障害にしても。それから、ま、例えば、仕事上の、ええ、うまくいかないことにしても、(女：はい。)何かあると、考えるよね。人間というのは。

女：そうですね。立ち止まって、(男：うん)じっくり考えて、またスタートという感じ。(男：うん。)

男：順調に行ってるように見えて、あの、そん時に何も考えないんだけど、何か、落とし穴があった時に、はたと、自分の人生は何だろう。

女：だから、その時苦しいかもしれないけれど、その時がチャンスだったり、っていうあるんじゃないんですか。

男：そうですね。多分そうだと思う。私の知っている、まあ、女性なんか、やっぱり、30代、40代の人なんかは、子供がいて、旦那さんもいて、(女：はい。)で、順風満帆にこう人生を歩んできたように見えて、ある日、突然、ある日突然っておかしいな、子供がだんだん手を離れていって、(女：あ、はい。)え、旦那は何も家事のこともやってくれない、仕事のことばっかり。それで、あのー、じゃ、私のこれから人生、旦那と二人だけとなっちゃったら、じゃ、どうしていくんだというふうにね。はたと我に返る人とかね。

女：今多いんですよね。それで、熟年…

男：そうそうそう、熟年離婚とかね。

女：ありますよね。

女：あまり考えて、考えながら生きてる人って、あんまり、いなかったというか(男：ですよね。)、しますよ。

男：ですよね。特に、女性なんか、子供が小さいときは、子供のためにみたいのがあるけれども。(女：そうですね。)大人になってしまうとね。じゃ、どうしよう。(女：そうそう。)

女：しなきゃと思いますけど。

■ 解答

○ 次の問題を考えながら聞きましょう。

1. a.　　　　　　2. d

○ では、更に次の問題を意識しながらもう一度聞きましょう。

1. a

2. a.（○）　　　b.（×）　　　c.（×）　　　d.（○）　　　e.（×）

○ もう一度聞いて、次の問題に答えましょう。

立ち止まって、スタート、落し穴、はたと、苦しい、チャンス

その6（1分08秒）

男：稽古はどうなんですか。沙月さんは舞台はあんまり…（女：あのー。）声優さんで
　　しょう。もともとは。

女：あのー、そうなんですけれども。やっぱり何年か前から、演技にすごく興味があ
　　って、やっぱり、演技をしなければいけないといろんなところで、あのー、勉強し
　　ているんですけど、そういう発表会とか、そのー、ワークショップの中での、うん
　　ーと、舞台公演とか、仲間内でやったりとかあるんですけども、日々頑張っていま
　　す。で、すごく、あの、稽古はほとんど毎日、今あって…

男：毎日って、きついですね。

女：そう。だんだん慣れてきたんですけど。

男：仕事をしながら、やっているわけでしょう。

女：仕事も、そうですね。

男：本来業務をしながら。

女：はい。仕事を少しずらしていただいたりとかしているので。あの、稽古が終わっ
　　て、9時ぐらいに終わって、10時から仕事だったりとか。

男：えっ?

女：そういうこともやっているんですよ。

男：それはきついなあ。あー。

女：ま、それも慣れてきました。なんかタフになってきたのかな。

男：おー、ま、成長するわけですね。それで。

女：そうですね。ありがたいですね。稽古のおかげで、風邪も引かず、やっています。

男：風邪引いたら、終わりですね。今の時期。

女：そうですね。風邪引いていないんですね。今のところ。

男：おー。

女：今までちょっと弱かったんですけど。

■ **解答**

○　次の問題を考えながら聞きましょう。

　　1. a　　　　　　　2. b

○　では、更に次の問題を意識しながらもう一度聞きましょう。

　　1. c　　　　　　　2. b

その7（2分17秒）

男：えーと、もう一度じゃ情報をおさえましょう。

女：はい。

男：えー、3月8日水曜日から、3月14日火曜日(女：はい。)まで、えーと、赤羽橋、ま、六本木のほうですね。(女：はい。)赤羽橋、大江戸線の赤羽橋駅、徒歩(女：はい)、こう2分ぐらい、きっと。

女：2分ですね。もう渡って、すぐのところにあります。

男：交差点に面しています。これ、確か。大きな交差点。

女：ガソリンスタンドの横という感じですね。

男：はい。そこのディープラッツ、(女：はい、ディープラッツ。)という劇場です。

女：麻布ディープラッツです。

男：そうですね。えーと、これ詳しい情報はですね、(女：はい。)この、ブログがありますよね。

女：そうなんです。これ、どうやってお知らせしたら?

男：えーと、番組の関連のサイトからリンクしておきます。

女：あ、ありがとうございます。はい。

男：はい。えー、そこ、そっちの直接リンクで、飛べるようにしておきますので、そちらで、詳しいことを、えー、見てください。(女：よろしくお願いします。)えーと、料金はですね、えー、前売りが3500円。(女：はい。)えーと、当日が3800円。(女：そうです。)平日だけ、前売りが3000円で、当日が3300、(女：平日の昼間。)平日のお昼(女：はい。)までね。

女：10日の金曜日と14日の火曜日。

男：この2回は前売りは3000円で、当日が3300円、ということですね。（女：はい。）分かりました。もうけっこう人気で、売り切れちゃったでしょう。

女：そうなんですよ。売り切れもあったりとか。

男：じゃ、早めに（女：はい。）あのー、買ってください。

女：はい。

男：予約はこれ、あれですか。メールとか。

女：えーと、お問い合わせ、ご予約の方はですね。ローソン（男：ローソンでも。ローソンチケット。）、もありますし、あのー、直接電話番号を申し上げていいですか。

男：あ、どうぞ、言ってください。

女：はい。090－6563－1181、（男：はい。）になります。

男：090－6563－1181。

女：はい。その際はですね、ぜひ、よろしくお願いします。

男：えーと、ま、この公演が終わってからも、また…（女：はい。）えー、いろいろ朗読とか、（女：はい。）ね、うちのほうで、読んでもらいたい、（女：もう。）ものもあり、（女：ぜひ、ぜひ、はい。）いろいろあったりするので、（女：はい、頑張ります。）ぜひまた、また来てください。

女：はい。お願いします。

男：とりあえず、公演まで、体に気をつけて、頑張ってください。

女：ありがとうございます。頑張ります。

男：はい。えー、今日は津々見沙月さんにお話を聞きました。ライフの、えー、告知でした。

女：はい、ありがとうございます。

■ 解答

○ 次の問題を考えながら聞きましょう。

1. b　　　　2. c

○ では、更に次の問題を意識しながらもう一度聞きましょう。

1. b　　　　2. b　　　　3. a

○ もう一度聞いて、次の問題に答えましょう。

1. b

2. 090－6563－1181

内容 2　携帯小説 （5分 20 秒）

その 1（58 秒）

男：水城雄です。

女：斉藤まりです。

男：えー、豪徳寺カルチャーフロント。ま、この番組ではさまざまなカルチャーを紹介しているんですけれども。

女：ふふん。

男：ふふん…

女：「ふふん」とか言っちゃって。

男：今日は、今日は何ですか。

女：今日は、（笑）

男：小説作品の紹介をしたいと。

女：手前味噌ってやつですか。

男：あ、そうですね。まったく、ええ、興味のない人はここで切ってください。

女：ていうか。えーと、ま、水城さんの本業が実は小説家だったということは最近、なんか知られてなかったりすることも、ま、あるんですが。

男：ですねえ。でも、ずっと連載しているんですよ。（女：ていうか。ま。）コンスタントに。

女：ま、水城雄さんは小説家としての（男：ほそぼそと。）キャリアが、まあ、あ、ジャズピアニストとしてのキャリアも長いといえば、（男：中断しましたからね。しばらく）長いですけど。うん。ま、でも、世間的には実は小説家ですよね。

男：うん、そうですね。

女：うん。

男：まあ、露出度は一番それが高いんじゃないか（女：はい。）と思うんですけども。

■ 解答

○　次の問題を考えながら聞きましょう。

1. b　　　　　　2. a

○　では、更に次の問題を意識しながらもう一度聞きましょう。

a.（○）　　　　b.（×）　　　　c.（×）　　　　d.（○）　　　　e.（○）

その **2** （1分38秒）

男：えー、実は、えー、携帯小説、（女：はい。）携帯小説というのはあまり好きじゃない
　　ですけどね。要するに、携帯電話で、えー、配信されている小説をずっと去年から
　　やってまして。

女：そうですね。えーと、『BODY』という。

男：こちらでは、何度か紹介さしてもらいましたけれども、いよいよその連載は終了
　　しました。

女：はい、えー、どこで連載していたかと言いますと、（男：うん。）えー、「どこでも読
　　書」という携帯の公式メニューですね。えー、ドコモと au というか、イージーウ
　　ェブのほうに、えー、ある公式サイト。

男：公式サイト。（女：はい。）「どこでも読書」という公式サイトです。

女：はい。とても探しにくいんですけれども、その中の連載小説。

男：なんでしょう。これ。（女：うん?）小説とか雑誌とかそういうジャンルの中にあ
　　るよね。

女：そうですよね。

男：エンターテイメントの中に（女：はい。）。あの、ボーダフォンにはないんです
　　よね。

女：すいません。本当に。私は、ボーダフォン何で確認できていないという…

男：なんで、ボーダフォン、ねえ、出してくれないんだろう。ま、いいや。

女：これから出るはずですから。

男：出るんですか。

女：ええ。

男：えー、その中で、『BODY』が終わりまして、今度は新連載が始まります。

女：はい。すごいですね。

男：はい。

女：連続です。あの、というのは、多分『BODY』がとても人気があったんですよね。

男：ええ、そうなんですよ。おかげさまで。（女：はい。）なんか、人気のタイトルだと
　　いうことで。（女：ねえ。）「どこでも読書」の担当の方が、美しい女性の担当の方
　　が、（女：はい、美しい方です。ほんとに。）わざわざとお越しいただきまして、（女：
　　はい。）それで、えー、次の連載をしてくれるということで。（女：はい。）えーと、
　　『浸透記憶』。

女：これがまたね。

男：曰くつきの作品ですけど①。

女：古い、古いと言って、あれなんですけれども、ながーく。

■ 文法と言葉遣いの解釈

　　① 曰くつきの作品ですけど："曰くつき"是"有复杂情形的、有说道的"的意思。在这里意为："这可是个不同寻常的作品"。

■ 解答

　　○　次の問題を考えながら聞きましょう。

　　　　1. a　　　　　　　2. b

　　○　では、更に次の問題を意識しながらもう一度聞きましょう。

　　　　1. a b　　　　　　2. a

　　○　もう一度聞いて、次の問題に答えましょう。

　　　　1. b　　　　　　　2. (b)または(c)→(a)→(e)→(d)

その 3 （1分02秒）

男：そうですね。うん、うん。まあ、携帯で読むとどうなるんだろうなという感じですけど。

女：そうなんですよね。『BODY』は携帯向けに、あの、こう、一回あたりわりと短い、（男：わざとね。）ええ、

男：ぶつ切りの（女：うん。）文体で、ぶつ切りの（女：シーンの積み重ねという。）シーンのカット。

女：ええ、その面白いやり方が、あれ、あれをね、その若い女の人たちが（男：うん。）、あの、なんというんですかね、受けたっていうか、（男：うん。）あの、面白いと思ったというのが、すごい、見識が高いと私は思いましたね。

男：あ、そうですか。（女：うん。）ありがとうございます。

女：やあ、女の子がね、読者がね。

男：あ、みんながね。意外に思うんだなあと。

女：やあ、というか、あれ、あ、だから、もう、脳の構造がね、もうちょっと違ってるかも。デジタル的に（男：うん。）なっているかもしれないですけど。あの、『BODY』

についてこれたっていうのがすばらしい。(男：うん。)もう、日本の、その、なんていうんですかね、文学状況っていうのは捨てたものではない①と、非常に思いました。

男：まあ、『BODY』のほうは、またまとめてダウンロードで販売するようですけれども。

女：はい。

■ 文法と言葉遣いの解釈

① 文学状況っていうのは捨てたものではない："捨てたものではない"是一个固定说法，意思为："有价值、有可取之处"。在这里意为："不要小看日本的文学状况，它还是有价值的"。

■ 解答

○ 次の問題を考えながら聞きましょう。

1. a　　　　2. c

○ では、更に次の問題を意識しながらもう一度聞きましょう。

b

2. a.（×）　　b.（○）　　c.（○）　　d.（○）

その 4 （2分01秒）

男：『浸透記憶』は、えー、「どこでも読書」という、えー、ドコモ、ドコモフォーマだ(女：はい。)フォーマとイージーウェブ、公式サイト、どこでも読書。(女：はい。)という公式サイト、この中に入るとですね。ちょっと、ずーと、こう、スクロールしていくと、真ん中へんに、えー、「本を探す」というコーナーがあるんですよ。(女：はは。)ここから入ると、一番分かりやすいですね。「本を探す」というところを選ぶと、(女：うん。)えー、著者名で探すのと、(女：うん。)タイトルで探すという(女：うん、うん、うん。)のがありますから、ま、著者名で探すと一番速いんじゃないですかね。(女：うん、うん。)水城雄という名前で、みずきの「き」は(女：城です。)「城」、水の城の雄です。水城雄でさがしてください。

女：そうですね。『浸透記憶』というのは、「しんとう」は「しみる」という(男：浸透していくよ)。さんずいの「浸」、あの、「浸す」という字に「透ける」、で、「浸透」。で、「記憶」(男：「記憶」。)「メモリー」ですね。

男：記憶に浸透していくと。

女：うん。

男：どういう意味でしょうね。

女：ねえ。タイトルもハードですよね。漢字ばっかりでね。

男：ぜひ、みなさん、えー、携帯のほうで、お読みいただきたい、毎日配信です。

女：それすごいですね。

男：はい。千文字ぐらい。

女：『BODY』だって、週に1回でしたね。

男：そうなんですよ。今回は、無理を言って、毎日配信してもらいました。

女：これがいいと思いますね。毎日、毎日。

男：千字ずつ出ます。

女：うん。千字ね、それが問題だな。

男：あの新聞小説のような感じだと思ってください。

女：うん、うん。

男：毎日千字、あなたの手元に。（女：うん。）私の小説が届く。えー、通勤で読むもよ
　　し、休み時間に読むもよし、（女：うん。）えー、家族の目を逃れて、トイレで読むも
　　よし。

女：別にエッチな小説じゃないから、いいと思います。

男：ぜひ、みなさん、よろしくお願いします。

女：はい。

■　解答

　○　次の問題を考えながら聞きましょう。

　　　1．b　　　　　　　2．d

　○　では、更に次の問題を意識しながらもう一度聞きましょう。

　　　1．c　　　　　　　2．a

　○　もう一度聞いて、次の問題に答えましょう。

　　　a

課外でチャンレンジしましょう

スクリプト

声優の紹介 (12分54秒)

男：水城雄です。えー、今日は久しぶりのお客さん、声優の中川玲に来てもらいました。こんにちは。

女：こんにちは、中川玲です。

男：こんにちはって、こんばんはだよな。

女：こんばんは、中川玲です。

男：えらいしんわ、深夜になっておりますけど。

女：そうですね。はい。（男：まあ。）一仕事を終えて。

男：これを聞く、えー、リスナーは、（女：はい。昼も夜も。）朝なのか、昼か分かりませんけれども。

女：あ、そうですよね。

男：ま、とにかく、われわれは、（女：そうですね。）珍しく深夜収録で。

女：そうですね。お疲れ様でしたという感じで。

男：えーと、久しぶりですね。

女：そうですね。お久しぶりですね。ちょこちょこは顔出してるんですが、なかなかお話しする時間とかなくて。

男：最近の仕事っぷりを教えてください。

女：最近の仕事っぷりですか。（男：はい。）アニメにちらほら、今出していただいてて、「シュガシュガルーン」っていうあの土曜の早朝に7時とかに、やるアニメーションにレギュラーで出させていただいたりですね。（男：テレ東?）そうですね。テレ東です。（男：はい。）なのでね、聞けない方も、見れない方もいるんですよね。

男：あ、まあ、（女：時間によって。）そうですね。アメリカに住んでいる人は見れない人もいるね。

女：あ、そうですね。地方によって、映らなかったりとか、しているらしくて。あとは、（男：ええ。）えーと、「カペター」っていう、あの、レーサーもののアニメーショ

　　ンですとか。（男：はあ、はあ。）あと、えーと、これはですね、地上波ではないんで
　　すけど、（男：うん、うん。）「マイネリーベ」っていう、けっこう、あのー、若いお嬢さ
　　んたちが「キャー」ってなるような美しい男性がたが、（男：うん。）出ている（男：
　　ふん。）えー、アニメーションに。

男：えー、それはなに、地上波じゃないというのが宇宙波ですか。

女：えーと、なんです、えーと、CS とか BS とかそういう感じ。

男：あ、デジタル放送。（女：なのかな。）衛星デジタル。

女：ちょっと今、はっきり分からないですけど。

男：（笑）分からない…

女：すいません。

男：はい。

女：自分が見れてないので。

男：なんていう名前？　もう一回言ってください。

女：「マイネリーベ」です。

男：「マイネリーベ」。

女：はい、で、それで、あのー、その美麗なお兄さんたちの（男：うん。）お母さんの役で、
　　（男：あ、お母さん役なんだ。）はい。最近、お母さん役をやらせていただくことが
　　多くて、（男：おう！）ちょっと私としては、いよいよ私のやりたい本格的に（男：う
　　ん。）できそうな役が…

男：えっ？　お母さん役をやりたかったの？

女：お母さん役というか、もともと声優になりたかったきっかけが、すごく大人の声
　　を出す、（男：はい、はい。）お姉さんの声を出される方に憧れてた部分があるので、
　　（男：あ、そうなんだ。）自分は声優になったら、そういう役をやりたいとずっと思
　　い続けてきたんですけど、（男：おう。）はっと気がついたら、自分が絶対無理だと
　　思ってた男の子の役をやらせていただく機会も（男：子供ね。）多くて、で、もう、こ
　　こ最近ずっと男の子役をやらせていただい（男：多いのね。）ているけど、最近ちょ
　　ぴっと、そのー、なんというですかね、あのー、キャスティングしてくださる方が
　　いうところの（男：うん。）、え、幸薄い感じ、の役が、あのー、いろいろいただけてい
　　て、（男：えー。）私は、幸薄いのが大好きなんで、（男：えー。）もう、「万歳！」みたい
　　な感じなので、すごい思い入りをしながら。

男：めずらしいよね、でも。（女：そう。）普通声優（女：ええ、ええ。）って言ったらさ、
　　なんか、萌えーな声とか。

女：ああ、自分自身が、（男：うん。）それに萌えなかったと言うのがおかしいですけど、（男：うん。）それが自分には絶対できないと勝手に自分で決めつけてた部分もあったので、（男：ううん。）自分のできる声は、きっとそういうのなんだって思いこんでいたんですね。（男：ううん。）まだ声優になる前は。（男：なるほど。）で、なってからは、いや、そんな思い込みどころの話じゃなくて、（男：うん。）根本的なところができてないと、どうにもならないんじゃあ。（男：ああ。仕事すらないということ）はい、で、思って、（男：うん。）いろんな勉強しながら、（男：うん。）ま、いろんな役を（男：うん。）やらせていただいたら、やっぱり、自分がやりたい役と、選んでいただいた、この役やってみたら（男：うん。）って言われる役とか、必ずしも一致しないもんだなあ（男：だよね。）って。（男：それが分かる分かる。うん。）うん。まあ、でも、せっかくいいと言ってくださって、やらせていただく役（男：うん。）なんだから、楽しみながら、（男：うん。）やってみようと思って、やってきて、（男：それがいいですよね。）はい、ただ、ちょぴっとずつ、大人の声もやりたいなあ（男：ああ。）みたいな、ま、あの、アピールというんですかね。（男：ええ。）あの、ボイスサンプルみたい（男：うん。）なのを作って、（男：うん、ううん。）いったんですよね。（男：ううん、うん、うん。）ボイスサンプルの中にはずっと入っていたんですけど、（男：うん。）そうしたら、ちょっとずつ…

男：あ、それもいいじゃない。（女：はい。）ちょっとこれやってみないって。

女：そうですね。

男：おー、今のはいい話ですね。

女：いい話ですか。（男：いい話ですね。）それがよかった。珍しく、私には珍しく前向きの話で。

男：で、すごい長い前ふりだったんですけど。（女：ああ、はい。）今度その、驚くの。

女：はい、そうなんです。あのー、『テニスの王子様』という作品に、（男：はい。）前出てまして、（男：はい。）で、今度またDVDにもなるんですが、（男：あ、はい。）あのー、それで、（男：超、超有名作品ですよね。）ですかね。（男：はい。）あの、その作品でご一緒させていただいた（男：はい。）並木のりこさんという女優さんと2人で（男：はい。）ちょっと前から、ちょうど1年半ぐらい前から、（男：はい。）「R's」という朗読ユニット、リーディングユニットって名前（男：ええ。）をつけたんですけど、ていうのも、あのー、作ってまして。

男：これ、3回目じゃないんですか。

女：そうなんですよ。3回目の朗読イベントというんですかね。朗読会というほど堅

　　苦しいものではなくて、（男：ほほほ。）なんか、あの、フリートークしたり、（男：は
　　い。）短編のサウンドドラマを二人で演じたり、（男：なんか楽しげですね。）そうで
　　すね。意外と、あのー。

男：バラエティー朗読ショーみたいな。

女：そうですね。バラエティー朗読ショー、いいですね。それ。

男：ああ。

女：はい。だから、（男：いいですよ。使ってもらって。）ありがとうございます。（男：
　　いや、いや。）あのー、本当に、うん、トークと朗読と、あと、並木さんはすごく歌を
　　歌われる方なので、（男：うん。）えー、引っ張られて、歌を（男：歌も。）歌わせてい
　　ただいたりとか、（男：はい、はい、はい。）なんかいろんなことを盛りだくさんにし
　　た（男：はい。）イベントなんですよ。それが、えーと、そうなんですよ。

男：ちょっとちゃんと告知しましょう。

女：あ、はい。ええとですね。その 3 回目の、えーと、イベント、リーディングストー
　　リーズ、（男：はい。）Vol 3「冬花火の会」というのを、えー、2 月の 26 日の日曜日に
　　開催させていただきます。

男：2 月 26 日、次の 26 日、今月 26 日（女：そうですね。今月の 26 日。）日曜日。

女：あれですよ。オリンピックが真っ只中。

男：真っ中。

女：そうなんです。それが嫌な感じ。（男：えー！）私もオリンピック見れないし、みん
　　なもオリンピック見たいだろうし。

男：いいじゃない。録画して見れば。

女：そうですね。あのー、（男：どうせ時差があったからさ。）で、あのー、（男：えー、場
　　所は?）渋谷の、渋谷にあるライブハウスの（男：はい。）セブンスフロアーというと
　　ころで、えー、昼が、2 時半（男：はい。）、14 時半開演、え、夜が 18 時半、6 時半開演
　　で、（男：うん。）えー、2 回公演を、えー、やろうかなと。

男：セブンスフロアーって、これ何?

女：ライブハウスなんですよ。

男：ライブハウス?

女：はい。

男：ほーほーほ。

女：あの、オンエアーイーストとか、オンエアーウェストとかよく聞きますよね。

男：あ、あー、そうか、あのー、いわゆるクラブがあるところ。

女：あ、そうです。そうです。オンエアーウェストの、あの、ビルの7階なんです。

男：オンエアーウェストのビルの7階、あ、分かった！

女：えー、ちょっと、なんか、まあ、ドリンクとか、飲みながら、

男：飲みながら、（女：はい。）いいね。

女：はい。（男：はい。）で、なかなかこのタイトルをつけるのは大変で、最初が、「クリスマスの会」で、（男：ええ。）次が、あのー、6月にやって、私が6月誕生なんで、「誕生日の会」にしたんですね。並木さんも6月誕生なので、（男：冬花火、今度は。）そうですね。2月が（男：なんですか。この「冬花火」っていうのは。）、「節分の会」というわけにもいかないし、（男：もう過ぎているもんね。）卒業式でも、バレンタインデーでもないから、どうしようっていうことで、ま、冬に、もっともっと花火をうちあげよう（男：うん。）ということで、あの…

男：2月26日といえば、「2・26事件」の日ですよ。

女：あっ！ それは、「2・26の会」ですか。

男：ちょっと違うか。

女：「2・26事件の会」。

男：あまり関係はない。

女：で、けっこう、その、あのー、なんとかの会に付随した、あの、朗読劇を…

男：あ、じゃ、「冬花火」っていうのはちょっと出てくるだろう。

女：出てきますね。（男：うん。）はい、なので、あのー、ま、ちょっと過ぎてきた、（男：うん。）もう、バレンタインに絡んでたりとか、（男：うん。）何かに、季節ものに少し絡んだお話と、（男：うん、うん、うん。）第1回目の朗読会から、ずっと、コンスタントに（男：うん。）え、話は1話、2話、3話って、（男：続きものがあるんだ。）続きものがあって、短編でも聞けるものなんですけど、（男：ええ。）1回目から聞いてるとより楽しい。（男：ああ。）CDにも、CDにもなってるんで、CD買ってね。（男：ああ、うまいことしていますね。）はい。

男：えーと、2月26日、えー、時間は？

女：あ、はい。えー、もう一度、えー、お伝えいたします。昼の回が、2時半から、（男：2時半。）夜の回が6時半から、（男：が開演。）はい。

男：開場は、30分前。

女：開場が、30分前。

男：えー、入場料はいくらですか。

女：入場料はですね。今の段階ですと、前売りで、（男：はい。）えー、ご連絡いただけれ

　　　ば、2500円とあとドリンク代、ライブハウスの。

男：あ、ドリンクつきなんだ。いいなあ。

女：はい。どうことが。

男：当日だと、

女：当日だと、えー、3000円になって。

男：3000円、当日でも入れるの?

女：当日でも入れます。あのー、席に余裕がないと、立ち見になっちゃいますけど。
　　　（男：はい。）なので、事前にご連絡いただければ、（男：はい。）あのー、ネット上で
　　　も、当日に受付にお名前をいただいておくという感じで、（男：なるほど。）はい。

男：えーと、予約したい人はどうすればいいですか。

女：あ、はい。えーとですね。「R's」公式サイトというのがありまして、で、たぶん、え
　　　ー、水城さんの日記とか、サイトから、（男：ブログ。）はい、ブログから、中川玲のサ
　　　イトには、たぶん飛べますよね。

男：あ、じゃ、さ、（女：はい。）こうしよう。この番組の（女：はい。）関連サイトという
　　　ボタンがあります。

女：ああ、なるほど、なるほど。はい。

男：はい。そこクリックすると、（女：はい。）えーと、この番組のブログに飛びます。
　　　（女：はい。）そこに、ダイレクトリンクを張っておきましょう。

女：あ、ありがとうございます。（男：はい。）はい。私のサイトをくぐっても、（男：う
　　　ん。）あのー、「R's」のサイトに行けますし。

男：行ける。中川玲で検索すると、出るし、（女：そうですね。）水城雄でも、私のブログ
　　　とかから、リンク、中川玲にリンクしているんですよ。実は。

女：あ、ありがとうございます。

男：ちょっと、遠い遠回りだけれども（女：はい。）けっこういろいろな方法でいけると
　　　思うね。

女：はい、で、私のサイトから直接その予約サイトに（男：はい。）行くこともできるの
　　　で、（男：うん。）あの、携帯でも、あのー、アクセス（男：はい。）していただけるよう
　　　な形に、（男：あ、なるほど。）なっている。

男：えー、「R's」の公式サイトって言えば、いいわけですね。

女：そうですね。（男：正式名称は。）「R's」の公式サイトだと、検索かけても、「R」から
　　　始まるから、なかなか（男：ああー。）前にあがってこないですよ。

男：ああ、中川玲がいいな。

女：そうですね。中川玲で検索していただいて、(男：はい。)はい。

男：「あきら」はね、「玲」って書くんですよ。

女：あ、そうなんです。

男：王偏の、(女：はい。)命令の「令」(女：はい。)。

女：はい、ですね。はい。

男：こう書いて、「あきら」と読むんです。

女：水城雄さんのサイトから、私のサイトっていうのが一番ベストの形ですけどね。

男：でもいいですね。はい。(女：はい。)まあ、あのー、この番組の関連サイトから、(女：はい。)リンクを張っておくことにしましょう。

女：ぜひ、ぜひ。(男：はい。)

男：えー、それでですね。(女：はい。)えー、一番アピールしたいことを、では、最後に言ってください。

女：一番アピールしたいことですか。いや、急に困った！

男：(笑)

女：あのー、そうですね。あのー、朗読もいろんな形があると思うんですね。(男：うん。)いろんなアカデミックなものから、(男：うん。)前衛的なものから、(男：ある、ある。)いろんなものがあって、え、私がやろうとしているのは、(男：うん。)今回は声優さんらしい(男：うん。)まあ、あのー、声優さんもいろんなタイプの朗読をされていますけど、どっちかというと、朗読というよりも、サウンドドラマ、ラジオドラマ、目で見るラジオドラマのイメージで、(男：うん。)あのー、来ていただけると、だから、朗読が初めてという方でも、(男：うん。)そこをとっかかりに、いろんな朗読を(男：うん。)聞きに行ったり、見に行ったりしていただけるような、(男：あははは。)ものにしたいなあ。とっかかりのいいものにしたいと思っているんですね。

男：うん、朗読というと、なんか、こう、ね、難しい、この文芸ものを、(女：ちょっと、そう。)こう、しかめ面しく、読んでいるみたいなイメージがあるんですね。

女：うん。私自体はものすごく朗読が好きなので(男：うん。)、その初めての方でも(男：うん。)楽しんでいただいて、(男：うん。)いろんな朗読に対する世界が(男：うん。)広がっていくといいなあなんて。

男：あ、朗読って、こんなに楽しいんだとみんなに思ってもらえるような。

女：そうですね。だから、先入観なく、聞いていただいて、じゃあ、こういうのも聞いて、ちょっと昔の文学作品も聞いてみようというふうに、(男：あ、いいですね。)思っていただけるような雰囲気に、できたらいいかな(男：うん。)、と。

男：まあ、中川玲のファンでなくても。

女：そうですね。（男：ね。）ファンでなくても、きっと、（男：みなさん。）はい、声優になりたい方とかも（男：ううん。）聞きに来ていただいて、えー、意外と楽しんでいただけ（男：おお。）たい。

男：じゃ、若い人に、どんと来てほしいという感じですね。

女：そうですね。はい。

男：若いファンの人に。みなさん、ぜひ、行ってあげてください。

女：はい。

男：えー、2月26日日曜日、渋谷のセブンスフロアー。えー、昼公演が2時半。（女：半。）夜公演が6時半（女：はい。）から開演。えー、ということで、（女：はい。ぜひ。）「R's」の朗読イベント。（女：はい。）

女：えー、リーディングストーリーズの「冬花火の会」と（男：はい。）いう形になります。

男：本日は、中川玲に来てもらいました。

女：はい。

男：ありがとうございました。

女：ありがとうございました。

■ 解答

1. 朝のアニメーション番組に出ています。

2. お母さん役をしています。

3. お姉さんの声が出せる人に憧れていたからです。

4. 男の子の役が多かったです。

5. 朗読ユニット「R's」を作りました。

6. フリートークをしたり、サウンドドラマを演じたりします。

7. 「冬花火の会」です。

8. 2月26日、渋谷のセブンスフロアーで行います。

9. このイベントは初めての方でも楽しめるようなものにしたいと思っています。

第11課
東京暮し相談(クエスチョンとアンサー)

スクリプト

内容1 商品が届かない、ネットオークションのトラブル (3分5秒)

　クエスチョン:インターネットオークションに初めて挑戦したんです。デザインが気に入った指輪、もちろん新品を意外と簡単に予算内の12万円で落札できました。早速代金を振り込み、商品が届くのを楽しみに待ちました。ところが、約束の日時を過ぎても、届きません。出品者に何度もメールで催促しましたが、「指輪のサイズ直しをしている。もう少し待ってほしい」と言われ、半年も待たされています①。オークションの主催者は同様の苦情が寄せられたので、「出品者を退会処分にした。トラブルは当事者で解決するように」といって、間に入ってくれません。どうしたらいいのでしょうか。

　アンサー:ネットオークションの人気は高く、月に数百万人が参加する市場とも言われています。仕組みは、売り手が出品した品物を購入希望者が入札し、最高値をつけた人が購入権を獲得するというものです。ネット上の取引でも、相手が事業者であれば、訪問販売法の規制を受けますが、事例のようなトラブルは絶えません。ましてや、個人間の取引の場合は、規制の対象にすらなっていません。ほかにも、出品者と連絡が取れない、汚れていた、壊れていたなどの苦情や、利用者が利用結果を評価する評価欄で互いを誹謗中傷するトラブルも発生しています。事例では、出品者の所在地が分かっているので、書面で品物の引渡し、または返金請求をし、解決しない場合は、民事調停や小額訴訟に持ち込む方法があります。出品した品物がもともと存在しなければ、詐欺の疑いも

ありますので、警察に相談することになります。一人で不安な場合は、消費生活センターに相談しましょう。オークションの主催者は、サイトは単なる場の提供なので、トラブルには関与しないとの立場ですが、犯罪防止のために、登録を有料化したり、クレジット番号による本人確認を厳格にしたり、損害保険をつけるなど、対応はさまざまです。

　さらに、代金決済や、商品の配送業務を当事者に代わって、第三者が行う、エスクローサービスを採用したところもあります。信用のおけるサイト選びが重要になりますが、それとともに、入札前に、品物の状態、取引条件、相手の住所、氏名、電話番号などをよく確認し、代金の前払いは避けるなどの注意が必要です。

■ **文法と言葉遣いの解釈**

　① 待たされています：“待つ”的使役被动态，“被迫等”的意思。

■ **解答**

　○　次の問題を考えながら聞きましょう。

　　1. a　　　　　　　2. a　　　　　　　3. b

　○　では、更に次の問題を意識しながらもう一度聞きましょう。

　　1. a、b、c　　　　2. a、b、d　　　　3. a、b

　○　もう一度聞いて、次の問題に答えましょう。

　　1. a（×）　　　　　b（○）　　　　2. a、b、c

内容 2　　通信販売でカメオが格安? その事業者は信用できますか（2分34秒）

　クエスチョン：カメオブローチの通信販売の広告を見ました。以前から、カメオはほしかったし、写真ではかなり高級品の雰囲気なのに、1万円と①とても安く、返品も可能で、しかも代引き配達にすると、ペンダント無料プレゼントというので、思い切って申し込みました。数日後、商品が届き、お金を払いましたが、肝心のカメオは広告とはまったく違う、プラスチック製のような貧弱なものでした。がっかりしてすぐ返品しましたが、販売会社から連絡はなく、電話をしてもまったく通じません。これは返品されないのでしょうか。

　アンサー：流行のインターネットショッピングからテレビショッピング、カタログ通

販、チラシ広告まで、遠距離取引の可能な通信販売ではさまざまなトラブルがあります。今回の事例では代引き配達を利用していますが、これは商品を受けとるときに、代金を支払う方法で、通信販売でよく利用されています。また、通信販売では返品特約と言って、返品できるのか、できないのか、できる時は、期間や方法などを広告に表示することになっています。

　カメオはイタリアやドイツで作られる貝や石に透かし彫りをしたアクセサリーを言いますが、高価なものは多いようです。今回の事例では返品特約がついていたので、商品を販売会社の指定どおり②、郵便局留めで返送しました。しかし、販売会社は引き取りに現れず、所在不明で連絡も取れません。郵便局留めの場合、一週間の保管期間内に、受取人が現れないと、差出人に返送されます。事例のケースでは、商品は消費者に返送されましたが、残念ながら、支払ったお金は戻りませんでした。通信販売では、このような事業者の所在不明や倒産などの被害以外にも、誇大広告、商品が届かない、商品が不良品だったなどの苦情が出ています。消費者としては、広告、取引条件をよく読むこと、何よりも信用できる事業者を選ぶことが、被害にあわない第一歩と言えます。

■ 文法と言葉遣いの解釈

　① 1万円と："と"是"と言われて"的省略，"说是1万日元"的意思。

　② 指定どおり："名词＋とおり"时，"と"变成浊音"ど"，表示"按照……，照……那样"的意思。"指定どおり"意为"照指定的那样"。

■ 解答

○ 次の問題を考えながら聞きましょう。

1. c　　　　　　　2. b　d

○ では、更に次の問題を意識しながらもう一度聞きましょう。

1. a. インターネットショッピング　　　　b. テレビショッピング

　c. カタログ通販　　　　　　　　　　　d. チラシ広告

2. c

○ もう一度聞いて、次の問題に答えましょう。

a.（×）　　　　b.（○）　　　　c.（○）　　　　d.（○）

内容3　副業のはずが、結局パソコンを買わされるだけかも。
内職商法に法規制 (3分2秒)

　　クエスチョン：昨日、折り込みチラシで、自宅でお仕事、月収20万円の求人広告を見て、営業所へ行きました。説明を聞くだけのつもりでしたが、すぐに面接を受けるようにと言われ①、面接を受けたところ、合格しました。「在宅でインターネットのホームページを作成し、そこへ広告を掲載する人を探す仕事である。作業上の不明点はいつでも専門のものが指導するので、心配要らない。すぐにでも仕事は始められる。パソコンと技術取得のためのCDロムを購入してもらうが、代金は内職の収入で十分に支払える」と説明され、分割払いでパソコンとCDロムの購入契約、約98万円、をしました。でも、よく考えると、仕事がなければ、支払いのみが残ることになり、不安です。今からやめられるでしょうか。

　　アンサー：最近の不況で、簡単に収入を得られるという歌い文句で、高額の商品を買わせる内職商法の苦情が増えています。最近では、インターネットブームに乗って、ホームページを作成する内職の相談も急増してきました。主なトラブルには、電話でホームページ作成内職で月2、3万円の収入を得られる。講習を受け、簡単な試験に合格すれば仕事は斡旋すると、勧誘され、後日送られてきた契約書面を見てみたら、パソコンや教材の購入契約だったというケースや、試験が難しくて合格できず、仕事が紹介されない、期待した収入が得られないというケースがあります。契約する前には、チラシやパンフレットの内容をよく見て、高額な負担があるのか、商品の購入や前払い金の義務があるのかなどを慎重に検討しましょう。契約する場合も、重要な事項は必ず書面で確認してください。

　　2001年6月1日から訪問販売法が改正され、特定商取引法に名称変更、事例のような取引は業務提供誘引販売取引②として、規制の対象になりました。書類を受け取ってから20日間はクーリング・オフができます。クーリング・オフをする場合は、はがきなどで通知してください。コピーをとって、配達記録、簡易書留などで証拠を残します。心配な時は消費生活センターに相談してください。

■ 文法と言葉遣いの解釈

　　① 面接を受けるようにと言われ："ようにと"表示転述別人的话，所以这句话相当于"面接を受けてくださいと言われ"的意思。

　　② 業務提供誘引販売取引：提供职业作为引诱，销售商品的交易。

■ 解答

○ 次の問題を考えながら聞きましょう。

1. b 　　　　　　 2. c 　　　　　　 3. a

○ では、更に次の問題を意識しながらもう一度聞きましょう。

1. a b c 　　　　　 2. c d

○ もう一度聞いて、次の問題に答えましょう。

a（×）　　　　　 b（○）　　　　　 c（○）　　　　　 d（○）　　　　　 e（×）

内容4　このままでは髪がなくなると言われて（2分39秒）

　　クエスチョン：20代の会社員です。無料毛髪チェックのCMを見て、軽い気持ちで店に行きました。ところが、カウンセラーが毛髪をカメラで写し、すでに髪がひどく傷んでいる。このままではどんどん抜けて、数年後には髪は全部なくなる。今すぐうちでケアをしないと間に合わない。と強く言うので、大変不安になり、将来が真っ暗になった気がしました。そのため必要だと勧められるままに①、育毛サービス、増毛サービス、かつら、シャンプーなど、総額200万円の契約をしてしまいました。でも自宅で洗髪したら、増毛はすぐ抜けるし、本当にこんなにたくさんの契約が必要だったのか、不審になりました。初めての高額のクレジットも支払いが不安です。いまから解約できますか。

　　アンサー：育毛やかつらのCMがたくさん流され、発毛剤が人気を集めるなど、毛髪で悩む人が大変多く、相談窓口には毛髪にかかわるさまざまなトラブルが寄せられています。今回の事例のほかにも、育毛の効果がまったくない、増毛で髪が傷んだ、通うたびに②次々と高額のケア商品を売りつけられた、薄毛の弱みに付け込まれ、育毛の次は増毛、次はかつらと、10数枚も作らされたという苦情などがあります。今回の事例は店頭販売ですから、訪問販売法のクーリング・オフは適用になりません。ただし、自主的にクーリング・オフ制度を設けている事業者も多く、その場合は、契約の一定期間内、多くは8日以内であれば、無条件で解約できます。また、クーリング・オフ制度がなかったり、あっても一定期間を過ぎているときは、勧誘の際に消費者を不安に陥らせ、この方法しかないと言って、高額の契約をさせたことなどを手紙で申し出て、粘り強く解約交渉をすることになります。一人で困難な時は、消費生活センターに相談してください。

　　育毛、増毛、かつらなどの契約をするときは、やはりじっくり考えて、慎重に判断することが大切です。

■ 文法と言葉遣いの解釈

① ままに：表示一种"如实"、"原封不动"的状态。

② 通うたびに："たびに"表示"毎次……的时候"，"通うたびに"是"毎次去的时候"的意思。

■ 解答

○ 次の問題を考えながら聞きましょう。

1. c　　　　　　2. b　c

○ では、更に次の問題を意識しながらもう一度聞きましょう。

1. c　　　　　　2. c

○ もう一度聞いて、次の問題に答えましょう。

a (○)　　　　b (×)　　　　c (○)　　　　d (×)　　　　e (○)

内容5　知っていますか、消費生活センターのこと (1分36秒)

　消費生活センターとは都道府県、区市町村の行政機関で、みなさんの消費生活をサポートするためにさまざまな事業を行っているところです。主な事業を紹介してみましょう。

一、消費生活相談。悪質商法や商品事故などの相談に応じ、トラブル解決のための助言や斡旋等を行う。

二、消費者教育。講座の開催や、教材作成等を行う。

三、情報提供。情報誌の発行、広告、企画展示、図書資料室等により、情報提供を行う。

四、自主活動の支援。自主活動の場の提供、学習活動の支援、啓発団体の育成等を行う。

五、商品テスト。商品事故の原因究明や、商品の品質を評価し、情報を提供する。例えば、ある消費生活センターでは、こんなことができます。

1. 高校生が巻き込まれやすい悪質商法について話を聞く。

2. 食品の糖度や、塩分などを測ってみる。

3. クレジットカードの仕組みを調べる。

4. 環境にやさしい消費生活の工夫について調べる。

■ 解答

　○　次の問題を考えながら聞きましょう。

　　　b

　○　では、更に次の問題を意識しながらもう一度聞きましょう。

　　　① 消費生活相談

　　　② 消費者教育

　　　③ 情報提供

　　　④ 自主活動の支援

　　　⑤ 商品テスト

　○　もう一度聞いて、次の問題に答えましょう。

　　　a(○)　　　　　　　　b(×)　　　　　　　c(○)　　　　　　　d(○)

内容6　消費者契約法って、どんな法律? （3分48秒）

　消費者契約法が 2001 年 4 月 1 日に試行されました。

　背景:契約や販売方法に関する相談、苦情は年々増えています。そのようなトラブルを解決するための新しいルールとして、消費者契約法ができました。

　目的:契約は原則として両当事者が対等な立場で締結することを前提としていますが、消費者と事業者の間には情報量や交渉力に格差があります。このような格差から、消費者の利益を守るのが、消費者契約法の目的です。

　ポイント1:例えば、次の場合、契約を取り消すことができます。

　1.うその情報を与えられた場合。契約内容の重要な事項について、事実と異なることを告げられて契約した場合は取り消すことができます。例えば、中古住宅の購入で、「築5年①です」という説明を受けて契約したが、あとで調べると築 10 年だったという場合です。

　2.不確実な情報を確実な情報として告げられた場合。将来における変動が不確実な事項について断定的な判断を提供され契約した場合は取り消すことができます。例えば、営業マンに円高にはならないから、絶対儲かると説明されて、外債を購入したが、円高になって、大損したという場合です。

　3.消費者に不利益な情報が提供されない場合。消費者に有利な点ばかりを強調し、それを聞いていたら、契約しなかったような不利になる事実を、事業者が故意に告げな

かった場合は、取り消すことができます。例えば、眺望、日当たり良好と言われてマンションを買ったが、隣に高層ビルが建ち、眺望、日照が遮られてしまった。業者はその計画を知っていたが、そのことの説明はなかったという場合です。

　4. 勧誘の場所から出て行かない、または出て行かせない場合。自宅や職場に事業者が居座って、帰ってほしいという意志表示をしたのに帰らず、やむを得ず契約した場合や、消費者が帰りたいという意志表示をしているのに、事業者が帰らせず、困ったすえに契約した場合は、取り消すことができます。例えば、教材のセールスマンが夜中の 12 時まで居座って説明を聞かされ、「要らないので帰ってください」と、何度も断ったが、帰らず、仕方なく契約してしまったという場合です。

　ポイント 2 : 例えば次のような消費者契約の条項は無効です。

　1. 損害賠償の責任を事業者が一切取らないとする条項。

　2. 消費者の支払いが遅れたために、事業者が損害金を請求する場合、年率 14.6％超える部分。

　3. 消費者に違約金を請求する場合、通常の損害を超える部分。

　4. お金を払って手に入れたものに、普通気づかない欠陥があった場合、修理や交換も損害賠償もしないとする条項。

　考えてみよう : 消費者契約法はなぜ必要になったのでしょうか。その背景について話し合ってみましょう。

■ 文法と言葉遣いの解釈

　① 築 5 年 : 盖了 5 年,5 年屋龄。

■ 解答

　○ 次の問題を考えながら聞きましょう。

　　1. b　　　　　　　2. a　b

　○ では、更に次の問題を意識しながらもう一度聞きましょう。

　　1. a　c　　　　　2. a　b　c　d

　○ もう一度聞いて、次の問題に答えましょう。

　　1. a　d

　　2. a(○)　　　　　b(○)　　　　　c(×)　　　　　d(×)

課外でチャレンジしましょう

スクリプト

赤ちゃんが笑う時 (10分27秒)

　この番組は赤ちゃんの笑い声を応援するジェイギフト(J−gift)の提供でお送りします。世界の赤ちゃん情報を、ジェイギフトからのあったかい声援に乗せてお話しします。

　赤ちゃんが笑う時

　この番組でこれからお相手をつとめます悠々列車の大沢真知子です。わたくしも男の子が3人おりまして、遥か彼方の昔なんですが、一番最初に突然笑い出した時、生まれてとってもうれしくて、わくわくしてて、この子はどんな成長を遂げていくんだろうと、思ってたある夜、2ヶ月目のことでしたね。長男がお風呂上りに突然声を出して笑ったんです。そのときの嬉しさというのが、ずっといまだに残ってますね。ま、それが源となって子育てをできたといいますか。反抗期も切り抜けて、大人になって、常にわたしの記憶の中にはその初めて笑った日の嬉しさがあったような気がします。

　さて、この番組では世界のいろんな赤ちゃんの話題、子育ての話題を拾ってきて、皆さんにお伝えしようと思います。とはいっても、さあ、これから地球はどうなっていくんでしょう。日本は少子化、少子化と叫ばれてます。2005年にはすでに人口減少が始まって、2100年には人口は半分になるとも言われてるんです。でも、地球の人口は2005年で64億人、2050年には100億人を超えると。現在世界中では、1分に150人、1日に20万人が誕生しているそうです。この20万人全員に赤ちゃんのお祝いギフトをあげると、いったいいくらお金がかかるんでしょう。日本の人口がいくら減っても、世界的な規模では人口が増えている。ますますこれは国境の垣根なんてなくなって、世界中で大切に大切に赤ちゃんを育てていかないといけない時代が来たような気がします。4月20日付けの新聞にこんな記事がありました。16歳未満の子供の3割が花粉症に悩んでいるそうです。ま、これはどういう原因が考えられるかというのを耳鼻咽喉科のお医者さんがまあ、答えたのには、杉花粉の増加に加え、食生活の変化や大気汚染、ストレスなど、生活環境の変化が影響しているのではないかと。だから、一生懸命こちらは赤ち

やんを大切に育てようと思っても、その赤ちゃんを取り巻く環境はますます悪化しているようです。

　さて、何でも大げさに騒ぎ立てる国アメリカでもこんなことがいまブームになろうとしているんですよ。ばい菌は子供の健康にはいいのではないかと。うん、こんなシーンを皆さんちょっと頭の中に浮かべてみてください。這い這いをしている幼児がですね、あるクリニックで床に座ってるんです。そこに食べ物がころっと転がってるんです。病院ですよ。その床に落ちている食べ物をパッと拾って食べました。さあ、その子の母親だったら、皆さんどうしますか。あ、父親でもいいです。「やあ、やめなさい、汚い」というのではないでしょうか。やあ、実はそれが子供の健康に育つのに重大な秘訣を秘めてるのではないかという新しい考え方がアメリカのこのびっくりするような育て方。これはですね、実は子供の衛生に関する新たな仮説と呼ばれているんですが、フロリダ州のオートローダーデールというところにある小児耳鼻咽喉科専門のお医者さんが実践していることなんです。自分の息子にですね、家の中の床をこう這いずり回らせて、そこの転がっているもの別に何でも舐めろ、と。まあ、全部になめて回れと奨励しているわけでもないんですが、転がっているもの、例えば、ええ、フレンチトーストが床に落ちたー。それが子供がむしゃむしゃ食べてる。まあ、いいか。ボールが転がって、それを飼っている犬がぱっぱっぱと舐めた。それをまた子供が取って舐めてる。まあ、いいか。ナゲットが転がった。靴までなめてる。それもそのまま子供の好きにさせてるんだそうです。このお医者さんはどういうふうに信じてそれをやっているかというと、なるべくたくさんのばい菌に早い時期に接することで、将来アレルギーとか、それから小児喘息とか、そういうものに対して抵抗力をつけようと、ということなんですね。なぜこの人がこういう仮説を立て始めたかと言いますと、過去 15 年間でやはりアメリカでもアレルギー、子供のアレルギーは異常に増えているのです。もしかしたら、あまりにも潔癖に清潔さを親が追い求めるあまりこうなったのではないかと思ったわけですね。それから、デイケアで、日中を過ごす子供たち、いろんな病気の子がやってきますので、そこで早くから病気に感染した子供たちというのは、将来喘息の発作を起こしたり、痒いよ、痒いよってアレルギーを起こす傾向が少なくなってると。

　カナダのインド系の移民の方とこの間ちょっと話をしてましてね。お母さんはルフトハンザーの航空会社に勤めているんですが、まだ 2 歳前のちいちゃい子がいるんですよ。その子を預けているデイケアセンター、ここはどんな病気にかかっても連れてきてくださいと、奨励してくれると。これはすごくいい。例えば、普通に考えると、あ、熱がある、水疱瘡だ、これは連れて行くと、ほかの子に移る。あ、風邪を引いちゃった、ほかの

　子に移るって普通休ませて、お母さんも仕事を休んで、大変。いや、もうカナダでも、デイケアセンターなどでは、とにかく連れていらっしゃいと。ほかの子が一緒に移ったら、それでほかの子も将来またそれにはかからずにすむし、免疫がつくからと、こういう考え方のデイケアが行われているそうです。なるほど、一理あるなと思います。うちも3人いましたので、1人がかかったら、ほかの子がだだだってかかって、下の子ほど軽かったですね。

　さて、このばい菌だらけで過ごさせる幼児期、これは納得できない親もいます。いろんな育て方がありますので。例えば、英語でGERMFOUBばい菌恐怖症、こういう親も中にはいますと。例えば、スーパーマーケットに行って、カートの子供座らせるところがありますよね。そこに子供を座らせる前に、必ずその殺菌した布で拭いて、そこにカバーをかけて座らせると。それから子供の歯ブラシを熱湯消毒すると。これもすごい。両方ともがすごく自分の子育てには自信を持ってるんですね。先ほどの細菌だらけにするそのお医者さん、このお医者さんは先ほども言いましたように、やっぱり小さいときにそういうものにいっぱい慣れておいたほうが、将来免疫ができると、これはしっかりしたデータ持っているし、自分の子供はそういうふうにして育てて、13ヶ月になるまで熱も出さなかった、風邪も引かなかったそうなんです。今度はそのスーパーマーケットのカートまでカバーをかけて子供を座らせるというお母さん、うちの子だって風邪を引かないよって自慢してるんですよ。うーん、これは面白いなと思いました。いろんな子育ての本が世の中に出回っていますし、こういう子育てが一番だよと、まあとうとうと述べる方もいらっしゃいますが、親がこの子にはこうしてあげるといいと、そしてそのことを愛情を持って実践をしてあげると、世界にはもう数え切れないくらい、たくさんの正しい子育て法ってあるんじゃないかなと思います。わたしも3人育ててみて、いまだに、さあ、いつ答えが出るんだろうと思いますが、じゃ、赤ちゃんの時、こうしてあげたから、いまこうなってるなんてまだまだはっきりと分かりませんが、そのときにその自分の子供を愛してると、本当に大切に思って育ててあげてると、これが一番正しい子育て法なんじゃないかなと思います。

　この放送を聴いてくださった新米お母さん、あなたが今やっていること、自分の赤ちゃんをとても大切に思って育ててあげていること、それが一番正しいと思います。いろんな人の意見もあると思います。今日のばい菌まみれがいいかな、それともスーパーマーケットのカートにカバーをかけて座らせるのがいいかな、これは自分がいいと思うほうをある程度自分の判断でやってみるのがいいんじゃないですか。自信を持ってかわいい赤ちゃんを育ててください。時々笑い声に励まされながら。

　周りのかたがたもぜひ若いお母さんを応援してあげてほしいと思います。よし、子育て応援しよう。ジェイギフトに赤ちゃんの応援グッズいっぱいそろっています。ぜひご利用ください。ホームページからもご来店ください。アドレスは www.j-gift.co.jp。

　赤ちゃんを育てるお母さん、お父さんの応援、ジェイギフトがお届けしました。

■ 解答

1. 長男が風呂上りに始めて大声で笑った日のことです。

2. 少子化で、2005 年から人口減少が始まっています。

3. 杉花粉の増加、食生活の変化や大気汚染、ストレスなど、生活環境変化の影響が疑われています。

4. 子供がたくさんのばい菌に早い時期に接することで、将来アレルギーや小児喘息など、そういうものに対して抵抗力がつけられているという説です。

5. 子供がどんな病気にかかってもつれてきてくださいと、親に奨励しています。

6. スーパーのカートに子供を座らせる前に、殺菌した布で拭いて、カバーをかけて座らせたり、子供の歯ブラシを熱湯消毒するなどです。

第12課
ニュース［政治・社会］（ラジオニュース）

スクリプト

内容1 （1分52秒）

　　下村文部科学大臣は、幼児教育の充実に向け[①]、5歳の子どもが幼稚園や保育所に通う際の保育料について、来年度から年収360万円未満の世帯は無償にしたいという考えを示しました。政府の教育再生実行会議は今月、幼児教育を充実させたいとして、3歳から5歳までの幼児教育の無償化を段階的に進めるよう安倍総理大臣に提言し、これを受けて政府は、来年度から無償にする範囲を検討しています。これについて、下村文部科学大臣は閣議のあとの記者会見で、次のように述べ、5歳の子どもが幼稚園や保育所に通う際の保育料について、来年度から年収360万円未満の世帯は無償にしたいという考えを示しました。「無責任にですね、あのう、理想論だけを翳してもなかなか難しい、財源問題を考えると、ギリギリ、えー、これは妥協できない最低数字として提案をしたいと思っております」。政府の試算によりますと、こうした措置の対象となる5歳児はおよそ22万8000人で、およそ244億円の財源が必要になる見通し[②]です。政府は、少子化対策として、年収360万円未満の世帯の2人目の子どもについて、3歳児と4歳児の保育料も無償にする案を検討していて、今後、政府・与党内で調整が行われる見通しです。

■ 文法と言葉遣いの解釈

　①〜に向け：原意是表示"方向，朝向"，在这里引申为表示"针对，即为解决某一问题而采取

措施"的意思。

　　② 見通し：新聞報道中常出現。表示对将来前景的预测。

■　**解答**

　　○　次の問題を考えながら聞きましょう。

　　1. b　　　　　　　　2. c

　　○　では、更に次の問題を意識しながらもう一度聞きましょう。

　　1. b

　　2. 財源問題　妥協

　　　　意味：财源问题、妥协

　　○　もう一度聞いて、次の問題に答えましょう。

　　a.（○）　　　　　b.（×）　　　　　c.（○）　　　　　d.（×）

内容2　(1分36秒)

　　内閣府が行った小中学生の意識調査によりますと、「家族で社会の出来事について話す」と答えた人は75％で、前回、平成18年の調査より11ポイント高くなっています。内閣府は、今年2月、全国の小学4年生から中学3年生までの2000人を対象に、家庭生活や学校生活などの意識調査を行い、70％に当たる①1400人余りから回答を得ました。それによりますと、▽「家族で社会の出来事について話す」と答えた人が75％と、前回、平成18年の調査より11ポイント高くなったほか、▽「家族で買い物や食事に出かける」という人も92％と9ポイント高くなっています。また、▽「お父さんは自分の気持ちをわかってくれる」と答えた人は82％と、前回より15ポイント高く、「お母さんは自分の気持ちをわかってくれる」という人も90％と、前回より8ポイント高くなりました。内閣府は、「東日本大震災を経て、子どもも親も家族の絆②を意識するようになったことや、子どもの気持ちに寄り添って話を聞こうとする親が増えていることなどが背景にあるのではないか」と話しています。

■　**文法と言葉遣いの解釈**

　　① ～に当たる：接在数量词的后面，表示"相当于"的数字，比例等。

　　② 絆：原意是纽带、羁绊。引申为人与人之间的血缘或者爱情、亲情等关系。

■ 解答

　○　次の問題を考えながら聞きましょう。

　　1. d　　　　　　　2. b

　○　では、更に次の問題を意識しながらもう一度聞きましょう。

　　a. 家族で社会の出来事について話すか。

　　b. 家族で買い物や食事に出かけるか。

　　c. お父さんは自分の気持ちを分かってくれるか。

　　d. お母さんは自分の気持ちを分かってくれるか。

　○　もう一度聞いて、次の問題に答えましょう。

　　a. 家族で社会の出来事について話すかについて、肯定した人は(75)％で、(11)ポイント高くなりました。

　　b. 家族で買い物や食事に出かけるかについて、肯定した人は(92)％で、(9)ポイント高くなりました。

　　c. お父さんは自分の気持ちを分かってくれるかについて、肯定した人は(82)％で、(15)ポイント高くなりました。

　　d. お母さんは自分の気持ちを分かってくれるかについて、肯定した人は(90)％で、(8)ポイント高くなりました。

内容3　(1分27秒)

　　「ベネッセコーポレーション」の通信教育サービスを利用しているおよそ760万件の顧客の個人情報が大量に流出した問題について、顧客のデータベースの保守管理を担当していた外部業者の派遣社員が、データベースにアクセスし、個人情報を複数回にわたって①コピーした形跡が残っていたことが関係者への取材で分かりました。警視庁は、この派遣社員などから事情を聴くなどして捜査を進める方針です。この問題で、警視庁は、営業秘密に当たる顧客の個人情報が流出したとして、不正競争防止法違反の疑いで捜査しています。そして、関係者への取材で、ベネッセから顧客のデータベースの保守管理の業務を委託されていた外部の業者で派遣社員として勤務していた担当者が、データベースにアクセスし、個人情報を複数回にわたってコピーした形跡が残っていたことが分かりました。この派遣社員は、外部業者の中でも、一部の担当者にしか与えられていないアクセス権限を持っていて、ベネッセ側から貸与されたパソコンで情報をコピーし、記憶媒体②を使って持ち出していた疑いがあるということです。警視庁は、この派

遣社員などから事情を聴くなどして、捜査を進める方針です。

■ 文法と言葉遣いの解釈

　　① ～にわたる：接在表示时间、数量的名词后面，表示经过此期间和前后涉及的次数。

　　② 記憶媒体：具有记忆储存功能的设备。如光盘、优盘、移动硬盘等。

■ 解答

　　○　次の問題を考えながら聞きましょう。

　　1. d　　　　　　　2. a

　　○　では、更に次の問題を意識しながらもう一度聞きましょう。

　　1. c　　　　　　　2. d

　　○　もう一度聞いて、次の問題に答えましょう。

　　a.（○）　　　　　b.（×）　　　　　c.（○）　　　　　d.（×）

内容４ （1分44秒）

　　政府は今日の閣議で、今年の「少子化社会対策白書」を決定し、結婚への支援に関する意識調査の結果、給料を上げて家計を安定させるための支援や、共働きがしやすい環境整備などを半数近くの人が求めているとしています。今日、閣議決定された「少子化社会対策白書」によりますと、1人の女性が一生のうちに産む子どもの数の指標となる「合計特殊出生率①」は、おとととしは1.41で、前の年よりも0.02ポイント上昇したものの、欧米諸国と比較して低い水準にとどまっています。こうした状況を踏まえ、白書では少子化対策の充実に向けて、全国の20歳から59歳までの男女を対象に行った、結婚や妊娠、出産支援に関する意識調査の結果をまとめました。このうち、「結婚への支援策」として重要だと思うものを複数回答で尋ねたところ、「給料を上げて安定した家計を営めるよう支援する」が47.3％と最も多く、次いで、「夫婦がともに働き続けられる職場環境の充実」が45.8％、「安定した雇用機会の提供」が45.7％でした。内閣府は、「従来、少子化対策として力を入れていた子育てなどの支援だけでなく、結婚や妊娠、出産といった、切れ目のない支援を進めることが必要になっていて、調査結果も踏まえて、施策を進めたい」としています。

■ 文法と言葉遣いの解釈

① 合計特殊出生率：英语为 total fertility rate，简称 TFR。是人口统计方面的一项指标。指一个女性一生生育子女的平均数值。通过这个指标，可以对不同时期、不同地区间的人口自然增减进行评价和比较。

■ 解答

○ 次の問題を考えながら聞きましょう。

1. a　　　　　2. d

○ では、更に次の問題を意識しながらもう一度聞きましょう。

a. 給料を上げて安定した家計を営めるよう支援する

b. 夫婦がともに働ける職場環境の充実

c. 安定した雇用機会の提供

○ もう一度聞いて、次の問題に答えましょう。

1. d　　　　　2. a

内容5 （1分28秒）

　昨日、神奈川・相模原市の小田急線①相模大野駅近くで車庫から本線に向かっていた電車が脱線しました。今朝も始発から一部区間で運転を見合わせていましたが、午前6時に全線で運転が再開しました。小田急電鉄によりますと、昨日午後6時過ぎ、相模原市の小田急線相模大野駅近くで、車庫から出てホームに向かっていた電車が脱線しました。乗客はおらず、運転士にケガはありませんでした。この事故で停電が発生し、乗客およそ4000人が駅と駅の間で止まった電車内に閉じ込められ、その後、最寄り駅まで歩いて誘導されました。このうち、東京・町田市内で止まった電車では、妊婦2人が「具合が悪い」と訴え、救急搬送されました。小田急電鉄によりますと、脱線した現場周辺では線路のポイントが2か所破損していましたが、事故原因は分かっていません。レールが大きく変形していて復旧作業に時間がかかり、今朝も始発から、一部の区間で運転を見合わせていましたが、午前6時に全線で運転が再開しました。なお、特急ロマンスカー②の運転は、終日見合わせるということです。

■ **文法と言葉遣いの解釈**

　① 小田急線：属小田急电铁株式会社，在日本为著名的旅游观光线路。涵盖新宿、箱根、江之岛镰仓等充满魅力的观光地。

　② ロマンスカー：是和式英语（Romancecar），是小田急电铁旗下的特快列车和特快车辆的总称。

■ **解答**

　○　次の問題を考えながら聞きましょう。

　　1.　d　　　　　　　　2.　b

　○　では、更に次の問題を意識しながらもう一度聞きましょう。

　　1.　最寄り　　意味：最近的

　　2.　レール、見合わせて　　意味：铁轨、暂停

　○　もう一度聞いて、次の問題に答えましょう。

　　a.（×）　　　　　b.（○）　　　　　c.（○）　　　　　d.（×）

内容6　(1分47秒)

　「伊藤忠商事」の元社員が、出向していたニュージーランドにある関連会社の資金、6億円余りを自分の口座に不正に送金して着服したとして、業務上横領の疑いで逮捕されました。警視庁は元社員が資金を個人的な投資の損失の穴埋めに流用していたとみて捜査しています。逮捕されたのは、伊藤忠商事の元社員で大阪・守口市に住む、西口元容疑者です。警視庁の調べによりますと、西口容疑者は伊藤忠商事が出資するニュージーランドの関連会社に出向し、経理などを担当していましたが、今年2月までの半年間にこの会社の口座から 70 数回にわたって合わせて 6 億円余りを自分の口座に送金して着服したとして、業務上横領の疑いが持たれています。西口容疑者は今年になって自ら着服の事実を申し出、伊藤忠商事が懲戒解雇したうえで刑事告発していました。調べに対し、「横領したことに間違いない」と供述し容疑を認めているということです。警視庁は、西口容疑者が、着服した金を個人で行っていた外国の通貨を売買する「FX 取引①」で出た損失の穴埋めに流用していたと見て捜査しています。伊藤忠商事は「再発防止に向けて内部統制の強化とコンプライアンスの周知徹底を図ってまいります」とコメントしています。

■ 文法と言葉遣いの解釈

① FX取引：英语为 forex trading，意为外汇买卖。由于在网上可以实时买卖，灵活性大，现在是非常流行的投资理财方式。

■ 解答

○　次の問題を考えながら聞きましょう。

1. d　　　　　　2. a

○　では、更に次の問題を意識しながらもう一度聞きましょう。

再発防止、周知徹底　　意味：防止再次发生、完全了解

○　もう一度聞いて、次の問題に答えましょう。

a.（○）　　　　　　b.（×）　　　　　　c.（○）　　　　　　d.（×）

内容7　（4分58秒）

先週末、新宿御苑で行われた桜を見る会で、「給料の 上がりし春は 八重桜。お粗末でありました」こんな自作の句を披露し、賃上げの成果に自信を見せた安倍総理。そうした中、国会議員も、今より賃上げとなる可能性が出ています。今日午前に開かれた衆議院委員運営委員会の理事会。ここで話し合われたのが、議員歳費をめぐる、ある問題についてでした。

「これ、何？ 議員歳費」

議員歳費とは、国会議員に支払われる1年間の報酬のことで、サラリーマンでいうと、月々の給料とボーナスとを合わせたものにあたります。金額は、法律で決められており、一般の議員の場合、月額129万4000円。1年間に2回支給される期末手当、553万円余りを合わせると、年間およそ2100万円になります。

その議員歳費をめぐっては、東日本大震災の復興に充てるとして、2012年5月から、12.88％減額し、同じ年の12月からは、議員定数を削減するまでの身を切る①改革として、さらに7.12％を減額しました。減額は、合わせて年間およそ400万円になっています。しかし、この特例措置は今月末までで、このまま何もしなければ、来月から減額前の歳費に戻ることになります。この問題について、街で聞くと。「国民の方に回してもらいたいわ～。消費税上がって、食べるものも食べられなくて、あっぷあっぷしてるのに…」、「そのまま（削減）でいいんじゃない。まだまだ復興してないじゃない。別に1700

万円ももらっていれば、いいんじゃないですか。」

　今日自民党からは、「国民の皆さんの負担が増している中で、それを政治家がどう受け止めるか、これ国民の皆さん非常に見ているんじゃないでしょうかね。」「借金してでも、いろんな事務所の運営費に回しているという者が多い中にあって、こう生活にあまりに困窮するような状況というものは、いかがなものか。」

　また、自民党のある 1 年生議員は「議員歳費は、正直なところ戻してほしい。手元に残るのは、大した額にならない」、2 割削減は厳しいとの声が出ている。そうした一方で、揺れているのが、日本維新の会②です。当初は、1 割削減を検討していましたが、「公約で 3 割って言っているのに、なんで急に、そんな 1 割とかそんな恥ずかしいことはできませんよ」と橋下共同代表が反発。こんなメールを国会議員団に送りました。「場合によっては、日本維新の会と大阪維新の会を、別物にしなければならないかもしれません。」そして今日、日本維新の会は役員会を開き、公約でもある 3 割削減を主張していくことを確認しました。「当たり前ですよ、そんなのは。何と言っても、消費税が上がるね、このタイミングで、国会議員のその給料が上がるなんて、あり得ないですよ、それは。」

　ご覧いただいたように、国会議員の中からは、歳費の 2 割削減は厳しいという声、上がっていますが、そもそも国会議員には、歳費のほかにも、多額のお金が支給されています。例えば、こちら使い道の報告義務がない「文書通信交通滞在費」。これは、年間 1200 万円支給されています。また、法律をつくるために必要な費用として、「立法事務費」が、1 人あたり 780 万円支給されています。さらに、こちら JR のパスや航空券が支給されるなど、国民目線で見ると、かなり優遇されているようにも見えます。消費増税で国民が負担を強いられている中、国会議員自らがどんな結論を出すのか注目されます。

■ 文法と言葉遣いの解釈

　① 身を切る：原意是表示寒冷或者痛苦等的程度非同寻常，此处指进行彻底的、全面的改革。

　② あっぷあっぷ：原意是因呛水而透不过气。本处引申为因经济上的压力而生活困难。

　③ 日本維新の会：英文为 Japan Restoration Party，是日本一个保守的政党，现为日本政坛第三势力的核心。

■ 解答

　○ 次の問題を考えながら聞きましょう。

　　1. a　　　　　2. b

○ では、更に次の問題を意識しながらもう一度聞きましょう。
1. d　　　　2. b
○ もう一度聞いて、次の問題に答えましょう。

a.（×）　　　　b.（○）　　　　c.（○）　　　　d.（×）　　　　e.（○）

課外でチャレンジしましょう

スクリプト

内容 1 （1分05秒）

　現在、渋谷駅の山手線のホームは外回りと内回りで別々にもうけられていますが、JR東日本の計画では、これを1つにまとめるほか、およそ 350 メートル離れている埼京線ホームを山手線ホームの近くに移動させます。また駅1階のコンコースを拡大し、バリアフリー化をさらに進めるほか、2階に東西を横断する通路を新たに整備するなど、現在進められている周辺の再開発にあわせて、渋谷駅の大規模な改良を行うことにしています。JR東日本は今週、準備工事を開始し、来年度の本格着工を目指すとしていますが、全体の完成時期は「未定」としています。このほか渋谷駅周辺では、東京オリンピック・パラリンピックが開かれる 2020 年に東口にも高層ビルが開業する予定です。

■ 解答
1. 渋谷駅の大規模改良工事を行う予定についてのニュースです。
2. コンコース：中央大厅
3. バリアフリー：无障碍

内容 2 （55秒）

　国立感染症研究所によりますと、今年、はしかに感染した人の報告数は 9 日現在で全

国で 253 人にのぼり①、この 3 か月あまりで去年 1 年間の感染者数を大きく上回りました②。感染者の半数は予防接種を受けておらず、海外から持ち込まれたウイルスが広がり流行していると見られています。また、未成年が感染者の半数以上を占めています③。はしかウイルスは感染力が強く高熱などの症状がありますが、重症化すると死亡することもあります。例年、5 月から 6 月ごろに流行のピークを迎えるためさらなる感染拡大が心配されていて、国立感染症研究所などは予防ワクチンを接種するよう呼びかけています。

■ 解答

　1. 感染力が強い病気です。

　2. a. ウイルス　　　b. ピーク　　　c. ワクチン

　意味：a. 病毒　　　b. 高峰　　　c. 疫苗

内容 3 （1 分 10 秒）

　「4 月 24 日から 4 月 26 日まで中国・北京へ出張致しますので、お知らせ致します。今回の訪問は北京市から招待を受けたものでありまして、王安順・北京市長にお会いする予定であります」東京都の舛添知事は今日、臨時の記者会見を行い、今月 24 日から 26 日の日程で北京を訪問することを明らかにしました。都知事の北京訪問は 2008 年の北京オリンピックの際の石原慎太郎氏以来となりますが、中でも、北京市側の招待での訪問となると 96 年の青島幸男氏以来、18 年ぶりとなります。知事は滞在中、王安順・北京市長と会談する予定で、「PM2.5 の対策やオリンピックのノウハウなど積極的に意見交換し、両都市の友好関係を築いていきたい」と意気込みを語りました。

■ 解答

　1. 24 日から 26 日まで北京を訪問します。

　2. PM2.5 の対策やオリンピックのノウハウ、両都市の友好関係について会談する予定です。

内容 4 （2 分 05 秒）

　　一定以上の所得がある高齢者の介護サービスの自己負担を引き上げるなど、医療・介護分野の制度改正を行うための法律が、今日の参議院本会議で自民・公明両党などの賛成多数で可決され、成立しました。医療・介護分野の制度改正を行うための法律では、年間で 280 万円以上の年金を受け取っている人を念頭に、一定以上の所得がある高齢者について、介護サービスの自己負担を今の 1 割から 2 割に引き上げるとしています。また、在宅医療の充実に取り組む医療機関などを支援する基金を都道府県に設けるほか、特別養護老人ホームへの入所は、介護の必要度が比較的高い「要介護 3」以上に原則として限るとしています。さらに、医療事故で患者が死亡した場合に、国が指定した民間の第三者機関が調査を行うなどとしています。今日開かれた参議院本会議で、各党の討論が行われました。「高齢者にとって身近な地域での支え合いをより充実させ、1 人 1 人にふさわしい支援を地域内に育てようとする、言わば、規制緩和策ともいえるものであります。地域ごとに充実した医療提供体制が整備され、地域包括ケアシステム構築をすすめることはぜひとも必要である。」「国は財政面を理由にして逃げること許されず、あくまでもその充実が求められるところであります。」「安倍政権の姿勢は今回の法案においていわゆる要支援切りの問題として具現化されることになりました。」そして採決の結果、法律は、自民・公明両党などの賛成多数で可決され、成立しました。

■ 解答

1. 今の 1 割から 2 割に引き上げられました。
2. 原則として介護の必要度が比較的高い「要介護 3」以上に限ると規定されています。
3. 国が指定した民間の第三者機関が調査を行うと規定されています。
4. 高齢者にとって身近な地域での支え合いをより充実させ、1 人 1 人にふさわしい支援を地域内に育てようとするものです。

内容 5 （1 分 51 秒）

　　スイスを公式訪問中の皇太子さまは、19 日、北西部の町ヌーシャテルの迎賓館に到着

されました。歓迎行事に臨み、日本とスイスの友好関係の発展を願うスピーチをされました。ヌーシャテルは、150年前に日本を訪れ修好通商条約を結んだスイスからの使節団の団長や、ブルカルテール大統領の出身地で、皇太子さまは大統領と握手をして、あいさつを交わされました。そして、日本とスイスの友好関係の発展を願って英語でスピーチをされました。皇太子さまは、両国は長い間、互いの長所を学び助け合ってきたとしたうえで、東日本大震災での支援などに感謝の気持ちを表されました。この後、皇太子さまは地元の博物館を訪ねられ、合気道を習う子どもたちが日の丸やスイス国旗の小旗を振って歓迎していました。博物館には、150年前、使節団の団長が日本から持ち帰った絵画や写真のほか、修好通商条約の原本なども展示されていて、歴史を研究している皇太子さまは、興味深そうにご覧になっていました。

■ 解答
1. 皇太子様が友好関係の発展のために、スイスを訪問しました。
2. 英語でスピーチをして、博物館を訪ねました。
3. 150年前に、使節団の団長が日本から持ち帰った絵画や写真のほか、修好通商条約の原本なども展示されていています。

内容6 （1分07秒）

　去年10月1日時点の総人口が、3年連続で大きく減少したことが分かりました。総務省が今日発表した去年10月1日時点の人口推計によりますと、外国人を含む総人口は、前の年より21万7000人減り、1億2729万8000人と、3年連続で大きく減少しました。中でも、日本人の人口は、前の年より25万3000人減り、比較可能な1950年以降で、減少幅が過去最大となりました。また、15歳から64歳の生産年齢人口は、前の年より116万5000人減り7901万人で、32年ぶりに8000万人を下回りました。一方、65歳以上の高齢者が総人口に占める割合は、4人に1人を超える25.1％と、過去最高となりました。

■ 解答
1. 3年連続で大きく減少しました。中でも日本人の人口は減少幅が過去最大となりました。

2. 生産年齢人口は減り、高齢者が総人口に占める割合が過去最高となりました。

内容 7 （1分35秒）

　　原子力発電所の再稼働の前提となる安全審査が優先的に進められている鹿児島県の川内原発について、原子力規制委員会は、九州電力が提出した書類のチェックに時間がかかっているなどとして、早ければ明後日としていた「審査書」の案の取りまとめを来週以降に延期しました。先月 24 日に九州電力から川内原発 1 号機と 2 号機の安全対策についての書類の提出を受け、原子力規制委員会は、規制基準に適合したことを示す合格通知に当たる「審査書」の案を作成したうえで、早ければ明後日の会合で取りまとめる予定でした。しかし、九州電力が提出した書類がおよそ 8600 ページと膨大な量に上り、この内容の確認などに時間がかかっているとして、取りまとめは延期されることになりました。「審査書」案は来週以降の会合で取りまとめられる見通しで、その後、一般からの意見募集がおよそ 1 か月行われるため、「審査書」が完成するのは来月になるとみられます。さらにそのあとも、自治体の同意や規制委員会による機器や体制を確認する検査などの手続きがあるため、九州電力が目指す川内原発の再稼働は早くても 9 月以降になり、運転中の原発がない状態で夏を越す公算が強まっています。

■ 解答
1. 九州電力が提出した書類のチェックに時間がかかるため、来週以降に延期しました。
2. 自治体の同意や規制委員会による機器や体制を確認する検査の手続きがあります。
3. 9 月以降です。

第 13 課
やさしさよ(対談)

スクリプト

内容1　レディオ・ユー (13分3秒)

その1 (3分41秒)

♪レディオ・ユー

男：水城雄(ミズキユウ)です。えー、現代朗読協会公演の「奥の細道イブン」の稽古場
　　からお送りしている、稽古場だより。ええ、今日は、森川凛(モリカワリン)に来て
　　もらいました。こんにちは。

女：こんにちは。

男：えー、いろいろライブとかやってもらってますけれども、えー、今回は公演にも参
　　加してくれるということで。ラジオにも出てもらうことになりました。

女：ははは。よろしくお願いします。

男：よろしくお願いします。えー、今日も、稽古、通しの稽古とかやりましたけれども。

女：そうですね。

男：どうですかね。

女：そうですね、やっぱりこう、通して見ると、その全体の形がやっぱり私たちにもよ
　　く分かってくるので、その全体を見ての、その個々の、こう、部分が、あ、こういう
　　意味なんだなっていうのが、だんだんこうまとまってきた感じがしますね。

男：なるほど、はいはい。

女：はい。

男：なかなか脚本だけとかね、その、部分部分の稽古ではイメージもつかみにくいもんね。

女：ま、本来であれば、その、本を、こう、読んで、そういうイメージができるのがほんとなんでしょうけれども、まあなかなかそこまで、私なんかはいけないので、まあだいたいこんな感じかなあと思っても、ま、実際にこう、動いてみて、あるいは人のやるのを見てみて、まあイメージが膨らむっていうのが、やっぱり多いですよね。

男：あの、無理だと思う、今回のしばは…芝居は本だけ見て。

女：そうですね。

男：なぜかというと、うん、映画とかそういうストーリー芝居では（←正：とは）まったく違うので、

女：はい、

男：作って、それビジュアル的なものもあるし、音楽も入ってるし…

女：そうですねえ、それによってずいぶん影響されますよね。

男：うん。で、本に書かれてるとおり、ね、やってもそこに音が入ったり動きが入ったりするんで、まったく違うイメージができてきたり、そういうものを狙ってたりするからね。

女：ええ。

男：えー、でも、あれですよね。森川さんは、もう、冒頭、

女：はい。

男：一番最初の…

女：そうですねえ。

男：に、近い出番ですよ。

女：そうですそうです。はい。

男：うん。

女：まあトップバッターのような。

男：トップバッターですよね。

女：ねえ、まあ実質的に、そうですね…

男：芭蕉とか、それに…の次の、

女：次ですからね。だからなんとなくこう、トップバッターの心境ですね。

男：うんうんうん。一番最初のシーンが、えー、夏目漱石（はい）、えーっとね、え、寺田、夏目漱石の弟子の寺田寅彦が、実験中になんか、タイムマシーンを発明してし

まって、時空を飛ばされてしまうんですよ。

女：ふふふ。

男：時空を超えた旅行をしていると、もうかつて亡くなってしまった恩師の夏目漱石にあ、あ、会って、えー、夏目漱石の作品を読むというか、そういう形なんですけどね。で、その最初のトップバッターとして森川さんが…

女：そうですねえ。やっぱりなんとなくこう、ああトップバッターって大変だなあやっぱりと、ちょっと思いましたね。

男：なんで?

女：やっぱりこう、

男：どういうところが?

女：みんなのこう、やっているやつを、なんとなくこう、ひ、引いてきて、こう、出すっていう感じ…

男：ああ、はいはいはい。

女：ま、もちろんトップバッターと言っても私も同じなんですけれども、なんかそういう意味でいくと、やっぱりこう、前に誰かがやってくれたのを、ちょっとあの、こう、引きずりたいなあっていう気はするんですけども、トップバッター、ま、実質的なトップバッターなんで、ま、とりあえず自分でポンと作って出ないといけないっていうのが、まあ…

男：そうですね。

女：ありますね。ええ。

男：で、次の人はその森川さんが作ったやつを、

女：そうそうそう。

男：引っ張ればいんだもんな。

女：またなんか違う、こっちへ転んでみたりあっちへ転んでみたりって、まあできると思うんで、やっぱり最初のその基準点みたいなんをちょっと作ってる感じはありますよね。

男：ああ、でもいいじゃないですか。好きなようにやれればいいじゃないですか。

女：まあそうですね。そういう意味ではそうですね。はい、好きにやらしていただいてます。はははは。

■ 解答

○　次の問題を考えながら聞きましょう。

1. b　　　　　　2. c

○　では、更に次の問題を意識しながらもう一度聞きましょう。

1. c　　　　　　2. a

○　もう一度聞いて、次の問題に答えましょう。

1. c

2. a(×)　　　　　b(×)　　　　　　c(○)　　　　　　d(○)

その 2（3分22秒）

男：漱石のね、「吾輩は猫である」というものの冒頭部分、読んでもらうことになって
　　るんですけども、えー、朗読をするというよりも、朗読をしているところを見せる
　　っていうかね、ふふふ。

女：ふふふ。ねえ。

男：ちょっと変な言い方なんだけれども。

女：ええ。

男：お客さんは朗読を、森川さんがしている朗読を聞くんではなくて、朗読をしてい
　　る演技を見る、みたいな。

女：うーん、ねえ。

男：うん。

女：ねえ。そんな舞台って、ないですよねえ。ふふふ。

男：でも相手役、たった一人じゃなくて、相手役がいてね。

女：あ、それはまた全然違いますね。その人に向けて、っていういのが、ま、きっちり
　　あるので。

男：うん。

女：ただまあその人に向けて、っていうのが意外に難しくて、

男：うん、そうですね。

女：そうなんですよね、やっぱり、こう、どうしてもその、まあ、ね、こういうふうにマ
　　イクの前でしゃべる、あの、仕事をしてきたもので、その、舞台の上で、まあその…
　　距離感覚ですよね。

男：うんうんうんうん。

女：その、ていうのがあんまりこう、今までやってこなかったんですよ。

男：うんうん、うん。

女：そうすると、

男：いや、それはまあ、もう当然だと思いますよ。ほとんどの人がそうだと思うし。

女：うーん、まあやっぱりこう、舞台、広いので、たとえば、あの、すぐそばにいる人に向けてしゃべるのと、まあ 1 メートル先、5 メートル先、10 メートル先っていう人に向けてしゃべるのは、まあ、当然しゃべり方が違うわけで、

男：うんうん。

女：で、自分では、まああの、やってるつもりだったんですけど、やっぱり、ああ、できてないなあっていうのが、今日すごくわかり…

男：意識がやっぱりお客さんのほうにいっちゃうもんね。

女：どうしてもね。これたぶん、無意識に、いくら、こう、目の前の人に読もうと思っても、たぶんこっちを、やっぱりね、無意識のうちに意識してるんですよね。

男：うん。

女：そのせいだと思うんですよ。

男：今回はでもいろんな距離感が出てくるでしょ。

女：そうですね、ほんとに。自由に、

男：距離感をほんとに、じ、自由、自在に動かしていかないと、けっこう、ね、

女：そうですね。

男：あるじゃないですか。

女：ほんとその、ほんと、もういろんな距離感を出していくっていうのが、ひとつの漱石チームの、あの、まあ、使命というか。

男：そうかもしれないですね。

女：ええ。ひとつの目的なので…

男：はいはいはい。

女：ま、そのあたり、ちょっと、ね、もうちょっと頑張ろうと思いました。

男：うん…でもすごく楽しいですよ、あの、3 人のやりとりは、漱石チームの。

女：ああ。あはは。

男：うん。なんかみんなそれぞれ個性違うし、ああ、なんか、やりとりがあったり。

女：あれだからね、私たちは、その、自分たちがやっているので、実際、こう、人のが見られないじゃないですか。

男：ああ、そうですね。

女：だから実はどうなってるのか全然分かんないんですよ。

男：あ、こっちから見た感じが分からないの?

女：はい。

男：うんうん。

女：その、お客さんのほうから見た、形が、全然分かんないんですよ。

男：ああ。

女：実は。

男：ああ、そう。

女：だから、おもしろいのかどうか全然分かんないんですよね。ははは。

男：そうか。

女：そうなんですよ。

男：客観的に判断し…できる…できないんだ。

女：うーん、ま、あの、こうなってるんだろうなっていうのはあるんですけど、それが実際にどんな風にねえ、目で見えるんだろう、ていうのは分からないし、あの、実際背を向けちゃうと、あの、せ、背中のほうでやってる人たちの動きはまったく分からないんで。

男：ああ、そうかそうか。

女：だから向こうでね、あの、クボレイさんとタツオくんがどういう風にやってるのかっていうのは分かんないんですよ。

男：ほおー。

女：これがまたね、なんともいえないところで。

男：なるほど。

女：うん。

男：ま、しょうがないですね、でも。

女：ま、それはしょうがないですね、いえ、でもそういう風におもしろいと言っていただけるととても嬉しいですけど。

男：私はあれ、楽しいな、と、毎回。すごく。

女：あ、そうですか。よかったです。

男：楽しく、いつも稽古しながら楽しく見てますけどね、横から。

■ 解答

○ 次の問題を考えながら聞きましょう。

1. b　　　2. a　　　3. d

○ では、更に次の問題を意識しながらもう一度聞きましょう。

1. a　　　2. c　　　3. b

○　もう一度聞いて、次の問題に答えましょう。

1. a(○)　　　　　　　b(×)　　　　　　　c(×)　　　　　　　d(×)

2. a

その3（2分4秒）

♪現代朗読協会だよりー

男：で、あれだけじゃなくてね、ほかにも、あのー、ほかにも動きの部分で参加したりするじゃないですか。

女：あ、あの、そうなんですよね、一場は、だから漱石チームがみんな出るので、ま、しゃべるほうでちょっと頑張らないといけないんですけど、二場はもう完全にその群舞の動きのほうをずーっとやるので、逆にもう最初はそっちのほうがちょっとなんか、プレッシャーでしたね。

男：ああー。

女：ええ。

男：でも、あれですね、やっぱり森川さんはほら、なんか昔バレエやってたことがあったとか言って、体の動きはきれいじゃないですか。

女：やあ、ありがとうございます。

男：うんー。みんな苦労してますよ。

女：えへへ。

男：立ったり座ったりするだけでどっすんばったんやってるもんね。

女：いやあ、だから、なんかほんとにその、舞台の上で自然に動くっていうのが、ものすごい難しいなあと。

男：自然ていうか、まあ美しく動くというか。

女：うん、その見ていて違和感なくというか。そういうふうに動くのって本当に難しいなあと思いますね。

男：歩くとか、立つとか座るとか…

女：そうですよ。

男：方向転換をするとか、手を挙げるとか、うなだれてるとか、ものすごい日常的な動作ができない。

女：普通の動作なんですけどねえ、やっぱり違うんですよね。

男：うん。やってみて初めて分かりますよね。

女：ほんとですね。

男：うん。で、最後のほうはクライマックスにかけてはやっぱりみんなと一緒になって、こう、と、ひとつに…

女：そうですね。

男：なんていうんですかね、集中点に向かっていく、という形ですよね。うん。

女：そうですね。

男：長いですね、かなり。

女：長いですねえ、かなり。

男：で、出てから。

女：そうですね、だからー、意外に…意外にそうですね、ずっと出てますね。

男：出てる時間は多いね。うん。

女：そうですね。

男：うーん。

女：けっこう先頭だったりするんで。ははは。

男：ああ、出てくるときもね。

女：そうですね。

男：うーん。

女：あ、考えてみると。

男：先頭で出てくる人は、引っ込むときも最後だったりするもんね。

女：あはははは。そうですね。ふふ。物理的に一番長いかもしれませんね。

男：はははね…最長記録かもしれない。

女：そうかもしれませんね。

男：ああ、なるほどね。

女：はい。

■ 解答

○ 次の問題を考えながら聞きましょう。

　　1. b　　　　　　　2. b

○ では、更に次の問題を意識しながらもう一度聞きましょう。

　　1. a　　　　　　　2. c

○ もう一度聞いて、次の問題に答えましょう。

　　a（○）　　　　　b（○）　　　　　c（×）　　　　　d（○）

その4 （1分45秒）

♪現代朗読協会だよりー

男：まあ、まあまあ、これは稽古するとして、その合間にもね、いろいろ朗読をしたり。

女：そうですよね、ほんとに。

男：ライブをやったり。

女：ええ。

男：ちょっと、ちょっとやりすぎかもしれない。

女：やりすぎですかね。

男：いやいやいや。

女：ちょっと、み、水城さんそう言わないでくださいよ。

男：いえいえ、あの、森川さんにそう言ってるわけじゃなくて、私がちょっと、ちょっ
　　とねえ、詰め込みすぎて、今になって反省してますけどね。

女：お、今になってですか。

男：もうやるしかないよね、もう。

女：もう大変ですよ、ほんとにもう。

男：前ライブでやった「ケサトモリト」だっけ？ あれの収録もね、早くしたいですし。
　　ライブバージョンはもう、すごく、エキセントリックにやったんですけど。収録
　　ではちょっとね。もうちょっと落ち着いた感じで。

女：また違う感じで。はい。

男：でもあれはベースにしたいですね、でもあのライブの感じは。

女：ああ、雰囲気は。

男：そうそうそうそうそう。それはもう公演が終わったらすぐ。

女：ふふ。はい。

男：公演をやる前にとは言いません。

女：あ、はい。

男：一応終わってから。でも公演の…

女：ほんとは、前にって言ってましたよね。

男：うん？

女：ほんとは先に撮るっておっしゃってましたよね。

男：そう。ほんとは言ってたんだけどやっぱり、やっぱりさすがになあ。

女：ねえ。やっぱりねえ。

男：公演の前にライブひとつやるからねえ。

女：そうなんですよ、それもやや無謀かなっていう…

男：ネットライブで。

女：気がちょっとしてきましたけどね。

男：あれはまあでもサウンドスケッチっていう、私の…

女：ああ、そうですね。

男：書いたものですから、まあ適当にやってください。

女：いえ、そんな。そんなわけにはまいりません。

男：ノリで。間違えても怒られない。

女：あはは。そういう意味ですか。いやいやちゃんとやりますよ。

男：いやいや楽しんでやりましょうね。

女：ああ、もちろん。楽しんで、

男：ちゃんとは、もちろんやる、やる…

女：はい。ちゃんと楽しんで。

男：やればいいんですけど、ね。あの、ちゃんとやれる人だと思って、見込んで、お願いしているので。

女：ふふふ。はっ。頑張ります。

■ 解答

○ 次の問題を考えながら聞きましょう。

1. a(○)　　　　b(○)　　　　　c(×)　　　　　d(×)　　　　2. a

○ では、更に次の問題を意識しながらもう一度聞きましょう。

1. b　　　　2. c　　　　3. b

○ もう一度聞いて、次の問題に答えましょう。

a(○)　　　　b(×)　　　　c(○)　　　　d(○)

その5 （2分）

♪現代朗読協会だよりー

男：で、でも稽古、もう、ほとんど残って…

女：そうですね。

男：…ないですけどね。

女：ねえ。

男：ぜひあの、若い、あの出演者も多いので。

女：はい。

男：いろいろアドバイスをしてあげたりして。

女：ああ。

男：ぜひ、ご指導のほうもよろしくお願いします。

女：とんでもないです。

男：なんで、とんでもないんですか。

女：自分で手一杯で、ははは。なかなか。

男：なんでー。分かりましたと言ってくださいよ、それは。

女：分かりました。ははは。

男：まあ終わって、いいお酒が飲めるように。

女：あ、はい。もうそれが楽しみですね。

男：頑張りたいと思います。

女：はい、よろしく。

男：森川さんが、出ます、みなさん、ぜひ見にきてください。

女：よろしくお願いします。

男：メッセージを…が、あれば…どうですかね。

女：もうほんと、あの、みんないろいろね、えー、それぞれに工夫した自分の個性を、表に全面に出した読みをね、やるので…ほんと…

男：みんなほんと個性があるよね。

女：いや、ほんとおもしろいと思うんですよ。だからこう、なんか朗読とはこういうものだとは決め付けずに、あの、こう、広い心で聞いて、あの…

男：ははは。広い心で、

女：ははは。そう言うと…

男：広い心で笑って許して、みたいな…

女：そう言うと変、そう言うと変か。あの、リラックスして、こう、いろんなものを、こう、受け入れるっていう雰囲気で聞いていただくと、なにか、こう、なんかこう、これっていうひとつのもの、答えではなくて、なんとなくこう、感じて帰っていただけるんじゃないかなあと思うので。

男：そうですね。

女：そのへんを、あの、ぜひ感じてください。

男：そうですね。うん、い、いろいろなものを受け入れていれ、いただくと…

女：はい。

男：聞くほうもなお楽しいという…いう風に思いますね。

女：そうですね。

男：ま、世知辛い世の中。えー、1時間半ぐらいの舞台になると思いますけれども。われわれと時間を共有していただけたら…

女：ぜひぜひ。

男：はい。ええ、今日は、稽古場だより、稽古場からお送りしました。森川さん、お疲れさんでした。

女：お疲れ様でした。

♪現代朗読協会だよりー

♪レディオ・ユー

■ 解答

○ 次の問題を考えながら聞きましょう。

1. b　　　　　　2. b

○ では、更に次の問題を意識しながらもう一度聞きましょう。

1. a　　　　　2. a（×）　　　　b（○）　　　　c（×）　　　　d（○）

○ もう一度聞いて、次の問題に答えましょう。

a（○）　　　　b（×）　　　　c（×）　　　　d（×）

内容2　花言葉 （6分30秒）

その1 （1分44秒）

あのね、実家の庭にキンモクセイの花が咲いたんです。

1本の木に、オレンジ色のちっちゃい花がたくさんついてるんですよ。

で、庭じゅう秋の香りがいっぱいなんですけれども、このキンモクセイ、わたしの大好きなおばあちゃんが大切に育ててるんですね。

で、キンモクセイだけではなくて、春にはチューリップが咲くし、夏にはヒマワリが咲くし、冬でも南天の実とか、もうおばあちゃんのおかげでうちの庭はいつでも鮮やかな

んです。

　だけど、この前ちょっと、そのキンモクセイの枝が知らない人に勝手に折られちゃったんですよね。

　なんかひとこと言ってくれれば、そのお花でも喜んでプレゼントするのに、勝手に何もいらないで(→正:言わないで)折って持ってくなんてちょっとひどいと思いませんか。私はすごいぷんぷん怒ってたんですけど、そのときおばあちゃんは、折れたキンモクセイの枝のところを見て、なんかちょっとね、やっぱ悲しい顔をしたんですよ。

　それを見たら私もすごい悲しくなっちゃって、なんとも言えないんですけど、ああこのおばあちゃん、これからずっとずっと幸せで長生きしてほしいのになあ、って、思いました。

■ 解答

　○　次の問題を考えながら聞きましょう。

　　1. c　　　　　　2. b

　○　では、更に次の問題を意識しながらもう一度聞きましょう。

　　1. c　　　　　2. b　　　　　　3. c

　○　もう一度聞いて、次の問題に答えましょう。

　　1. a(○)　　　　　b(○)　　　　　c(×)　　　　　d(×)

　　2. c

> ### その 2 （4分57秒）

　ほんとこの気持ち、なんと表現したらいいのか難しい気持ちなんですけれども、このときの気持ちと同じような気持ちになった曲が最近あったので、今回はその曲をちょっと紹介させていただきます。

　それは渡辺奈央さんの「やさしさよ、何処へいった」っていう曲です。

　この渡辺奈央さん、クラシックピアノベースのシンプルなメロディーと、あと、ひとつひとつの言葉に心がある、すごくあったかい詞をね、とっても広い、なんか私たちをすっぽりと包んでくれるような感じの声で、かっこよく歌い上げています。

　最近ニューアルバムのレコーディングを終えて、ロサンゼルスから帰ってきたところなので、この10月からライブもいくつか予定されています。

　せっかくですからそちらもちょっとご紹介しておきますね。

　まず、来週の月曜日、10月17日には、吉祥寺の「スターパインズ・カフェ」で、続いて、10月25日には、表参道「パブ」で、あります。

　それからですね、フリーのライブもあります。

　これ10月22日に「カレッタ汐留」、そして11月19日には海老名（えびな）の「ビナウォーク」です。

　こういったライブの情報も含めて、詳しくはこの渡辺奈央さんのホームページ、ぜひのぞいてみてください。

　ホームページのアドレスは、http://www.naowatanabe.com

　すべてアルファベットの小文字で、naowatanabe.comです。

　さあ、こうやって私が言葉で紹介するよりも、まずは実際に彼女の曲を聞いていただいたほうが早いかもしれませんね。

　ぜひ、あなたも素直な気持ちで聴いてみてください。

　ひとつひとつの言葉が体にすぅーっと入ってきて、なんとも言いがたい切ない気持ちになると思います。

　お送りするナンバーは、ニューアルバムから、渡辺奈央「やさしさよ、何処へいった」。

　ここまでのお相手はコバヤシユミコでした。

　バイバイ。

　♪

　母の母が泣いている

　細くかすれた声を震わせて

　小さな背を丸めて座り込めば

　ああますます小さくなる

　どうか母をあたたかくしてやり　お前だけが頼りだと

　そう言ってうつむくまま何度も

　ああ涙をぬぐってた

　言い返す言葉はないと知りながら

　ただうなずくばかりのこの声は

　ガラスのように冷たいでしょうか

　誰もが誰もがいつの間にか

　孤独と不安を抱えては

　逃れるように今宵も眠ります

　明日が過去を出れば少しは元気になるでしょうか

　　　やさしさよ　やさしさよ　やさしさよ　何処へいった

■ **解答**
　　○　次の問題を考えながら聞きましょう。
　　　　1. c　　　　　　　　2. b　　　　　　　　3. c
　　○　では、更に次の問題を意識しながらもう一度聞きましょう。
　　　　1. b　　　　　　　　2. c　　　　　　　　3. d
　　○　もう一度聞いて、次の問題に答えましょう。
　　　　1. a(○)　　　　　b(×)　　　　　　c(○)　　　　　　d(○)
　　　　2. a(○)　　　　　b(○)　　　　　　c(×)

課外でチャレンジしましょう

スクリプト

思い出に残る映画 (5分49秒)

その1 (2分58秒)

　　ご機嫌いかがですか、宋栄恵です。昼間はまだ日差しが強いですが、夜になって虫の鳴き声が聞こえてくると、秋だなあって思いますよね。そんな秋の夜長、映画を見てみてはいかがですか。今日はね、思い出のある映画をご紹介したいと思います。みなさんの思い出のある映画って何が浮かびますか。わたしのベストスリーは実は別にあるんですけど、今日は思い出のある映画ということで、わたしの思い出のある映画は、ええ、チャーリーシーン主演のネイビー・シールズという映画なんです。聞いたことありますか。けっこう昔の映画なんですけど、どうしてという声が聞こえてきそうですが、そのときはなぜか、今もう分からないんですが、そのときはなぜかこの映画を見て、あの、決意してしまったんですね、アメリカ行きを。当時わたしはチャーリーシーンのすごいファンで、ネイビー・シールズはウォール街の次あたりに日本で公開されました。内容を簡単に説明すると、ネイビー・シールズとは、アメリカ海軍トップの特殊部隊のこと

で、チャーリーシーンはいろんな苦難を乗り越えて、立派なネイビー・シールズになっていくというストーリーなんです。この中であるシーンを見てわたし、アメリカに行こうって思ってしまったんですけど、そのシーンは、ええ、チャーリーシーンの部隊が極秘任務のために、先ず空からダイビングして海へ飛び込むんですね。それから、敵地に見事に潜入するというシーンなんです。これを見て、わたしは人間ってやればできるんだなあと思って、わたしの場合、よし、わたしはアメリカに行こうって強く思ってしまったんですね。なぜかこのネイビー・シールズと私のアメリカ行きがなぜかつながってしまったんですね。それから、だいぶん経ってからもう一度このネイビー・シールズを見てみたんですが、その時はもう特にはああ、楽しい映画、思い出のある映画だなあと思ったくらいで、特に新たな決意なんかは生まれなかったんですが、きっと、その、そのときわたしがアメリカ留学を決意したのは、いろんなタイミングが重なったんでしょうね、きっと。結局わたしはサン・フランシスコで勉強する傍ら、ラジオ毎日というところで、ボランティアでニュースを読んだり、テレビのコマーシャルのナレーションをやらせてもらったり、また、自分自身をよく見つめ直したりと、いろんな機会に恵まれました。とってもいい経験をさせてもらえました。それでは、ここでお別れにネイビー・シールズから一曲お届けしましょう。这是宋荣惠,请你们听一个歌,下次再见吧。以上、お相手は宋栄恵でした。

■ 解答

1. チャーリーシーン主演のネイビー・シールズという映画で、主人公がいろんな苦難を乗り越えて、立派なネイビー・シールズになっていくというストーリーです。
2. いいえ、いろいろなタイミングが重なって留学を決めたのです。
3. チャーリーシーンの部隊が空からダイビングして海へ飛び込んで、それから、敵地に見事に潜入するというシーンです。

その2 （2分52秒）

はい、こんにちは、倉持麻衣子です。今日はですね、思い入れのある映画ということでご紹介したいと思うんですけれども、え、皆さんね、小さい頃に、絶対見てるはずなんですよ。ドラえもん映画、見ましたよね、ドラえもん。映画だとね、ジャイアンがやさしかったりとか、こう、必ず友情が濃く畫かれてたりするんですけど、やっぱりね、その中で、大きなテーマがあるんですよね。で、環境問題を取り上げてるっていう映画で、のび太

とアニマルプラネットっていう映画があるんですけど、これがね、ちょっと、懐かしくなって、この前借りたんですよ、ビデオ屋さんで。でね、これ 15 年も前の作品になるんですけれども、で、粗筋的には、こう、のび太たちが、迷い込んだ世界っていうのが、動物たちがね、人間の言葉を話す世界なんですよ。で、まあ、平和に楽しく暮らしてるんですけど、へ、そこに、ニムゲっていう悪いやつが来て、その地球がね、惑星がね、あのう、侵略されちゃう感じなんですね、で、ニムゲっていうのが人間なんですけど、彼らが住む星はね、環境を無視してたから、汚染されて、地獄みたいな世界になっちゃったんですよ。で、まあ、そういうところから、こう、動物たちを守っていくっていうのが、こう、のび太たちの使命だったんですけれども、で、そこで、犬のチッポ君っていう子がいたんですけど、チッポ君がね、のび太に聞くんですよ。のび太さんたちの星は、どうですかっと、のび太答えます。え、この星、この星と同じぐらい、美しいさ、今はねっていうんですよ。で、それにつづけて、や、これからもずっと、僕たちで、美しい星にしていくさあっていうんですけど、ね、15 年たった今、どうなんでしょうね、この国、地球ですよ、台風だったり、地震だったり、今日もものすごい暑かったじゃないですか。これって、やっぱり異常だと思うんですよね、でね、やっぱり地球が怒っているんですよね、きっと、やさしくしなかったから。まあ、ドラえもんって言ったら、やっぱり子供向け[①]の映画っていうイメージがすごくあるんですけど、私はね、こう、改めて、大人になってから、もう一回見て、すごく分かった部分もあって、ま、ドラえもんって、ちょっと、涙したりとかもあるんですけど、ね、もう一回ちょっとなんか環境について考え直すいいきっかけになったなあって、思ったんですよね。ドラえもん、結構テーマ重くて、結構ね、子供仕立てなんで、分かりやすく書かれてるんで、結構お勧めです。久しぶりに見るとね、本当に面白いんで、ぜひドラえもん、見てみてください、ということで、地球にやさしくをモットーに、お相手は、倉持麻衣子でした。バイバイ。

■ 文法と言葉遣いの解釈

① 子供向け：“向け”接尾词，表示对象，相当于汉语的“面向，向……”。

■ 解答

1. ドラえもん映画の中で、特に、「のびた太とアニマルプラネット」という映画を勧めました。

2. それは環境問題です。

3. その映画はもう一回環境について考え直すいいきっかけになると思っているからです。

第 14 課

ニュース［経済］（ラジオニュース）

スクリプト

内容 1 （2分10秒）

　　今年4月の景気動向指数は、消費税率引き上げの影響で、化粧品や日用品、自動車など幅広い品目で販売が落ち込んだことなどから、景気の現状を示す指数が2か月ぶりに悪化し、内閣府は基調判断を「足踏みを示している」に下方修正しました。

　　景気動向指数は、内閣府が生産や雇用、消費など景気の現状や先行きを示すさまざまな経済指標を集めて指数化したものです。

　　それによりますと、今年4月の指数のうち、景気の現状を示す一致指数は、平成22年を100として111.1となり、前の月を3.4ポイント下回りました。

　　一致指数が前の月を下回るのは2か月ぶりで、下落幅は東日本大震災が起きた平成23年3月以来の大きさとなりました。

　　これは、4月から消費税率が引き上げられた影響で、化粧品や日用品、自動車など幅広い品目で販売が落ち込んだことに加え、自動車部品や電子部品などの生産や出荷が減少したことなどによるものです。

　　これを受けて、内閣府は、基調判断について、前の月の「改善を示している」から「足踏みを示している」に下方修正しました。

　　先行きを示す先行指数も前の月を0.5ポイント下回り、3か月連続で下落しましたが、内閣府は「先月・5月の調査の中には改善した経済指標もあり、今後の動向を注視し

たい」と話しています。

■ **解答**

○　次の問題を考えながら聞きましょう。

1. d　　　　　　　2. c

○　では、更に次の問題を意識しながらもう一度聞きましょう。

1. a——イ　b——ウ　c——ア

2. c

○　もう一度聞いて、次の問題に答えましょう。

a.（×）　　　　　b.（×）　　　　　c.（○）　　　　　d.（○）

内容2 （1分40秒）

　　携帯電話大手のソフトバンクは、NTTドコモに対抗して通話料の定額制など新たな料金体系を導入するとともに、使い切れなかったデータ通信の容量を翌月に繰り越すことができる新しいプランを始める方針を固めました。

　　携帯電話の料金では、NTTドコモが今月からスマートフォンの通話料を月額2700円とする定額制やインターネットなどのデータ通信の容量を家族で分け合える新たな料金プランを導入しました。

　　関係者によりますと、これに対抗するため、ソフトバンクは来月1日以降に新たな料金を導入する方針を固めました。

　　具体的には、通話料についてドコモと同様に、どれだけ電話をしてもスマートフォンで2700円、従来型の携帯電話で2200円の月額定額制を導入します。

　　インターネットなどのデータ通信料では家族でデータ通信の容量を分け合えるプランに加え、その月に使い切れなかった容量を翌月に繰り越せる新しいプランを始めます。

　　このほか長期間契約を続けている人に対しては月々のポイントを優遇する制度も設けることにしています。

　　ドコモの料金プランの発表をきっかけに、KDDIも新たな料金体系を導入する方針で、スマートフォンの顧客獲得競争が激しさを増す中で、料金プランの競争にも拍車がかかりそうです。

■ 解答

　○ 次の問題を考えながら聞きましょう。

　　1. c

　　2. a. NTT ドコモ　b. ソフトバンク　　c. KDDI

　○ では、更に次の問題を意識しながらもう一度聞きましょう。

　　1. a c　　　　　2. a

　○ もう一度聞いて、次の問題に答えましょう。

　　a.（○）　　　　　　b.（×）　　　　　c.（×）　　　　　d.（○）

内容 3 （1分40秒）

　　アメリカの先月の雇用統計が 6 日発表され、景気の現状を示す指標として特に注目される農業分野以外の就業者数が堅調に増えて過去最高となり、6 年前の金融危機で失われたおよそ 870 万人の雇用が統計上、回復したことになります。

　　アメリカ労働省が 6 日発表した先月の雇用統計では、失業率は 6.3％で前の月から変わりませんでした。

　　一方、景気の現状を示す指標として特に注目される農業分野以外の就業者数は前の月に比べて 21 万 7000 人増え、4 か月連続で堅調な水準とされる 20 万人を上回る伸びとなりました。

　　この結果、先月の就業者数は 1 億 3846 万人余りと、2008 年 1 月を上回り過去最高となりました。

　　アメリカの就業者数は、2008 年のリーマンショックに代表される金融危機による不況で、2010 年にかけて 870 万人余り減りましたが、今回、統計上は失われた雇用が回復したことになります。

　　ただ統計では、正社員の仕事がなく、やむをえずパートで働く人の数が高止まりして改善に遅れが見られるほか、雇用の増加が賃金の伸びにまでつながっていないという指摘もあり、今後、改善のテンポが着実に加速していくかどうか注目されます。

■ 解答

　○ 次の問題を考えながら聞きましょう。

　　1. d　　　　　　2. a

○　では、更に次の問題を意識しながらもう一度聞きましょう。

1. a.　6.3％　　　　b.　21 万 7000、1 億 3846 万

2. b c

内容 4 　（1 分 43 秒）

　　東京株式市場で株価が上昇傾向に転じるなか、先週 1 週間に国内の信託銀行が株式を買った額が、売った額を大幅に上回っていたことが分かり、市場関係者は年金基金が株式への投資を増やしたことが株価の回復を下支えしているのではないかと分析しています。

　　東京株式市場では先週、日経平均株価が 4 日続けて値上がりするなど上昇傾向が続き、1 週間の値上がり幅は 170 円余りとなりました。

　　東京証券取引所のまとめによりますと、この 1 週間に国内の信託銀行が株式を買った額は売った額を 2500 億円近く上回り、およそ 5 年ぶりの規模の「買い越し」となりました。

　　信託銀行の「買い越し」はこれで 5 週連続で、市場関係者によりますと、信託銀行を通じた注文の多くは企業年金など国内の年金基金によるものとみられるということで、年金基金が株式への投資を増やしたことが株価の回復を下支えしたのではないかと分析しています。

　　一方、国内の個人投資家は 3228 億円の売り越し、海外の投資家は 119 億円の売り越しでした。

　　株価の回復が続くかどうかを見通すうえでは、年金基金の買い注文が今後も続くかどうかに加えて、海外の投資家の動向も焦点になりそうです。

■　解答

○　次の問題を考えながら聞きましょう。

1. a　　　　　　　2. b d

○　では、更に次の問題を意識しながらもう一度聞きましょう。

1. a　　　　　　　2. b

○　もう一度聞いて、次の問題に答えましょう。

a.（×）　　　　　b.（○）　　　　　c.（×）　　　　　d.（○）

内容 5 （1分48秒）

　　電力の小売りの自由化が進むなか、東京電力は、家電量販最大手のヤマダ電機の関西と中部にある一部の店舗に、今年10月から電力を販売する契約を結び、初めて域外で電力を供給することになりました。

　　関係者によりますと、東京電力は、ヤマダ電機との間で、今年10月から、関西と中部にある店舗のうち62か所に、子会社を通じて電力を販売する契約を結んだということです。

　　販売する電力は、自家発電施設を持つ周辺の企業などから調達するとしています。電力の小売りは、平成12年に企業向けの自由化が始まりましたが、東京電力が域外で本格的に電力を供給するのは初めてとなります。東京電力は、経営の立て直しに向けて、10年後に域外での電力の売り上げを1700億円にする目標を掲げていて、全国に展開しているほかの複数の企業にも一括契約で電気料金が引き下げられるとアピールし、域外での電力供給を行う方向で交渉を進めています。電力の小売りの自由化を巡っては、中部電力が、企業向けに電力を販売していた三菱商事の子会社を買収し、首都圏での販売に乗り出しています。

　　家庭向けの自由化を再来年に控えて、最大手の東京電力が域外での供給に乗り出すことで、電力会社どうしの競争は本格化することも予想され、電気料金の引き下げやサービスの向上につながるか注目されます。

■ 解答

　○ 次の問題を考えながら聞きましょう。

　　1. c　　　　　　　2. d

　○ では、更に次の問題を意識しながらもう一度聞きましょう。

　　1. bc　　　　　　2. b　　　　　　3. c

　○ もう一度聞いて、次の問題に答えましょう。

　　a. （×）　　　　b. （○）　　　　c. （○）　　　　d. （×）　　　　e. （○）

内容 6　（1分47秒）

　　日本を訪れる外国人旅行者を倍増する目標を掲げている観光庁は、新たな観光ルートの開発などに向けて、スマートフォンの GPS 機能による位置情報などビッグデータを活用して、外国人旅行者の動態調査を行う方針を固めました。

　　観光庁は、東京でオリンピックとパラリンピックが開かれる 2020 年に向けて、日本を訪れる外国人旅行者を去年の 2 倍の 2000 万人にすることを目指しています。その達成に向けて観光庁は、ビッグデータを活用して外国人旅行者の行動を分析する動態調査を行う方針を固めました。

　　具体的には、本人の了解を得たうえでスマートフォンに GPS 機能で位置情報を発信する専用のアプリケーションをダウンロードしてもらうなどして、どのようなルートで日本の観光地を訪ねているのかや、観光地を訪れた外国人旅行者がツイッターなどでどのような情報を発信しているのかといったデータを収集することにしています。

　　そして、そのデータを分析して自治体や観光業界に提供し、新たな観光ルートの開発や、外国人旅行者にとって魅力的なイベントの開催、それに旅行者が訪れやすい施設整備などに役立ててもらうことにしています。

　　観光庁では、この調査に必要な費用として来年度予算案の概算要求に 1 億円を盛り込む方針で、日本の観光を外国人旅行者にとってさらに魅力のあるものにしていきたいとしています。

■　**解答**

　　○　次の問題を考えながら聞きましょう。

　　　　1. b　　　　　　　2. 1 億

　　○　では、更に次の問題を意識しながらもう一度聞きましょう。

　　　　スマートフォン、アプリケーション、ルート、ツイッター

　　○　もう一度聞いて、次の問題に答えましょう。

　　　　1. パラリンピック

　　　　2. 観光ルート、イベント、整備

内容7　(1分30秒)

　　東京と金沢をおよそ2時間半で結ぶ、来年春とされていた北陸新幹線の開業日が、来年の3月14日で固まったことが分かりました。

　　北陸新幹線のうち、東京を起点とする長野新幹線を延長する形で富山を経由し金沢を結ぶ区間では、去年12月から実際の営業用車両を使った走行試験が行われるなど、開業に向けた準備が進められています。

　　この区間の開業時期について、JRは来年春としていましたが、関係者によりますと、具体的な開業日が来年3月14日で固まったことが分かりました。

　　これは、営業区間がJR東日本と西日本が管轄する2つのエリアにまたがるため、開業日をJR各社が統一してダイヤ改正を実施する日にあわせたもので、JRは近く正式に決め発表することにしています。

　　北陸新幹線が開業すると、東京と金沢の間はこれまでより1時間20分早いおよそ2時間半で結ばれることになります。

　　地元では駅周辺の再開発などの動きが加速していますが、具体的な開業日が固まったことで、地域経済の活性化に対する期待が一段と高まることになりそうです。

■ 解答
　　○　次の問題を考えながら聞きましょう。
　　1. c　　　　　　2. d
　　○　では、更に次の問題を意識しながらもう一度聞きましょう。
　　1. d　　　　　　2. a
　　○　もう一度聞いて、次の問題に答えましょう。
　　a.（○）　　　b.（×）　　　c.（○）　　　d.（×）　　　e.（○）

内容8　(1分14秒)

　　今日の東京株式市場はアメリカでインフレと景気の減速が同時に進むのではないかという懸念などから、昨日に続いてほぼ全面安の展開となり、日経平均株価、東証株価指

数・トピックス、ともに今年の最安値となりました。

　　今日の東京株式市場は昨日に続いてほぼ全面安の展開となりました。日経平均株価の終値は昨日より288円85銭安い15096円1銭で、今年1月にライブドアへの強制捜査を受けて株価が大幅に値下がりした際①につけた、終値での今年の最安値を下回りました。

　　また東証株価指数・トピックスの終値は、33.76下がって1533.54で、昨日に続いて今年の最安値を更新しました。市場関係者は、「アメリカの景気が減速すれば、好調な世界経済にも影響が及びかねないとして世界的に株安が進んでいることに加え②、東京市場での連日の値下がりで損を出している個人の投資家も多く、市場では、積極的な買い注文を出しづらい空気が強まっている」と話しています。

■ **文法と言葉遣いの解釈**

　① 際："……的时候"。

　② ～に加え：表示累加，"不但……"，"加之……"。

■ **解答**

　○　次の問題を考えながら聞きましょう。

　1. a　　　　　　　　2. a

　○　では、更に次の問題を意識しながらもう一度聞きましょう。

　1. d　　　　　　　　2. a b　　　　　　　　3. b

　○　もう一度聞いて、次の問題に答えましょう。

　1. a（×）　　　　　b（×）　　　　　c（○）　　　　　d（×）　　　　　e（×）

　2. a c

内容9 （1分29秒）

　　三菱UFJフィナンシャル・グループ①は経営基盤強化のために、国から投入された公的資金を大手金融グループでは初めて今日全額返済し、今後国際競争力の強化などに本格的に取り組むことにしています。

　　三菱UFJフィナンシャル・グループは旧UFJが国から投入を受けて公的資金をその

まま新グループに引き継いだため、去年 10 月のグループ発足当初、公的資金の残高が 1 兆 4000 億円ありました。三菱 UFJ では、これまで 4 回にわたって返済を進めてきましたが、今年 3 月期の決算で最終的な利益が日本企業では最高水準の 1 兆 1800 億円に達するなど、経営体質の改善が進んでいるとして、国が保有する株式を市場で売却し、今日公的資金の残り、2900 億円余りを返済することにしています。これによって、大手金融グループでは初めて公的資金の全額が返済されることになります。全額返済によって今後、国の関与が弱まり、経営の自由度が増すことになります。三菱 UFJ では、顧客に利益を還元するため、預金や住宅ローンなどの金利設定をあらためて見直すことを検討しているほか、中国をはじめ海外の金融機関に出資するなどして、国際競争力を強化していく方針です。

■ 文法と言葉遣いの解釈

　① 三菱 UFJ フィナンシャル・グループ："三菱 UFJ"读作"みつびしユーエフジェー"，"フィナンシャル・グループ"为"金融集団"，整体意为"三菱金融集団"。

■ 解答

　○　次の問題を考えながら聞きましょう。

　1. b　　　　　2. b

　○　では、更に次の問題を意識しながらもう一度聞きましょう。

　1. c　　　　　2. b

　○　もう一度聞いて、次の問題に答えましょう。

　a(×)　　　　　b(○)　　　　　c(×)　　　　　d(○)

　e(×)　　　　　f(○)　　　　　g(○)

内容 10　(1 分 29 秒)

　株価が大きく値下がりしました。

　今日の東京株式市場はアメリカでインフレや景気の減速が進むのではないかという警戒感から全面安の展開となりました。日経平均株価は、一時 600 円近く値下がりし 15 000 円を大きく割り込んで、今日の取引を終えました。

　去年年末にかけて東京市場の株価は景気回復への期待感から 16 000 円台①を回復します。今年 1 月のいわゆるライブドアショックで一時値を下げたものの②、3 月には再び上昇、日銀の量的緩和政策の解除で、デフレ脱却の期待感が広がり、7 月上旬には終値で17 500 円台まで回復しました。ところが、先月中旬からニューヨーク市場の株価の下落が続いたのをきっかけに、東京株式市場の株価も値下がりに転じます。

　下落が続く株価。

　日経平均株価は今日半年ぶりに 15 000 円の大台を大きく割り込みました。株価はこの 2 か月で 3000 円近く値下がりしたことになります。

　こういう不安定な期間がすこしは続きますけれども、それが過ぎれば日本の経済のファンダメンタル、そう反映した株価水準には当然戻ってくると。あまり物事を悲観的に考えないほうがいいと、あのう、思ってるんです。

■ **文法と言葉遣いの解釈**

　① 16 000 円台を回復します：“台”表示大致的数量范围，“16 000 円台”是指 16 000～16 999 日元的范围。

　② 一時値を下げたものの：“ものの”接续助词，表示转折，“虽然……但是”的意思。

■ **解答**

　○　次の問題を考えながら聞きましょう。

　　1. d　　　　　　2. c

　○　では、更に次の問題を意識しながらもう一度聞きましょう。

　　1. c　　　　　　2. d

　○　もう一度聞いて、次の問題に答えましょう。

　　a（○）　　　　　b（×）　　　　　c（×）　　　　　d（○）　　　　　e（○）

課外でチャレンジしましょう

スクリプト

内容 1　(1分20秒)

　　経済産業省は「新経済成長戦略」をまとめ、新しい産業分野で日本の国際競争力を高めることなどで、2015年度までの実質経済成長率がこれまでの政府の試算を上回る、平均2.2％になるという見通しを示しました。「新経済成長戦略」は経済成長を維持するための戦略を経済産業省がまとめたものです。具体的には、燃料電池やロボットの製造など、新しい産業分野で日本の国際競争力を高めるため、政府と産業界が連携して基礎研究や事業化を進めるほか、地方経済を底上げするため、新しい事業に取り組む地域を今後5年間で1000か所選び、政府が支援するなどとしています。経済産業省では、こうした戦略の結果、2015年度までの実質経済成長率が、これまでの政府の試算を上回る平均2.2％になると見込んでいます。経済産業省ではこの戦略を柱に、政府と与党の経済活性化策を加えた経済成長戦略大綱を、来月はじめにとりまとめ、政府の経済財政運営の基本方針、いわゆる骨太の方針に盛り込むことにしています。

■ 解答

1. 「新経済成長戦略」とは、経済成長を維持するための戦略を経済産業省がまとめたものです。

2. 2015年度までの実質経済成長率は、これまでの政府の試算を上回る平均2.2％になる見込みです。

3. 新しい事業に取り組む地域を今後5年間で1000か所選び、政府が支援します。

4. この戦略を柱に、政府と与党の経済活性化策を加えた経済成長戦略大綱を、来月はじめにとりまとめ、政府の経済財政運営の基本方針、いわゆる骨太の方針に盛り込んで役立てます。

内容 2 （1分36秒）

A: おはようございます。横山つよしです。

B: おはようございます。山本かおるです。

A: 今日 6 月 12 日、月曜日の日本経済新聞朝刊、最新版をお届けする「聞く日経」。それでは主なニュース項目をお伝えするニュースヘッドラインです。山本さんからお願いします。

B: 企業の 9 割が従業員の子育て支援が人材確保に有効と考えていることが分りました。

A: 政府自民党は、風邪薬など市販薬と類似する病院処方薬の全額患者負担を検討しています。

B: リース 4 社が一般の事業会社としてははじめて銀行代理業に参入することになりました。

A: 鈴木がハイブリット車を GM と開発します。

B: ミクシィに代表される会員性のネット交流サービスの利用者が一年で 7 倍と急増しています。

A: 松下電池は非常電源向けのニッケル水素電池を開発します。

B: 博報堂 DY と読売テレビは、ハードディスクによるいわゆる CM 飛ばしに対抗する番組と一体化の CM を開発しました。

A: 東京書籍はケニスと提携して理科教科書用の実験機器をネットで販売します。

B: 歳出歳入一体改革で焦点となる歳出削減案に、景気に応じて改革を見直す弾力条項を設けることが検討されています。

A: 日本と韓国は排他的経済水域の交渉を今日再開します。

B: 経済統計に実態とずれが生じているという懸念が出ています。

A: 国際決済銀行は 6 月の四半期報告で、世界の金融市場の調整が始まったと説明しました。以上、今日のニュースヘッドラインでした。

■ 解答

1. これは日本経済新聞朝刊、最新版を届ける「聞く日経」という番組です。

2. ニュースヘッドラインとは主なニュース項目を伝えるものです。

3. 風邪薬など市販薬と類似する病院処方薬の全額患者負担を検討しています。

4. ハードディスクによるいわゆる CM 飛ばしに対抗する、番組と一体化の CM を開発しました。

内容3 （1分9秒）

A：おはようございます。大橋としこです。

B：おはようございます。横山つよしです。

A：今日、6 月 13 日火曜日の日本経済新聞朝刊最新版をお届けする「聞く日経」、主なニュース項目をお伝えするニュースヘッドラインです。横山さんからお願いします。

B：はい。自民党は外国人労働者の在留期間延長などを政府に求めます。

A：議決権のない株の相続税評価を 20％低くする方針です。中小企業の代替わりが円滑に進むよう、経済産業省がまとめました。

B：サッカーのワールドカップで、日本はオーストラリアに 1 対 3 で逆転負けしました。

A：ライブドアはダイナシティーの売却に向け、インボイスと最終挑戦に入りました。

B：松下など家電各社は薄型テレビをヨーロッパとアメリカで増産します。

A：日光など三社は原油高騰で航空貨物運賃を来月から値上げします。

B：丸井は店頭の全商品をネットで販売します。

A：以上、今日のニュースヘッドラインでした。

■ 解答

1. 外国人労働者の在留期間延長などを政府に求めています。
2. 20％低くなります。
3. オーストラリアに 1 対 3 で逆転負けしました。
4. 薄型テレビをヨーロッパとアメリカで増産します。

第 15 課
健康に暮らしましょう(解説)

スクリプト

内容1　ボディーにも日焼け止め対策を (2分13秒)

季節の提案

快適な生活のために　14

ボディーにも日焼け止め対策を

　少しずつ①春の気配を感じてきて、外出の機会も多くなってきます。温かくなってくると、紫外線の量もだんだんと増えてくるので、注意が必要です。紫外線の影響を受けやすい顔については、しっかり日焼け止めでガードしても、首筋や、手、腕まできちんと日焼け止めを塗っている人は少ないのではないでしょうか②。でも顔だけでなく、ボディーも日焼けしています。真夏に浴びる強い紫外線だけでなく、洗濯物を干したり、買い物などで日常的に浴びる紫外線も、しみや、しわなど、皮膚の老化に影響を与えています。また、日本でも年々紫外線の量が増えているというデータもあります。美しい素肌を保つためには、顔とボディーを合わせた紫外線予防はますます大事になってきています。ただ、これまでの日焼け止めは、べた付いたり、白く残ったりすることもあり、ボディーには使いづらかった③のも事実。最近はジェルタイプでさっと乾いてべた付かず、白く残らないものや、シートタイプのものもあるので、外出前や洗濯物を干す前に素早く使えて便利です。特に首や手は、年齢が一番現れやすいところ、毎日の紫外線を予防し

ていつまでもハリのある④白い肌を保ちたいものですね。

　　　　　　　　　　　　　　　　　　提供:花王生活文化研究所　音訳者　角明美

■ 文法と言葉遣いの解釈

　① 少しずつ:"ずつ"表示等量分配。"すこしずつ"表示"一点一点地"的意思。

　② ではないでしょうか:表示说话人的推断,是一种确信度低或委婉的说法。

　③ 使いづらかった:"つらい"作为接尾词使用,接在动词连用形后,发生了浊音变,表示该动作不好进行、难以进行的意思。

　④ ハリのある:有弹性的。

■ 解答

　○ 次の問題を考えながら聞きましょう。

　1. d　　　　　　　2. b c

　○ では、更に次の問題を意識しながらもう一度聞きましょう。

　1. a c　　　　　　2. b c

　○ もう一度聞いて、次の問題に答えましょう。

　1. b　　　　　　　2. a

内容2　シャンプー時にマッサージの習慣を (2分16秒)

　季節の提案

　快適な生活のために　11

　シャンプー時にマッサージの習慣を

　　ここ数年、テレビコマーシャルの影響もあるのでしょうが、抜け毛に対する意識が高まりつつあります①。民間のある調査によると、抜け毛が気になると答えた男性は、10代と20代で約4割、30代と40代になると、半数以上でした。今や男性の二人に一人が抜け毛を気にしている計算になります。抜け毛対策はお手入れが肝心です。頭皮は体の中で、もっとも皮脂腺が多く、皮脂の分泌が活発です。個人差はありますが、男性は20歳前後から50歳ぐらいまで、皮脂量のピークの状態が続くとされます②。毛穴や頭皮にたまった皮脂は髪の成長の妨げとなるだけに、清潔な頭皮を保つことが大切です。

それには先ずはシャンプーで毛穴につまった余分な油を落とすこと、これは育毛剤の浸透を助けるためにも欠かせません。またシャンプーの際に、頭をよくマッサージすると、頭皮だけでなく、毛根まで刺激して、血行を促すことになります。最近の研究によると、マッサージでは洗髪ブラシのような毛先の細いブラシより、弾力性がある太い円錐形のもののほうが効果的だということが分かってきました。頭皮への刺激が弱い洗髪ブラシに比べ、弾力性があるブラシだと、頭皮をいためることなく、頭皮と頭蓋骨の中間にある毛根部分を上手にマッサージでき、効果的に血行が促進されます。これから髪を洗うだけでなく、洗いながらマッサージを、育毛剤を使う前の新しい習慣にしてみてはいかがでしょうか。

提供：花王生活文化研究所　音訳者　原田ヒロチカ

■ 文法と言葉遣いの解釈

　① 高まりつつあります：“つつある”接在动词连用形后，表示某一动作或作用向着某一方向持续发展着，近似“～ている”的用法。

　② とされます：出现在句末，表示“被视为、认为”等意思。

■ 解答

　○　次の問題を考えながら聞きましょう。

　1. c　　　　　　2. d

　○　では、更に次の問題を意識しながらもう一度聞きましょう。

　1. a　　　　　　2. c

　○　もう一度聞いて、次の問題に答えましょう。

　1. a

　2. a（○）　　　　　b（○）　　　　　c（×）　　　　　d（×）

内容3　すべすべ肌を保つには (2分12秒)

季節の提案

快適な生活のために　13

すべすべ肌を保つには

　　肌のトラブルが多い季節、春先は冬と同じぐらい乾燥している上に、風が強く、ほこりや花粉など、肌への刺激がいっぱいで、トラブルが起こりやすくなります。健康な肌は皮膚の角質層にあるセラミド、細胞間脂質が、バリア機能を果たして外部刺激から皮膚を守ってくれています。セラミドは角質層の水分を保持する機能もあり、しっとりと潤った美しい素肌を保つために欠かせないもの。セラミドが不足すると、保湿機能やバリア機能がうまく働かなくなるため、ダニやほこりなど外からの刺激を受けやすくなり、肌が敏感になって、痒みや、かぶれなどのトラブルを起こしがちになります①。特に、皮膚が薄く、乾燥しがちな子供や、セラミドを作る機能が衰えてきた中高年の方は要注意。肌がカサカサしていると感じたら、セラミドの配合量の多いクリームやローションでスキンケアをしっかりして肌を保護してあげることが大切です。セラミドを効果的に皮膚に浸透させるには、お風呂上りが一番。入浴後の湿り気のある肌に、ローションやクリームでセラミドを補うことで、すべすべした肌を保つことができます。すべすべの肌で気持ちのよい毎日を過ごしたいものですね。

提供：花王生活文化研究所　音訳者　角明美

■ **文法と言葉遣いの解釈**

　　① 起こしがちになります：“がち”作为接尾词使用，表示“容易发生……”，一般表示消极意义，本句意为“容易变得爱出毛病，易发生问题”。

■ **解答**

　○　次の問題を考えながら聞きましょう。

　　1. b　　　　　2. a c

　○　では、更に次の問題を意識しながらもう一度聞きましょう。

　　1. a d　　　　2. b

　○　もう一度聞いて、次の問題に答えましょう。

　　1. a(×)　　　　b(○)　　　　c(×)

　　2. 野菜をよく食べること。できるだけ徹夜しないこと。いい気持ちで生活すること。

内容4　肌タイプ（4分26秒）

　次は肌質チェックコーナーです。このコーナーでは皆さんの肌の状態を確認していきます。先ず最初に、自分の肌質をよく知ってください。肌質は、肌表面の水分量と皮脂と呼ばれる油のバランスによって、大きく四つのタイプに分類されます。一つ目は、ノーマルスキン、N肌。これは潤いはあるが、変化しやすい肌です。二つ目は、オイリースキン、O肌と言われる、潤いはあるが、べた付きやすい肌。三つ目はドライスキン、D肌と言われる、かさついて荒れやすい肌。最後に、ドライオイリースキン、DO肌といわれる、油っぽいのに、かさつきやすい肌です。この四つを総称して、肌質と言います。肌質のチェック方法は簡単ですよ。今から四つの肌タイプの特徴をお伝えしますので、ご自分がどの肌質に一番近いかを実際にご自分の肌に触れてチェックしてください。では、四つの肌タイプの特徴です。よろしいですか。一つ目は、潤いはあるが、変化しやすいN肌の特徴です。頬はどちらかというと①、油っぽい。洗顔後すぐにお手入れをしないでいると②頬が突っ張るが、かさつくほどではない。肌にしっとり感がある。こういう肌の型はN肌です。二つ目は潤いはあるが、べたつきやすいO肌。頬が油っぽい、頬に潤いやみずみずしさがある。べた付きや、化粧崩れ③が気になる。こういう肌の型はO肌です。三つ目はかさついて荒れやすいD肌。洗顔後手入れをしないでいると、頬が突っ張る。頬がかさつきやすい。ファンデーションが粉っぽくしあがる。こういう肌の型はD肌です。四つ目は油っぽい④のに、かさつきやすいというDO肌。頬が油っぽい。頬に潤いがなく、水分不足を感じている。頬がかさつきやすい。こういう肌の型はDO肌です。あなたは何肌でしたか。このように一人一人の肌を正しく見極めるためには、つや、みずみずしさ、油っぽさなどを、肌に触れてみて判断することが必要です。ではチェックしていただいた肌質について確認の意味で簡単に説明しておきましょう。N肌だった方。皮脂は少なく、水分は多めの⑤潤いのある肌です。理想的な肌とも言えます。ただし、季節や環境の変化によって油っぽくなったりかさついたりと、変化しやすい肌でもありますので、油断は禁物です。O肌だった方。この肌は、皮脂も水分も多めで、潤いはあるものの、べたつきやすい肌です。特に夏は皮脂や汗の分泌がより⑥活発になるため、べたつきや化粧崩れが気になります。D肌だった方はその逆です。皮脂も水分も不足しています。かさついたり乾燥しやすい肌タイプです。夏は紫外線や冷房、冬は気温や湿度の低下、暖房の影響によって、肌の潤いが不足し、余計乾燥しがちになります。ひどくなると、粉をふいたようなかさかさの状態になります。四つ目のDO

肌だった方。皮脂は多いのに、水分は不足している肌です。油っぽいのに、同時にかさつきも気になるというアンバランスになりがちなこの肌質。気温や湿度、季節の変化に微妙に左右されやすいので、時にはにきび、吹き出物ができたり、同時に粉がふいたようになることもあります。日々変化している肌だからこそ、季節の変わり目ごとにチェックしてください。

■ 文法と言葉遣いの解釈

① どちらかというと：固定表达方式，表示无论哪一种条件，相当于汉语的"不论怎么说，不论从哪个角度说"等意思，多用于对人或事物的性格、特征进行评价。

② しないでいると："～ないでいる"表示不施加某种动作条件下的状态的持续，本句是"如果不马上做皮肤护理的情况下"的意思。

③ 化粧崩れ：在这里"崩れ"作接尾词使用，表示"掉妆，晕妆"。

④ 油っぽい："っぽい"接尾词，表示带有某种倾向。一般表示消极意思。这里表示"油腻腻的"意思。

⑤ 多め："多一些、略多一些"的意思。

⑥ より：副词，表示"更加、更进一步"的意思。

■ 解答

○ 次の問題を考えながら聞きましょう。

1. c

2. 例　N肌——（ノーマルスキン）

　　a. O肌——（オイリースキン）

　　b. D肌——（ドライスキン）

　　c. DO肌——（ドライオイリースキン）

○ では、更に次の問題を意識しながらもう一度聞きましょう。

1. a　　　　　2. d

○ もう一度聞いて、次の問題に答えましょう。

1. a(×)　　　　b(○)　　　　c(×)　　　　d(×)

2. 例：DO肌です。頬が油っぽいのにかさつきやすいです。

内容 5　肌のお手入れ (3分4秒)

　　肌質がお分かりいただけたところで、今度は、肌質別、スキンケアのポイントをご紹介しましょう。N肌は潤いはあるが、変化しやすい肌でしたね。N肌のお手入れのポイントは、毎日の基本的なスリーステップ。洗顔、化粧水、乳液を続けることです。先ず、肌の汚れの状態や、使用感の好みに合わせた洗顔料を選んで、常に清潔に保ちましょう。そのあと、化粧水で水分を十分に与え、みずみずしい潤いを逃さないことです。そのあとは乳液です。季節によって、油っぽくなったり、かさつきがちな肌に変化しやすい肌ですから、べたつくところには乳液を少なめにする。かさつくところには多めにつけるなど、量の調節をしながら、すこやかな肌を保つことを心がけてください。次は、O肌。潤いはあるが、べた付きやすい肌です。お手入れのポイントは、肌の余分な皮脂を取り除くことが大切になります。朝晩、洗浄力の高い洗顔料で洗顔をし、常にさっぱりと清潔に保ちます。毛穴に詰まった汚れや過剰な皮脂を取り除く、Tゾーン専用の剥がすタイプのパックも効果的です。そして、毛穴を引き締める効果が高く、余分な皮脂の分泌を抑えてくれる収斂化粧水で肌をすっきりと整えましょう。D肌はかさついて、荒れやすい状態なので、水分油分を十分に与えて、潤いを逃さないことがポイントです。洗顔料も皮脂を取りすぎず①、肌の潤いを残すものを選ぶようにします。保湿効果の高い化粧水、乳液で水分油分をバランスよく補い、それでもまだかさつきが気になる場合は、保湿効果の高いクリーム、美容液でしっとりとした肌を保ちましょう。そして、D肌は新陳代謝を促し、血行をよくするマッサージや、潤いを逃さないパックで肌の働きを助けてあげることも忘れないでください。最後にDO肌ですが、油っぽいのに、かさつく肌でしたね。お手入れのポイントですが、べたつき対策としては、朝晩、洗浄力の高い洗顔料でさっぱりと清潔に。かさつき対策としては、保湿効果に優れた化粧水や、美容液で潤いを逃さないことです。四つの肌質別にお手入れのポイントを簡単に説明しましたが、肌トラブルは普段のお手入れ不足から来ることも多いはず、毎日の基本的なお手入れをきちんと続けていただくことが、先ずは一番大切なことです。

■ **文法と言葉遣いの解釈**

　　① 取りすぎず：“すぎる”作为接尾词使用，表示过量、过度的意思。“ず”相当于“ないで”，表示否定,本句意思就是“不要把皮脂去除的过分干净”。

■ 解答

○ 次の問題を考えながら聞きましょう。

1. b　　　　　　　　2. b

○ では、更に次の問題を意識しながらもう一度聞きましょう。

1. b d　　　　　　　2. c d

○ もう一度聞いて、次の問題に答えましょう。

1. a(×)　　　　　b(×)　　　　　c(○)　　　　　d(○)

2. 洗浄力の高い洗顔料で顔をきれいに洗って、よく保湿成分の高い化粧水、乳液を使って、刺激の高いものを食べないようにします。

内容6　エコノミー・クラス症候群 （3分27秒）

Women's health

女性の健康サイト

今月の体学

エコノミー・クラス症候群　深部静脈血栓症

　最近は、国内線でも、飛行機内で、エコノミークラス症候群に対する注意書きが見られるようになりました①。現在は、旅行者血栓症と呼ばれています。しかし、この病気は、長時間の飛行だけが原因で起こるわけではない②のです。医学的には、エコノミークラス症候群は深部静脈血栓症の一つに分類されています。これは、体の深いところにある静脈に血液のかたまり、つまり血栓がつまって起こる病気です。エコノミークラス症候群の場合は、長時間同じ姿勢をとることによって、足の深部静脈に血栓ができるわけです。これがこわいのは、ときに血栓が肺に飛んで、肺塞栓症を引き起こし、突然死の原因になるからです。足など、下半身をめぐった血液は、心臓に戻ったあと、肺動脈に入って、酸素を取り込みます。そのため、足の静脈にできた大きな血栓は、心臓から出たあと、肺動脈につまって、肺塞栓症を起こすのです。血液が全身をめぐるのに利用する時間は約30秒です。足にできた血栓が肺動脈につまるまでには、わずか2、3秒といわれています。実際に、深部静脈血栓症を起こす大きな原因は、安静臥床です。つまりじっと寝ていると、血液がよどんで、血栓ができやすくなるのです。従って、特に足の手術や、女性の場合は、ホルモンの影響もあり、帝王切開のあとに起こりやすいことが知られています。飛行機の場合は、狭い座席に長時間同じ姿勢で座っていることが、血栓をつ

くる原因になります。足がむくみ、赤くなったり、熱っぽい感じ、痛みなどが深部静脈血栓症の症状です。そして、飛行機を降りて、動き始めると、動作をきっかけに、血栓が肺に飛んで肺塞栓が起こり、倒れる人がいるのです。これを防ぐためには、機内でときどき立ち上がって歩いたり、軽く体操をするなど、動くことが大切です。血液は筋肉の動きによって、下から上へと移動するからです。そして機内は乾燥していますから、水分を十分に補給します。長時間飛行機に乗る場合は、ジーパンなど体を締め付ける服は避けて、楽な服を着るようにしましょう。お年寄りの場合は、冠婚葬祭などで長時間座っていることが原因になることもあります。とにかく、体を動かすこと、これが深部静脈血栓症を防ぐ基本です。

　　翻訳は、ジョンソンアンドジョンソン、ピジョンケアカンパニー、伊藤淳也でした。Women's health、女性の健康サイト、今月の体学、エコノミー・クラス症候群　深部静脈血栓症について、を終わります。

■ 文法と言葉遣いの解釈

　　① ようになりました：“ようになる”是惯用句型，通常接在动词的可能态之后，表示从不能到能的变化，所以本句意为“开始出现防病注意事项了”。

　　② わけではない：惯用句型，表示“从道理上说并非……”，本句意为“长时间的飞行并非致病的唯一原因”。

■ 解答

　　○　次の問題を考えながら聞きましょう。

　　1．b　　　　　　2．a

　　○　では、更に次の問題を意識しながらもう一度聞きましょう。

　　1．a c　　　　　　2．a c

　　○　もう一度聞いて、次の問題に答えましょう。

　　a（○）　　　　　b（×）　　　　　c（×）　　　　　d（○）　　　　　e（×）

課外でチャレンジしましょう

内容1　取っておき　薬になる食べ物　食べ方1 (5分14秒)

Women's health

女性の健康サイト

日常の予防

取っておき　薬になる食べ物　食べ方1

　あなたには生野菜サラダ幻想がありませんか? 生野菜サラダ、イコールビタミン、イコールヘルシーという思い込みです。生野菜だけを食べるダイエットは、その典型。もちろん、野菜は大切な栄養源ですが、ただ、食べればいいというものではありません。食べ方によっては[①]、かえってビタミン不足になったり、太ることすらあるのです。生野菜サラダに限らず、現代女性には誤解や、思い込みから食生活の乱れを起こしている人が少なくありません。食生活の乱れは疲労、ストレス、肥満、骨の老化、肌荒れ、貧血、胃腸病などの原因となります。まずあなたの食生活の乱れ度をチェックしてみましょう。

　生野菜サラダ幻想ってなに?

　あなたが生野菜サラダをすきな理由。

　それは次の3つのどれかではないでしょうか。

　1. カロリーが低く、太りにくいから。

　2. ビタミンが多いので、美容にいいから。

　3. 食物繊維が多いので、便秘に効果があるから。

　では、この3つをちょっと検証してみましょう。

　1. 生野菜はカロリーが低くて、太りにくいのは本当? 確かにサラダにする生野菜類は、カロリーの低いのが一般的。でも、あなたはサラダを食べるとき、マヨネーズやドレッシングをかけませんか。マヨネーズは大匙いっぱいが軽めのご飯いっぱいに相当します。ドレッシングは種類に関係なく、オイルがやはり高カロリー。たっぷりかけるようでは、かえって太りかねません。そればかりか、高脂血症や動脈硬化の原因にも。もし、肥満予防を期待するなら、何もかけないか、レモン、ゆず、カボスといったかんきつ類のあっさり味付けで。マヨネーズやドレッシングを使うときは、少なめにするか、低カロリータイプにしましょう。ローオイルタイプでも、実際にはオイルが入っているもの

が多いので、使いすぎは禁物です。

　2. 生野菜はビタミンが多いので美容にいいのは本当？ 野菜はビタミンの宝庫ですが、過信はできません。最近の温室野菜は、昔と比較するとビタミン含有量がかなり減っているからです。特に美容にいいのはビタミンＣで、肌荒れなどの予防になりますし、免疫力を高め、ストレスを解消する効果もあります。でも、あなたの野菜サラダのメニューはなんですか。定番メニューはレタスときゅうりですが、この2つに含まれるビタミンＣはほんのわずか。野菜の中で、ビタミンＣが多いのはピーマン、ほうれん草、ブロッコリーなど。ビタミンＣを取りたいなら、こうした野菜をいれるか、イチゴやキウイを一緒に食べましょう。普通のほうれん草は生では食べられませんが、最近はサラダ用ほうれん草も出ています。ブロッコリーはゆでてから食べましょう。

　3. 生野菜は食物繊維が多くて、便秘にいいのは本当？ 食物繊維は便秘にもいいし、大腸癌の予防にもなります。腸内でゆっくり溶けるので、血糖値の上昇が遅く、いま話題の低インスリン効果もあります。でも、野菜といえば、何でも食物繊維が多いと思っていませんか。サラダを毎日食べているのに、便秘が解消しないという女性はメニューを見直してみましょう。食物繊維がたくさんあって、しかも生でも食べやすいのはセロリとりんご。セロリは葉の部分にもビタミンＡが豊富なので、葉ごとサラダに。りんごは細かくすると、整腸作用が強まるので、小さく切るか、摩り下ろすと効果的です。

　音訳は、ヤンセンファーマ株式会社、岡崎真理子でした。
Women's health、女性の健康サイト、
日常の予防、取っておき　薬になる食べ物　食べ方1
を、終わります。

■ 文法と言葉遣いの解釈

　① 食べ方によっては：“によって”表示根据。“によっては”强调根据某种情况得出的特例。本句意为“根据吃法不一样，有人会出现维生素不足，甚至肥胖”。

■ 解答

1. マヨネーズやドレッシングやオイルなどの使いすぎは禁物です。
2. 生野菜サラダ幻想というのは、生野菜サラダ、イコールビタミン、イコールヘルシーという思い込みのことです。
3. ビタミンＣは肌荒れなどの予防になりますし、免疫力を高め、ストレスを解消する効果があります。

4. セロリとりんごです。

内容2　ダイエット (5分29秒)

女：次に女の子からの相談なんですけれども。

男：うん。

女：最近はその、女の子たちがとても痩せていることにじゅうこだわりを持ってると思ってると思うんですが、そのような健康相談も多いでしょうか。

男：まあ、ぼくのクリニックでまあ、一番多い患者って①のは、ダイエットなどきっかけにですね、月経がとまっちゃった女の子なんですよ。クリニックの、まあ、ちょっと特徴からっていうと特性からっていうかね、けっこう思春期外来としては注目されてるクリニックなんです。まあ、せまい、ちっちゃなクリニックですけどね。ですから、途上国の人達だとかですね、いろんな人達がぼくのところ、訪れるんですけど。あるとき、アフリカのザンビアから来たっていう、こういう女性がいました。彼女が僕のクリニックに入ってくるなりですね、その、まあ、英語で彼女が話すわけですけどね、なんて日本の女の子たちはその不美人が多いのかしら、とこうやって言うわけです。え、え、と、ぼくなんか、驚きましたね。どうしてですかといったら、なんか、あの、ガリガリ痩せていて、パワーがなさそうね、ってこうやっていうんです。実はその人、360度回転してもどこから見ても形体が同じ。まさに樽のような体型をした人でした。もちろん、くびれもない。でも、彼女からしてみるとですね、私こそアフリカザンビアにおける美しさの象徴なのよ、とこうやって言ってわからないんですよね。まあ、僕はえ、あなたには言われたくない。とこうやって思いましたけど。これもやっぱり、僕たちが日本という文化の中で作られてしまった、やっぱり、び、び、美に対する誤解というか、こだわりというか。美しさには実は絶対性がないはずなんですよね。あの、豊満な女性が非常にもてはやされた時代もありますしね。結局、おそらく、メディアの影響でしょうね。おそらく、あの、まあ、残念ながら、テレビなどでよく登場するタレントさんなんかはね、非常にスリムな女性たちが多くて。しかし、このスリムさも、結局は、大人たちがですね、作り上げたんです。メディアっていうのはそういう意味で非常におおきな影響を及ぼしてますね。そういう憧れのタレントさんの体型に近づこうと言って、相当無理をして。そしてダイエットをしてしまう女

の子達がたくさんいるわけですよね。僕は、まあ、どうですかね。いつもこうい
う例を出すんですけれども。動物園に人気者の象さんがいました。その人気者
の象さんが隣の、隣のですね、キリンさんを見て、キリンさんていうのは非常に背
たかのっぽ②なんですけども、そのキリンさんを見ながら、ああ、わたしもキリン
さんのようにスマートになりたいな。象さんというのが、まさに樽のような形体
をした、その、動物ですからね。だから、あの、非常に子供たちに人気があるわけ
です。その象さん、人気者の象さんですね、努力に努力を重ねて、ダイエットをし
ました。どうなったと思いますか。これは当然痩せていくわけです。痩せてい
くだけではありません。人気ががた落ちなんですよ。で、あげくは、実は命を奪
われてしまったという。こういう悲しい話を僕はときどきするんですよね。や
っぱり、象さんは象さんで生きようよって僕は思うんですよ。残念ですけど、象
さんはいかに努力しても悲しい話ですけどね、ダイエットしても、キリンさんに
はなりません。僕たちの体というのは、これは好む好まざるとに関わらず、僕た
ちの父と母の産物なんです。ですから、その父と母の形質といいますけれどね、
そういう特徴を良かれあしかれ、いろんなものを受けついてしまったわけであり
まして。乱暴な話ですけれども、ダイエットをしたとしても、あなたの体が急に
美人になるわけではありません。むしろそのためにですね、健康が損なわれてい
くことを見ることはとても悲しいことです。月経がとまっちゃいますからね。3
ヶ月以上の、無月経といいますけど、月経が止まったりすることを、放置しないで
ください。ダイエットだとか、激しいスポーツだとか、勉強のしすぎだとか、スト
レス、友人関係のストレスとかね、いろんなことで月経が止まっちゃったりしま
すけども。ダイエットによって、月経が止まったりするのを体重減少性無月経で
すけど。この期間はね、長くなると、なる、なればなるほど、非常に治療が困難を
極めます。できるだけ早い時期にダイエットをやめてください。むしろ、体重と
いうのは、いわゆる食べることによって得るエネルギーと、運動などをすること
によって使われるエネルギーのアンバランスの結果ですからね。まあ、食べたと
思ったらすこし心持、体を動かしてみるとか。そういう形でぜひ食べることを楽
しんでほしいなって気がするんですけどね。

■ 文法と言葉遣いの解釈

① って：“という”的口语形式。

② のっぽ：口语，表示个子非常高。

■ 解答

1. いいえ、とても太っています。

2. 女性患者の多くはダイエットのために月経が止まってしまいました。

3. 体質により、ダイエットをしても痩せてこない人もいるので、無理にダイエットをしないほうがいいという意味です。

4. ダイエットとか、激しいスポーツとか、勉強のしすぎとか、ストレス、友人関係のストレスとかが月経が止まった理由です。

第 16 課
自分を表現して(対談・解説)

スクリプト

内容1　自分を表現して (7分38秒)

その1 (2分28秒)

♪レディオ・ユー

水城：水城雄です。現代朗読協会主催の公演、「奥の細道イブン」に出演している、大沼舛くんに来てもらいました。こんにちは。

大沼：こんにちは、よろしくお願いします。

水城：ええと、途中で決まったんだよね。

大沼：そうですね。

水城：なんか、あのう、しばらくどっか行ってたじゃない。

大沼：ええ。

水城：稽古始まったとき。

大沼：はい。あのう、ちょっと中国に逃亡している間にですね、出ることんなったみたいな感じですね①。

水城：だよねえ。中国に逃亡していた期間は、1月から2月の中旬ぐらいまで。

大沼：いや、12月の中旬から2月中旬。

水城：あ、長い、長いね。2ヶ月ぐらい。

大沼：はい。

水城：あ、その時にもう決まって、稽古始まってたもんね。

大沼：そうですね。でも、僕は中国に行ってしまうんで②、出れないなあと思ってたんですけど。

水城：ああ、でも意外に、あのう、あ、意外に早く帰ってくるじゃん、じゃ、出ようよって話になったんだよね。

大沼：そうですね、中国滞在中にメールが来て、じゃ、出ようかみたいことになりましたからね。

水城：そう、中国のさ、中国の話よ、聞きたいな。中国のどこへ行ってきたんですか。

大沼：中国の大連です。

水城：大連。

大沼：はい。

水城：仕事だよね。

大沼：仕事ですね。

水城：うん、大連っていうと、私は何度か、なん、3回か、4回行ったことがあって。

大沼：そんなに行ってるんですか。

水城：はい。割と好きな、というか、かなり好きな町ですね。

大沼：ええ、大連、いいですよね。

水城：いいでしょう。ああ、でも、君は冬だよね。

大沼：真冬でしたね。

水城：すごく寒くない?

大沼：本当にね。ま、僕は滞在してたところも、海縁なんて、海風がもう直撃なんですね。体感温度がマイナス20度ぐらいなんです。本当に鼻毛も凍るぐらいの感じです。

水城：私も一度ね、12月行ったことがあるんですよ、大連。そしたらですね、もう、道はもう、もちろん、ぱありんぱありんに凍ってるし、わたし、あ、その時ね、あのう、ジーパンを穿いて過ごしてたんですけど、太ももが霜焼けになりまして。まじで。

大沼：大体現地の人とかもズボンは2枚穿くみたいですね。

水城：でしょう。しかもね、あのう、毛皮のね、帽子とかね、売ってるし。

■ **文法と言葉遣いの解釈**

① 出ることんなったみたいな感じですね："ん"是" に"的音变，常见于随意的口语中。

② 僕は中国に行ってしまうんで：“んで”是“ので”的音変，是口语形式。

■ 解答

○　次の問題を考えながら聞きましょう。

　　1. d　　　　　　　2. a

○　では、更に次の問題を意識しながらもう一度聞きましょう。

　　1. b　　　　　　　2. d

○　もう一度聞いて、次の問題に答えましょう。

　　a(○)　　　　　b(×)　　　　　c(○)　　　　　d(×)

　　e(○)　　　　　f(×)

その2 （2分10秒）

大沼：今回僕は行ったとき、ま、冬なんで、極寒の地だったんですけど、季節が旧正月
　　　に当たってたんで、これが面白かった。

水城：ええ、どういう面白いの。

大沼：町中花火です。2週間ぐらい。

水城：あっ、確か、あれ、あのう、爆竹が解禁なったんだよね。

大沼：大連は、昔からあるんですよ。

水城：あ、昔からいいの。

大沼：北京あたりが、

水城：北京か。

大沼：今年から。

水城：ふんふんふん。

大沼：で、大連は…

水城：ど、どうすんの、どんなふうになんの。

大沼：や、もう町中で花火上げてるんです、とにかく、打ち上げ花火も爆竹もすごいん
　　　ですけど、普通に。

水城：一日中やってんの。

大沼：一日中やってます。ていうか2週間ずっとやってます①。

水城：えええ、寝られないじゃない。

大沼：普通になんか、団地の路地とかね、打ちあげ花火をあげてるんですよ。

水城：狭いところで? 危ないね。

大沼：はい。普通に日本の田舎の花火大会とか上げられるような、三尺とか五尺の玉
　　　が普通に買えるんですね。

水城：ええ、売ってるの?

大沼：売ってます。

水城：どうやって上げるの、それ。

大沼：普通にこうボックスみたいになって導火線が出てて、火をつけると、そん中か
　　　ら…

水城：どーん、って上がるの。

大沼：49連発とか、三尺玉が上がったりするんですね。

水城：それ、普通、日本で買うと高そうだけど。

大沼：そうですね。

水城：向こうの人でも高いんじゃないの?

大沼：多分一般の人は買えないでしょうね、日本だと。

水城：本当。

大沼：ええ、それが、普通に。

水城：売ってるの。

大沼：売ってます。売ってて本当に、なん、ほんと5メーターぐらいの路地でバンバ
　　　ンバンバン上げたりするんですね。で、大連、結構大きい都市なんで、何10階
　　　建てのマンションとか、けっこうあるじゃないですか。でも、打ち上げ花火が、
　　　15階ぐらいの高さで破裂してるんですね。

水城：危ないじゃない。

大沼：あぶないんですよ。僕は生まれて初めて打ち上げ花火が下に見えましたか
　　　らね。

水城：窓に入り、飛び込んできたら困るね。

大沼：そうですね、結構、マンションに住んでいる人は、ドンドンドンドン音がしてる
　　　から、開けて見たら、火の粉が入ってきたとか、ていうのがあるみたいですね。

水城：わー、すごいね。無茶苦茶やるね。

大沼：無茶苦茶ですね。爆竹も50万発繋がってる爆竹とかですから。

水城：それ、知らないわ。その時期に行ったことないもん。

大沼：旧正月は1回行ってみたら面白いかもしれないです。

水城：面白いっていうかなんというか。

■ 文法と言葉遣いの解釈

① ていうか２週間ずっとやってます："ていう"是"という"更口语化的表达。

■ 解答

○　次の問題を考えながら聞きましょう。

1. b　　　　　　　2. d

○　では、更に次の問題を意識しながらもう一度聞きましょう。

1. c　　　　　　　2. d　　　　　　　3. b

○　もう一度聞いて、次の問題に答えましょう。

a（×）　　　　　　b（○）　　　　　　c（○）　　　　　　d（×）　　　　　　e（○）

その3（3分）

♪現代朗読協会だよりー

水城：ほんで帰って来て①、いよいよ公演ですよ。

大沼：はい。

水城：奥の細道イブン。

大沼：はい。

水城：どうですかね。

大沼：そうですね。なんか、僕。

水城：まあ、あまりたくさん出番が、申し訳ないけど、そんなに多くない、ないけど。

大沼：ええ、僕はそうですね。こう後から入ってきて、こう、あまり状況も飲み込めな
　　　いまま入ってきたんですけど。なんだろうな。そんなにどこまでこう、言って
　　　しまっていいのかわからないんですけど、普通の舞台みたいに決まったものっ
　　　ていうのは、そんなに多くないような、感じがするんですが。

水城：そうだよね。

大沼：なので、僕なんかは現場でも、処理できるというと、現場に入ってから変わって
　　　くるものが多いのかな。

水城：いろいろな動きをね、自分でやってもらったりね。結構自由度が高いね。

大沼：そうですね。

水城：動きは変な動き、いっぱいあるじゃない、こういうことは。

大沼：あ、ありますかね。

水城：ああ、とくにエンディングの方なんかで、あのう、ダンスの島田さんと絡んだ

り、ね。

大沼：そうですね。

水城：みんながこう、わあーっと、盛り上がってる、横でなんか、妙な、動きをしたり。

大沼：その辺はまだまだ、こう、島田さんと相談してね。

水城：あ、そうなんだ。

大沼：やれることがあればまだやっていこうと。

水城：うん、うん、うん。や、けっこう、まあ、今日もやりましたけどね、けっこう。なんか、だんだん形ちょっと、あのう、整ってきたかな、形。

大沼：ええ。

水城：あんまり整えすぎると、つまらないけど、わざと。

大沼：ええ。

水城：ちょっと爆発をさせる感じで行きたいんですけどね。

大沼：はい、わりと僕なんか、出演者の中でも自由度が、高い方だと思うんで。

水城：うん、でもね、自由に動き回って、思い切り暴れてください。（はあ…）

大沼：当日、またね、小屋の広さとかで、イメージが変わってきますからね。

水城：あのう、広さを実寸で、まあ、稽古はしたけど、客席はないからね。とにかく、実寸ではやっても。客席の方までの空間の感じっていうのは、まだね、みんな公演に入るまで分からないから。そん、そこのとこで、大沼くんなんか、けっこう、舞台経験があるから、全然心配はしてないですけどね。

大沼：そうですね。

水城：楽しんでやってほしいと思います。

大沼：そうですね。客席があるほうがやっぱり燃えますから。

水城：燃えるよね。

大沼：テンションが上がりますからね。

水城：そうだよね。じゃ、稽古もあとわずかしかないですけど。

大沼：はい。

水城：え、あのう、頑張ってやりましょう。

大沼：はい。

水城：本番当日ぜひおもしろくなるといいと思います。

大沼：そうですね。

水城：みなさん大沼くんの凛々しい姿を見に来ていただきたいと思います。金髪の変なお兄ちゃんが、一人でなんか怪しい動きをしていると思いますので、はい。

　　大沼：そうですね、金髪ですぐわかると思います。

　　水城：それでは、きょうはこれで、お疲れさんでした。

　　大沼：ありがとうございました。

　　♪現代朗読協会だより—

■ 文法と言葉遣いの解釈

　　① ほんで帰ってきて："ほんで"是关西方言，相当于"そして"、"それで"。

■ 解答

　　○　次の問題を考えながら聞きましょう。

　　　1. c　　　　　　　　2. b

　　○　では、更に次の問題を意識しながらもう一度聞きましょう。

　　　1. c　　　　　　2. a　　　　　　　3. d

　　○　もう一度聞いて、次の問題に答えましょう。

　　　a(×)　　　　　　b(×)　　　　　　c(○)　　　　　　　d(×)

　　　e(○)　　　　　　f(○)　　　　　　g(○)

内容2　花言葉 <small>(10分33秒)</small>

その1 <small>(3分12秒)</small>

　　しとしとしとしと、雨の季節。6月になりました。でもねでもねでもね、6月って本当
はきらきらきらきらが倍増する時期でもあるんですよ。なぜかっていうと、雨上がりに
は水たまりがいっぱいできて、お日様が出ると、上にも下にもお日様の光が満ちて、わー
って全部明るくなるから。だからね、雨が降る分、お日様がきらきらの、大きくなるので
す。え、6月になりましたね。そして、ヒリガデも6周年になりました。ぱちぱちぱち
なのです。雨の季節には入り、始まったね、ヒリガデだからこそ、こう、きらきらきらき
らいっぱいいっぱい、輝きたいなあって思ったりしています。またね、雨の季節ってい
うのは、ほら、雨が降っているときには、みんなが傘をさすから、もしかしたらね、天の神
様、とか天使様から見ると、雨の日こそ、お花がいっぱい咲いているように見えるかもし

れません。だから、やっぱり、今月もたくさんのお花たちといっしょに、Have a tea with flowers!

今月の花はトキソウ。トキのね、あの鳥のトキの羽からもらったような色をしたお花で、花言葉は控え目です。控え目、塩分控え目とか、甘さ控え目とか、こう、控え目っていうのはもっとできるけれども、あえてしませんよっていう感じが控え目ですよね。こう、できないんじゃなくて、こう、この方がいいからしないよっていうニュアンスを持っているのが控え目なんだと思うんですよ。で、じゃなんでしないのかっていうと、それにはそれがふさわしいと判断できるからですよね。しょっぱすぎない肉じゃがとか、甘すぎないチョコレートとか、別にこれは手作り体験の失敗談じゃないですよ。でもね、ま、とにかくね、あのう、素材の素、とにかく、素材の味を生かしたおいしさとか、何か動揺してる。

チョコ本来の味を引き出すとか、一番いい状態、もしくは体にとっていい状態というのか、何々控え目っていう売り文句になるんですよね、って、そういう意味では、それはないと困るんだけど、ありすぎてもね。っていうところで、本来、あるべきものに対して、でしゃばらず、ちょうどいい具合になることで、その本来あるものと合わさってもいい状態になる。そんなことが控え目なんじゃないかなあ、なんて思うんですけど、どうでしょうか。

■ 解答

○ 次の問題を考えながら聞きましょう。

1. b　　　　　2. d

○ では、更に次の問題を意識しながらもう一度聞きましょう。

1. d　　　　　2. b

○ もう一度聞いて、次の問題に答えましょう。

1. ① しとしとしとしと　　　② ぱちぱちぱち　　　③ きらきらきらきら

2. c

その 2 （3分14秒）

うーん、私はね、そう、やっぱりお仕事の面でいうと、役で、控えなきゃな役どころをいただいた時には悩みますね。あのう、目立つ役とかだったら、こう、わーってやっちゃえばいいし、キャラが濃かったりも、味つく、ね、なんか脇役とかだと、その変な味を出した

り、癖、ラエル節をしたりしている「ふにー!」とか、「はにゃあ!」とかやればいいけど、あのう、そうではなく、こう、主役でも脇役でもなく、ま、いわゆる外野的な、バイプレーヤー的な役をふられたときとか、プレーンなこう、役を与えられた時で、実はそれすごい難しいんですよ。余計な味は要らないけど、こう、例えば、あのう、お茶をどうぞって、こう、ウエイターさんが運んでくるだけのところで、目立っちゃいけないし、かといって、なんか、いきなりすごい可愛くてもいけないし、でも、それなりになんか、こう、映画の中での、その、ちゃんとした位置づけっていうものはあって、こ、なんか、で、で、出張っちゃいけないけれども、足りなくてもいけなくて、すごく控え目にでも存在はしなきゃいけないっていうね。なんか、あ、なんかすごく然り気ない普通、他の邪魔もしないでも、下手じゃない声の出し方って、難しいって、なんか、むしろね、そっちのときの方に、ま、悩んじゃたりします。ま、そっちの方はあまりダメだしとかって出ないんですけどね。と、なんだか、職業のお悩み相談みたいになってしまいましたが、はい、そう、そういうわけでですね。

　控え目っていうのは、すごく状況判断能力が必要とされるスキルなんだなあって考えてみると改めて思うんです。素敵な控え目って、例えば、実生活の中では、何っていうか、いいカフェにはできる店員さんがいますね。決してお客様の邪魔にならない。すっと気づかないうちに水を運んでくれたり、追加ほしいなあっていうときに、ちらっとこう見ると、そのままもう目が、目があって、すっーとこちらに寄ってきて、決して目立ってないだけど、そこにいて、こう、控え目にお手伝いができることがあればちゃんといきますよっていうオーラはちょんとでて、でも、放っておいてくれて、必要になるときには、ちゃんと来てくれるっていう、控え目っていないこととは違うんですよ。相手のいい状態のために、自分が一歩引いている。で、その一歩がどのぐらいかをちゃんと分かる。すっごくそういう意味では、目立つとか、なんか、メインの人よりも、人間関係のプロかもしれません。だってね、こう、あの人って控え目でいいよねとか、あの人で控え目だよねっていうとき、いい意味って言うときって、その人は目立ってないのに、印象にちゃんと残っているんですよ。なにかしているわけではなくて、こう、たたずんでいても、印象に残るって、すごい存在感の位置のあり方だと思いません?

■　解答
　　○　次の問題を考えながら聞きましょう。
　　　1. c　　　　　2. a　　　　　3. d
　　○　では、更に次の問題を意識しながらもう一度聞きましょう。

1. d　　　　　　　2. c

○　もう一度聞いて、次の問題に答えましょう。

1. a(○)　　　　　　b(×)　　　　　　c(×)　　　　　　d(○)

2. 控え目な人は、まず自分より相手の状況を考慮します。ですから、相手はいつも感謝の気持ちを含めてその人を覚えているのです。

その3 （4分7秒）

　　私自身はね、やっぱりそれは難しくて、やれなかったりやりすぎちゃったりすることが多いので、程よい控え目ができるっていうのは、すごく何ていうか、憧れることでもあります。でもね、程よい控え目を知るためには、実際にやりすぎたり、やらなすぎたりを体感して分かっていくしかないんですよね。あ、ここだとこれはでしゃばりなんだとか、ここだというとき、あのう、これは役立たずになってしまうとか、同じ態度を取っていても、違う場所だとまた違う判断されたりするじゃないですか。だから、ある意味、場数を踏むしかない、こう、自分の立場の控え目な立場を取るためには、経験豊富になって、やるときはやってないと、やらないときはやらないでいないと、っていうの、何度も何度も何度も繰り返さないと、控え目っていうのはね、難しいんですよね。って、輪から外れてたりすると、かえって、あのこなんだろう、なんか輪から外れてるってこう気を使わせちゃったりするから、こう、上手に輪に入っていて、臨機応変に合わせて、だから、輪に入っているっていうことは、テンションやらなんやらも周りに合わせてうまく変えたり、いろんなことができる。控え目の人っていうのは実はすごいパワーの持ち主なんですよ。で、場の支え役に、上手になってくれてる人に気付ける人、そういう控え目な人に気付ける感受性っていうのも自分は持っていたいなあって思いますね。だから、主役になっている人ばかりに注目するんじゃなくて、あ、あそこにいる人、実はあんなことやってくれてるとか、あ、ここでこんなこと実はしててくれたんだとか、そういうことに、控え目な人に気付ける感受性っていうのも、自分が逆に控え目じゃない立場に、こう、ね、置かせていただいてる時に、ああ、ありがとうございますとか、ああ、あの人すごいなあって思えるね、なんか、こう、どっちにもなれる達人にね、なっていきたいなあって思うんですけど。うん、ニュートラルって…位置よりも、引き算することで、おいしい場所になるっていう控え目、持っていて、損はないスキルだと思います。ええ、なんかね、難しいけど、いろんなところでは、たまには、こう、自分がただ自分がいるだけではなく、あ、ちょっとあの人をたててみようかなとか、ちょっと控え目っていうポジション、頑張って、え、獲得してみてはいかがでしょうか。

　来月のお花は石榴で、花言葉は成熟の美、せ、成熟ですか。成熟、が、頑張らなきゃっていうプレッシャーが出てくる言葉ですね。ええと、お花自体はね、こう、紅色にわしゃわしゃって笑っているような感じなんですけど、やっぱり、実の、あの溢れだすイメージもあるんでしょうか。成熟した美、うん、でもね、こうやって、こうがたがた震えてますけれども、いつか手にいれたいものですし、うん、来月まで、1月だけでも成熟に近付けるように、深森自身も頑張ってこようと思います。成熟したものはおいしいしね。よし、6周年も迎えて新しいスタートに、成熟の美を今度は持ってまいりましてよ。と、この丁寧言葉に、成熟加減を込めつつ、1月のうちにアップできるといいなあ、そんなこと考えつつ、来月も、Have a tea time with flowers 深森ラエルでした。

■ **解答**

○　次の問題を考えながら聞きましょう。

1. d　　　　　2. d

○　では、更に次の問題を意識しながらもう一度聞きましょう。

1. b　　　　　2. c

○　もう一度聞いて、次の問題に答えましょう。

a(○)　　　b(○)　　　c(○)　　　d(○)　　　e(×)　　　f(○)

課外でチャレンジしましょう

自分の目指すもの　(14分1秒)

　皆さん、こんにちは、佐藤清一郎です。ラジオDJを目指す卵たちが参加するDJコンテスト、毎回テーマを決め、それぞれの個性を生かしたフリートークを競い合います。さて、今回は誰が一位になったんでしょうか。それでは、聞いてみましょう。

5

　こんにちは、小林由美子です。突然ですけど、あたし、ラッキョウになりたいんです。ラッキョウ、百合科ねぎ属の多年生作物、中国原産、日本でも、古くから栽培、葉は細く、秋に花茎を出し、その先に球状に集まった紫色の小さな花をつける。冬を越して、初夏

に地下に生ずる白い鱗茎は1種の臭気を有し、つけて食用とする。これがおいしいんだよね。食べ始めると止まらないの。だけど、このラッキョウ、独特のにおいがあるから、だめな人には全然だめなのかもしれない。で、そういう人からみたら、なんであんな食べれるんだろうって、すごい不思議に見られてるかもしれない。でも、このラッキョウ、コロンとしてて、ちっこくて白くて、見れば見るほど可愛いし、くせがあるから、はまると深いんだよね。ラッキョウが好きでぇっていうのは、あんまり可愛いもんじゃないから、乙女に人気がないように見えるけど、実は、隠れファンが多いんですよね。あたし、ラッキョウが好きなの。カミングアウトしたら、友達が増えるかも、でも、逆に減るかもしれない。その辺のちょっとギャンブルっぽいところもいいでしょう。そんな微妙で素敵、甘酸っぱいベイベー、ラッキョウ漬け。ちっちゃくて、何層にもなってて、すごく奥深い。なのになぜか、それを一枚一枚剥いてやろうっていう気にはならないの、ラッキョウは。かぷっと一口で食べて、バリバリ、キュッキュと、行きたいんですよ。一枚ずつ剥がして、無邪気な乙女ぶるのはミルクレープとか、バームクーヘンとか、そういうラブリーなやつらの前でだけ、ラッキョウのまえでは本性が出る。かぷっ、バリバリ、キュッキュ、ふふ。で、その時、近くにいるのは、はあ、って息を吹きかけても怒らないような仲のいい友達だけ。そんな素直なラッキョウ、素直にならないと食べれないラッキョウ。そんなラッキョウみたいな人間にあたしはなりたいんです。すぐになります。まずは、紫色の小さな花から。ここまでのお相手は、小林由美子でした。

4

1981年11月18日、高橋達夫と高橋敏子の間に一人の男の子が生まれる。口から生まれたその子は、大介と名付けられる、後のパサッパの誕生である。小さいころからプロレスとスポーツが大好きだった、大介少年はいつしかプロスポーツ選手を目指すが、あえなく挫折。自分の生きる道をしゃべるということに求めた。その結果…

初めまして、高橋パサッパ大介です、いやぁのっけからね、暑苦しいでしょう。いやいやでもね、この、暑苦しさ、いや、この、熱さが、僕の持ち味なんです。何事も広く、浅くというよりは、熱く、熱くといった感じです。ねえ、でも、あのほんとうに人に感動とか、勇気を与えられる、プロスポーツ選手になりたかったんです。だけどね、最近、新しく気づいたことがあるんですよ。しゃべること以外にも、舞台だとか、いろいろ経験をしていくなかで、自分は人を楽しませること、喜ばせることが本当に好きなんだなって思ったんです。だから、これからは、しゃべり手として、感動や勇気を伝えていくのはもちろんなんですが、人を笑顔にできるそんなDJになりたいと思っています。いま、この声を聞いて、笑ったあなた、そして今回は、残念ながら、笑えなかったあなたも、これからは、高

橋パサッパ大介をぜひご賞味あれ。

3

　牛肉より豚肉が大好き DJ コサカジュンペイです。ねえ、音楽、そして映画、いろんな話題を友達と話しあって出てくる好き、嫌い。三組のさ、山田って女の子、いいよね。いや、俺は山田より小林かな、お前、小林? なんてね、人と、こう自分を向き合って話すとき、かならず出てくる好き、嫌い。そして自分が、あっ、俺はこんなのが好きなんだな。そして、あっこういうところが嫌いなんだ。ねえ、相手と話すことによって生まれてくる、好き、嫌い。そして、自分のことが分かってくる。まさにね、ここに自分を知る秘密があるんじゃないかなあと思います。アイデンティティー、さあ、僕のアイデンティティーというとねえ。まあ、自分でもね、まだ、アイデンぐらいしかね、分かってないぐらいは、まだ、アイデンティティーまではね、言ってないぐらいね、自分のことをね、本当、よく知らない。朝起きたらね、本当に機嫌が悪いんだ、これがまた、ねえ。目覚しだけ「リリーン!」て鳴って、ドカン! って窓にぶつけてね。壁に穴あけちゃったりする。かと思えば、こうやって、みんなで、わーとしゃべってね。盛り上がるのが大好き。ね、見ず知らずの人に話しかけて、ねね、なんってね、いや、ナンパじゃないけどね。話すのも大好きなんだよ。ね、で、僕はどっちかというとね、こう、人としゃべっているときに自分というのをね、見つけるのが多いんだけれども、やっぱり、自分ともう一人の自分っていうかな、自分を見つめなおす、これが一番ね、なんて言うかな、つらい作業でもあるね、自分を知るというのは、楽しいことだけれども、つらい作業でもあるんだね。だから、やっぱり、こう、人とね、会話して、僕はこう思うんだけど、お前はどう思う。お前そんなの、可笑しくないとかね、そういう形ってさ、アイデンティティ、もしかしたら、このアイデンティティというのは、アイデンアンドティティに分かれているかもしれないね。あなたもね、いや、お前のアイデンになるから、俺のティティになってくれよ、なんていいながら、会話したりしてね、自分をしるといるのもいいじゃないかなと思います。もしあなたが俺のこと、そして自分のことを知ってもらいたい、俺のこともっと知りたいって思ったら、ぼくは、いつでも、あなたのティティになります。ここまでのお相手は、コサカジュンペイでした。See you next time, have a good time…バイバイ。

2

　改めまして、こんにちは、マヤッキーです。最近ね、すごいマイクのまえで、しゃべるのが、楽しいんですよ、まあ、そんなあたしですが、お付き合いください、よろしくおねがいします。突然ですが、小さいころからのくせって何かないですか、で、あたしはね、なんでもてんこ盛りしてしまうくせがあるんです。子供のころね、牛乳とか、つぐときに、

どうしてもね、コップのふちまでね、いっぱいいっぱいについじゃうくせがあったんですよね。ご飯とかね、サンドイッチの具とかもね、ほんとパンからはみ出すぐらいね、いっぱいつめてしまうんですけれども、いまでも、そのくせは抜けていません。ねえ、日々の予定とか、つめつめにしてしまうし、ダンスの振り付けとかもね、音を目一杯使っちゃうですよ。踊りがすごい大変になるので、本当ダンサー泣かせっていわれるね、振り付け師なんですけれども、一言でいうとね、すごい欲張りなんですよあたし。何でもやりたくなっちゃう、何でもいっぱい、いっぱいにしたくなっちゃう。でもね、人の集中力っていうのは、すごい短いそうなので、こうやって、マイクの前でしゃべる時はなるべく内容を凝縮として、パウンドケーキみたいにしゃべりをしたいと思っています。パウンドケーキといえば、バターと、小麦粉と、砂糖と、卵をね、同じ分量ずつ混ぜて、焼き上げるケーキなんですけども、すごいずっしりしたケーキなんですよ。だから、おなかにね、重い、重たい感じを与える、まあ、すぐおなかいっぱいなるケーキなんですけども、ちゃんとしゃべるときね、消化できるように一口サイズで、ね、お届けしていこうと思っています。まあ、そんなね、パウンドケーキっていうのは、レーズンを入れたり、オレンジピールを入れたりすると、味が全然変わってきますのでね。いろんな、こう、ラムをいれて、大人っぽく仕上げたりとか、いろんなフレーバーで、作っていきたいと思っています。でね、箱を開けてみるといろんな味があって、食べてみないと分からない。いつでも楽しみがいっぱいしゃべるよ目指しています。でね、あたしはこれでもＡ型なんですよ。一つ一つ丁寧に仕上げて、でもね、格好をつけて、ラッピングとか、ね、そういう余計なね、格好をつけないようにしていきたいと思います。シンプルイズザベスト、ね、環境にもね、優しく、そして、まあ、そういうシンプルなものが好きなんですけれども、そういったパウンドケーキを一つ一つね、リスナーに食べてもらって、生きていくパワーに変えてほしいと思っています。できるだけね、たくさんの人に聞いてほしい、そして、人間関係が大変だったりま、夢があったり、まあ、いろいろね、あるわけですけれども、その人生のパワーとして、え、やっていけるようにわたしがこの声でパウンドケーキを作って届けて行きたいと思います。まあ、あなたのエネルギーの源になりたいと思ってる、わたくしマヤッキーでした。

1

あ、あ、あ、さあ、これ、何の鳴き声に聞こえますか。いや、このあいだね、うちの近所でね、あのう、鴉の鳴き声をまねして、鴉を呼び寄せてた人がいたの。本当すごいよね、後ね、犬の遠吠えして、そうそうそう、犬の音聞こえてきたり、いまちょっと鴉の声にはまってるコタニカツユキがここからお届けしていきたいと思います。というわけです

ね、今回はこれコタニカツユキはどんな人間なのかというね、あのう紹介したいと思ってこう、声を大にして、大にして伝えているんですけれどね、一言って言うなら、あのう、やっぱり人からの印象とね、自分自身の印象違いますから、人からね、言われてね、周り中が納得した一言があるんですよ。君ね、分かりやすいんだけど、つかみづらい。いや、なんかね、あ、すごい分かるのこの言葉ね、あのう、やっぱり、いいこととか、いやなこととかね、すぐ感情が声とかあのう顔にでちゃうんですよ。本当に意識してないですけど、どうしてもそれがでちゃうから、そういう意味ではわかりやすいんだけど、何考えているかわからない。それはそうだよね、自分自身でも何考えて生きているのかはよく分からないてないんだもん、これ。どうしようもないですよこれ、本当にね。そんな感じで言われながらね、いままで、生きていましたけれども、やっぱりね、こう、みんなにね、ここから伝えたいのはね、この、楽しさなのよ、ね、ただここでしゃべってるだけで、楽しそうでしょう、僕。ね、声のほう、出ているでしょう。そういう楽しさをドンドン、ドンドンラジオからね、みんなに伝えていて、ぜひともみんながね、ちょっとでもくっすとかね、うふって笑えるような、そんなね、DJ になっていきたいと思ってます。ね、あのう、ちょっとひとついい話をすると、この間ね、花火大会を見に行ってきたの、いやあ、きれいだったよ、花火。本当に、本気で花火師になろうと思った。だけどね、それはちょっと花火のこと研究したら、やっぱり、花火を打ち上げるでしょう、何万発って、あれを作るのって何ヶ月もかかるのよ、本当地道な作業を、その楽しさより何万倍、つみかさされてきて、上げたら、あれ、気持ちいいだろうね。ね、本当に、だから、これからも、声にも、顔にも、いやなことあれば、出します。出すけど、そのうえにある楽しさを求めてね、日々頑張っていきたいと思いますので、皆さんどうか、お見知りおきを、コタニカズユキでした。じゃね。

　いかがでしたでしょうか。ぜひお気にいりの DJ を見つけて、応援してあげてくださいね。次回をお楽しみに。

■ 解答

1. ラッキョウが好きです。なぜかというと、ラッキョウは素直で、小林さんはそういう人間になりたいからです。
2. 大介さんはプロスポーツ選手になりたかったです。プロスポーツ選手は人を感動させ、勇気を与えられるからです。
3. 彼は相手と話すことによって自分のことが分かってくると思っています。

4. マヤッキーさんは自分が作った番組の内容も、自分の癖のようにいっぱい詰め込んでいることをみんなに伝えたいからです。

5. 分かりやすいんだけど、つかみづらいと評価されました。

スクリプト

内容1　28分間 (3分41秒)

　　ブリリアントタイム　ボリューム28　ベリーショートストーリー。28分間。

　恋人が口にする「仕事が忙しい」は「もうそれほど好きじゃない」と同じ意味だと思っていた。ほんの少し前までは。彼が転職したのは今年の春。それまでだって、大阪名古屋間の長距離恋愛だったのに、職場が東京に変わったうえ、前よりもずっと忙しい会社で休日さえないという。月に2度のデートはなくなり、週に1度の電話も難しいと言われ、毎日あったメールさえ、途切れがちになってきた頃①、季節は秋に変わろうとしていた。「もう私のことが好きでないんだったら、はっきりとそう言って。」涙声で電話した私に、彼は少しの間黙ったままで、「美樹への気持ちは変わってないよ。でも、本当に忙しくて、メールする時間さえないんだ。」絞り出すような彼の声は、本心だと信じたかったけれど、疑心暗鬼にとりつかれていた私はどうしても素直になれず、そのままで電話を切ってしまった。

　数日後、彼から短いメールが届いた。「すこしだけ、美樹に会えるよ。」大阪出張が決まった彼が、東京へ帰る時、名古屋で途中下車するという。翌日も早朝から会議があって、名古屋には泊まることはできないし、大阪での仕事の打ち合わせは、夜まで終わらないけれど、少しだけでも会いたいという。新大阪発、こだま592号が21時41分に名古屋に着くから、ホームまで会いに来てほしいと。すっかり冷え込んだ駅のホームは、キヨ

スクもシャッターを閉め、静かな夜に包まれている。すんだ秋の空気の中で、控えめにきらめく夜景を見ながら、後数分で会える彼のことを思う。

　遠くから近づいてくる光がだんだん大きくなって、ホームに着いた車両のドアが開いて、誰よりも早く飛び出してきた彼の表情を見た瞬間、彼のことばに嘘など一つもないと、心から信じられた。最終の東京行きが出発する22時9分まで、彼の暖かな腕の中に抱かれて過ごせるのは僅か28分間、それでも、恋人が口にする「仕事が忙しい。」を「もうそれほど好きじゃない。」と同じ意味だと思うのは、愚かであさはかだと悟るのには十分な時間だった。

■ **解答**

　○　次の問題を考えながら聞きましょう。
　　1. c　　　　　　2. a　　　　　　3. c
　○　では、更に次の問題を意識しながらもう一度聞きましょう。
　　1. c　　　　　　2. c　　　　　　3. a
　○　もう一度聞いて、次の問題に答えましょう。
　　1. d　　　　　　2. d
　　3. a. 疑心暗鬼　意味：<u>疑神疑鬼</u>
　　　　b. 冷え込んだ　意味：<u>冷得厉害</u>
　　　　c. あさはか　意味：<u>愚蠢的，肤浅的</u>

内容2　現在・過去・未来 (4分37秒)

　ブリリアントタイム　ボリューム20　ベリーショートストーリー。現在・過去・未来。

　「本当のことを言うとね、この結婚は失敗だったと思ってるの。」去年の秋に結婚して、立派な二世帯住宅に住み、夫の十分な収入で、お稽古通いをしている知香が思いがけない告白をした。「どうして、あなたたちまだ新婚じゃない？ それに、あんなに盛り上がって結婚して、生活だって恵まれてるし。」「うん、夫のことがいやなわけじゃないのよ。でも、結婚生活って、それだけじゃないでしょう。」知香が察してほしいという視線をこちらに向ける。「もしかして、お母さんのこと？」「ええ、悪い人じゃないのよ。でも、やっぱ

り、ずっと一緒に住んでいると、ね?」知香は同意を求めるように、私を見て小さく笑った。「実はね、最近よく昔の彼のことを考えるの。」「同棲していたあの彼?」「そう、あの時は、あのまま彼と暮らしてたら、一生結婚できないんじゃないかって不安になって、同窓会で再会した今の夫を選んだわけだけど、もし、彼と別れないでいたら、今頃、どうなってたかしらって考えちゃうのよ。」知香は当時の思い出をあれこれ語り始めた。「何よりね、彼は家を出て自立してたから、夫みたいにお母さんの話ばかりしなかったのよ。それにね、ときどき私のために花やケーキを買ってきてくれるようなロマンチックなところもあって。」知香の言葉に美咲は飲んでいたアイスティーを噴き出しそうになった。当時、お金のない彼のかわりに、生活費を出していた知香は、お金のことで喧嘩するたびに、花を買って帰る彼のことを「生活力のなさを花でごまかす男」と言って、どれだけ愚痴っていたか知らない。「ああ、時間を秋にまで戻せたらどんなにいいかしら。」いやだったことはすっかり忘れてしまったように、うっとりと、彼の思い出に浸る知香の心は、すでに現在にはない。美咲は知香の心はいつだって、現在ではなく、過去や未来にばかり飛んでいたことを思い出した。過去は変えられないけれど、未来はどんなふうにも変えることができて、その未来につながっているのは、他でもない、現在なのだということに、知香はどうして気づかないのだろう。美咲はすっかり氷の溶けてしまったアイスティーを一気に飲み干しながら思った。

■ 解答

○ 次の問題を考えながら聞きましょう。

1. c　　　　　　　2. a　　　　　　　3. c

○ では、更に次の問題を意識しながらもう一度聞きましょう。

1. d　　　　　　　2. a、e　　　　　　3. d

○ もう一度聞いて、次の問題に答えましょう。

1.

	良い所	良くない所
昔の彼	① ロマンチックである。 ② 自立している。	① お金がない。 ② 結婚できるかどうか分らない。
今の夫	① お金がある。 ② 住宅が十分である。	① お母さんと一緒に住んでいる。 ② ロマンチックではない。

2. a（○）　　　　b（×）　　　　c（○）　　　　d（×）　　　　e（○）

内容 3　理想の女 <small>(3分 55秒)</small>

　　ブリリアントタイム　ボリューム 25　ベリーショートストーリー。理想の女。

　ことみと初めて会ったのは友人の結婚披露パーティーだった。ことみは背の高い太めの女で、無理をして着込んだドレスの腹の辺りがぱんぱんに張り詰めていたのが印象的だった。それでも、ことみは今よりもずっと美しくなる素質を持っていることがすぐに分かった。白くすべらかな肌、ふっくらとした唇、柔らかそうな胸、俺の理想の女には必要不可欠な条件をことみは全部満たしていたのだ。俺の積極的なアプローチに赤くなって、おろおろしていることみはとても可愛くて、俺は俺の手でことみを理想の女に変えようと決心した。

　ことみとの交際が始まると、俺はことみの体型を変えるため、体のことを考えた手料理を作って食べさせた。それから、満員の通勤電車でストレスをためさせないよう、会社への送り迎えをした。服のサイズが変わるたびに、新しいものをプレゼントして、俺の愛と理想を伝えた。

　そんな甲斐があって、ことみはだんだん俺好みの女に変わっていった。出会いから 3 ヶ月ほどたったある日、俺はことみに指輪を贈った。ただし、その指輪のサイズはそのときのことみのサイズとはまだかなり違っていた。ことみの体が俺の理想通りになるのには、もうしばらく努力が必要だった。「この指輪がぴったりのサイズになったら、俺と結婚してほしい。」ことみはすこし驚いたようだったが、頑張るわとうなずいた。それから半年、ことみはすっかり俺の理想通りになった。あの時贈った指輪もぴったりとはまっている。「ことみ、よく頑張ったね。愛しているよ。結婚しよう。」「聡さん、嬉しいわ、でも、私、教会まで行けるかしら。だって、もう 2 ヶ月もそとに出てないんですもの。」「大丈夫だよ。ここに牧師を呼んでくるから、この部屋で式を挙げればいい、俺は今のことみが大好きなんだから。」そう、俺が好きなのは、以前の倍以上に①太ったことみ、身動きさえままならない②太った女こそ、俺にとっての理想の女だったんだから。

■ 文法と言葉遣いの解釈

　① 以前の倍以上に：这里的"倍"是表示原来的两倍。

　② ままならない：词组，表示无法随心所欲。

■ 解答

　　○　次の問題を考えながら聞きましょう。

　　1. a　　　　　　　　2. a　　　　　　　3. c

　　○　では、更に次の問題を意識しながらもう一度聞きましょう。

　　1. d　　　　　　　　2. c　　　　　　　3. d

　　○　もう一度聞いて、次の問題に答えましょう。

　　a(×)　　　　　　b(×)　　　　　　c(○)　　　　　　d(○)　　　　　　e(○)

内容４　渋滞 (7分15秒)

> **その1** (3分7秒)

　良子はうんざりした表情でまた時計に目をやった。家を出てからもう2時間半、本来ならば、そろそろ目的地に着いている時間だ。けれど、実際にはまだ半分も来ていない。のろのろとした進まない車から飛び降りて道路を走っていきたくなる。ゴールデンウィークだから、渋滞することくらい良子だって覚悟はしていた。でも、せめて、孝雄が前日のうちに出かけようと言ってくれたら、早めに家を出てくることも車内で退屈しないよう準備をすることもできたのにと思う。

　良子夫婦と2人の子供たちが向かっているのは昨年オープンしたばかりのテーマパーク、ワンダーアニマルランド、さまざまな動物に直接触れたり上に乗って写真を撮ったりすることができる仲良し広場や、ライオンの目から見える世界の体験できるライドアトラクション、キングライオンが人気だ。何度となく行きたいとせがむ子供たちにようやく孝雄が重い腰を上げたのはいいのだが、それが今朝突然のことだったから、良子は子供たちに支度をさせて、車中で食べる朝食用のお握りを用意するのが精一杯だった。

　春とはいえ、ほとんど動いていない渋滞で強い日差しが照りつける車内は、エアコンをかけていても、汗ばむほどで①、持ってきた水筒のお茶はすぐになくなってしまった。「ママ、のど渇いたよ。」「私も何か飲みたい。」案の定、子供たちの合唱が後部座席から響いてきた。「もう少し我慢しなさい。次のサービスエリアに着いたら、何か買ってあげるから。」良子はそう言いながら運転する孝雄をちらりと見た。子供たちの声などまるで聞こえていないような顔で、欠伸をしながら、ハンドルを握る呑気な横顔を見たら、つい嫌味が口をついて出た。「どうせ連れていってくれるなら、昨日のうちにそう言って

くれたらいいのに、今朝急に行くって言い出したって、何の準備もできないじゃない。」
孝雄は一瞬むっとした顔をしたものの何も答えずに運転を続けた。

■ **文法と言葉遣いの解釈**

　①　汗ばむほどで：“ばむ”前接名词后接“ほど”，表示“略带有……的样子”或“呈现出……样子”之意。

■ **解答**

　○　次の問題を考えながら聞きましょう。

　1. a　　　　　　　2. c　　　　　　　3. c

　○　では、更に次の問題を意識しながらもう一度聞きましょう。

　1. b　　　　　　　2. c

　○　もう一度聞いて、次の問題に答えましょう。

　a(○)　　　　　　b(○)　　　　　　c(×)　　　　　　d(×)　　　　　　e(○)

その 2 （4分8秒）

　　良子たちは、お昼を少し回るころ、ようやくワンダーアニマルランドに着いた。駐車場でも、チケット売り場でも並び、どのアトラクションの前でも、必ず長い列の後ろについて、アイスクリーム一つだって、すんなりとは買えなかった。良子は新たな列に並ぶたびにいらいらとしたが、どんなに並んでも文句を言わない孝雄と、それでも楽しそうな子供たちの笑顔に救われながら、また次の列に並んだ。夕暮れに差し掛かり、車に戻って駐車場を出るころには、すっかり真っ暗になっていた。

　　帰り道の高速道路で、長く続くテールランプの列を良子は恨めしげに①にら見つけた。さっきドライブインで軽く食事した子供たちは、後部座席でぐっすりと眠っている。時々襲う強い眠気と戦っていると、無表情のまま運転を続ける孝雄が憎らしくさえ思えてきて、八つ当たりしたくなる。「どうしてこんなに込んでいるの。高速で走れるから高速道路のはずでしょう。だいたいみんなが同じ道を通らなくちゃ帰れないっていうのがいけないのよ。毎年毎年込んでいるんだから、もう１本道路を作るとか、道幅を広くするとか、手の打ちようがあるんじゃないかしら。こんなにものろのろ進んで、あなたは眠くならないの。ね、高速を降りてしまって下の道で帰らない？　ああ、もういやになっちゃった。」理不尽だと分かっていても、次から次へと言葉が溢れる。今日は１

日並びすぎた。子供のように駄々をこねはじめた②良子に孝雄の我慢も限界に近づいたのか、さすがに表情が変わって、口を開きかけたその時、FMから伸びやかな女性のボーカルの懐かしい歌声が流れてきた。良子はふいにおし黙って、その曲に聞き入った。それはもうずいぶん昔、まだ2人が恋人同士だった頃にヒットしていた曲で、初めて遠出した休日の帰り道、今日と同じような長い渋滞の列の中で、一緒に聞いた曲だった。1秒でも長く2人で一緒にいたかった良子はスピーディーなリズムに乗って流れる美しい旋律を聞きながら、このままずっと渋滞が続いて家になんて着かなければいいのにと思っていたのだ。孝雄はあの日、車の中でずっと手をつないでいたことを覚えているだろうか。「ごめんなさい。渋滞はあなたのせいじゃないのにね。今日は楽しかったわ。ありがとう、あなた。」やさしい気持ちを思い出して、素直な言葉がこぼれたとき、孝雄の左手がハンドルを離れて、そっと良子の手に触れた。「すこし、眠っていくといい、僕は大丈夫だから。」素直に目を閉じた良子の耳に女性ボーカルの声が心地よく響き、右手からは、大きな手のぬくもりが伝わってきた。渋滞も悪くない。

■ 文法と言葉遣いの解釈

① 恨めしげに：“げ”接动词连用形、形容词和形容动词词干之后，一般构成一个形容动词的用法，表示“有那种样子”之意。

② 駄々をこねはじめた：“駄々をこねる”是词组，表示(小孩)撒娇，刁难大人。

■ 解答

○　次の問題を考えながら聞きましょう。

1. b　　　　　　　2. a

○　では、更に次の問題を意識しながらもう一度聞きましょう。

1. a　b　e　　　2. a

○　もう一度聞いて、次の問題に答えましょう。

1. b

2. a(×)　　　　b(○)　　　　c(×)　　　　d(×)　　　　e(○)

3. a. 八つ当たり　意味：乱发脾气

b. 手の打ち　意味：采取措施

c. ぬくもり　意味：温暖

課外でチャレンジしましょう

スクリプト

刺激 （4分15秒）

　ミニスカートでキャンパスを歩いていた頃は、ちょっと目立っていた仲間たち、どちらかというと、田舎の短大だったから、少しきれいな子やおしゃれな子はぱっと目を引いていた。類は友を呼ぶ。なんていうけれど、そんなちょっと目を引く子たちが束になって①歩いていたのだから、男の子たちからもよく声がかかったことを思い出す。今、テーブルを囲んで、杏仁豆腐なんかを食べながら、笑いあっている友人たちは、あの頃からずいぶん時を得て、それぞれに違う人生を歩いている。おとなしやかで、家庭的な雰囲気で、きっと一番最初に結婚すると思われていた友人は今も独身のまま、キャリアを重ねているけれど、花をアレンジする優雅な趣味が先生級で、仕事にもしてしまいそうな勢い。庭付きの家を新築してガーデニングなんかを楽しみながら、いい所の奥様を地でいっている友人は、学生時代のまま、折れそうに細いウエストを保っている。老舗の呉服屋の娘で、しっかりとした躾が印象的だった友人は、まだ学生の匂いが残るうちに嫁いだのに、彼女の3人の息子は皆やっぱりとても躾が良くて、中学生になった今でもママの友人に爽やかに挨拶してくれる。結婚して何年も経つのに、恋人気分が抜けないご主人が子供抜きで②出掛けること熱望してやまない③ことを困りながらも、少し嬉しそうに話してくれた友人の家はリビングもキッチンもモデルルームのようにピカピカだった。昔からスピーディーでパワフルで、何でもささっとこなしていた友人はささっと大恋愛をして、ささっとマイホームを手に入れて、ささっと二人の子供を育てながら、パートしてもまだちょっと余る時間を新しい勉強にあてることにしたようだ。ささっとその資格を取ってしまって、またしばらくして会うときには、先生と呼ばれているかもしれない。

　卒業してからもずっと時々集まる仲間たち、近況報告の話は洪水のように溢れ出して、止まらない笑いは、時間を学生時代にまで巻き戻す。ずっとこうしていたい素敵な仲間たち、皆、本当は尽きない悩みもあるのだろうけれど、その痛みをすこしだけ忘れて楽しむ日曜の午後、たくさんおしゃべりして、おいしいものを食べて、お腹が痛くなるく

らい笑って、またそれぞれ自分の生活に戻っていく。それぞれに受けた刺激を自分の心のお土産にして。

■ **文法と言葉遣いの解釈**

① 束になって：词组，表示"成群、结伙"。

② 子供抜きで："抜き"接在名词后，表示"省去、免去"，这里是"不带孩子"之意。

③ 熱望してやまない："动词＋てやまない"惯用句型，以否定形式表肯定含义，通常用于祝愿或期待，有"永远、不断地"之意。

■ **解答**

1. 「刺激」と書きます。
2. 田舎の短大で知り合いました。
3. 同級生です。
4. 大学の回想と近況の報告です。

第 18 課

僕の愛した人(ラジオドラマ)

スクリプト

僕の愛した人 (18分55秒)

その1 (3分38秒)

黒川哲也　作　フラット　第一話

照井：ええ、わたくし、照井幸一、この学校で、皆様と共に、精一杯頑張っていく所存であります。って、これじゃ、選挙演説だな。オッス①、おれは照井だ、おまえらみんな、今日から、おれについてこい。うーん、ちょっと古くさいかな。よし、はあい、ぼくの名前は照井幸一、歌って踊れるナウでヤングな国語教師さ。おう、これはなかなかいけてるんじゃないか。うふふ。

西村：ちょっと、さっきから、なにしてんのよ。

照井：あ、西村先生。こんな真夜中にどうされたんですか。

西村：それはこっちの台詞②よ。フェリーのゆれは気にならないけど、あんたの声がうるさくて眠れないわ。なんとかならないの?

照井：あ、すみません。一応こうして、かんぱんの端っこで、海に向かって練習してたんですが、そんなにうるさかったですか。

西村：島に着くのは正午でしょう。あと10時間もあるじゃない。スピーチの練習もいいけど、全校生徒の前で、寝不足の顔を見せるほうがよっぽどみっともないんじゃない。

照井：はあ。それはそうなんですけど。実はわくわくして、眠れないんです。

西村：わくわく？

照井：だって、僕たち、この 4 月から、団栗学園中で教鞭をとることができるんですよ。教育に夢と情熱を持つものなら、こんなにうれしいことはありません。

西村：それはよかったわね。

照井：はい。僕は教師になってこの 2 年、偏差値や、進学率重視のエリート校で過ごしてきました。確かに、生徒の学習意欲はたいしたものでしたが、反面、できない生徒を次々に切り捨てていくんです。そんな教育には正直疲れました。

西村：疲れたんなら、寝るのが一番よ。そのほうがこっちも助かるし。

照井：でも、団栗学園中は、受験戦争をはじめ、あらゆる競争から生徒を解放し、一人一人の個性を伸ばす教育を実施している、まさに理想の学校です。

西村：それはどうかしらね。

照井：落ちこぼれの生徒の受け入れにも積極的で、彼らも立派に更生していくっていうじゃないですか。僕、一度教壇の前で言ってみたかった台詞があるんです。きみたちは腐ったみかんなんかじゃないんだよ。

西村：あなたの立派な演説聞けたおかげで、眠くなってきたわ。礼を言うわ、お休みなさい。

照井：え、あ、ちょっと西村先生、ちぇ。西村先生って、美人だけど、ちょっと冷たいよな。でも、確かに、少しは寝ておかないと。よし、声の大きさに気をつけて、あと 30 分だけ練習するぞ。(よお、オラ幸一…)

■ **文法と言葉遣いの解釈**

① オッス：也可为"オス"，是"おはようございます"的缩略，即由第一个假名和最后一个假名组成，为社团内部的随意打招呼用语。

② こっちの台詞："こっち"是"こちら"的口语形式，指我方、自己，本句意为"这本应该是我要说的话(被你说了)"。

■ **解答**

○　次の問題を考えながら聞きましょう。

　　1. d　　　　　　2. b

○　では、更に次の問題を意識しながらもう一度聞きましょう。

　　1. b　　　　　2. d　　　　　3. b

○　もう一度聞いて、次の問題に答えましょう。

1. d　　　　　　　　2. c

その2（3分27秒）

西村：確か、港まで迎えの人が来てくれるはずだったわね。って、あなた何ちんたら
　　　歩いてるのよ。

照井：寝不足に加えて、船酔いです…

西村：まあ、鹿児島港からこの島までフェリーで都合16時間だからね。明け方は波
　　　も少し荒かったみたいだし、まあ、始業式が明日で助かったわね。

岩田：おーい。

西村：あら、あの人がお迎えかしら。

岩田：豊かな自然に囲まれた楽園、ありが島にようこそ。あ、はは、さては、お2人さ
　　　ん、新婚旅行ですかな。

照井：え?

西村：セクハラで訴えるわよ。

岩田：ハハ、冗談ですよ。わたくし、どん中で用務員をやらせて頂いております岩田
　　　進と申します①。お2人は西村先生に照井先生ですよね。お迎えに参りまし
　　　た。ようこそどん中へ。

照井：あ、それは、どうも。でも、どん中って一体なんですか。

岩田：団栗学園中学校のこと、そう呼ぶんですよ。なんてわたしも3日前にこの島に
　　　着いたばかりなんですがね。まあ、新参者同士、一つよろしく。

照井：はい、こちらこそ。よろしくお願いします。

西村：用務員ね。それにしては姿勢がふんぞりかえっていて、なんだかえらそうね。

照井：ちょっと、西村先生、失礼ですよ。

岩田：ハハ、やはり、クセが抜けませんか。実は、わたし、この3月まで東京の中学校
　　　で校長をやっていましてね、ちょうどそれで任期が切れましたので、趣味の盆
　　　栽でもやって余生を送ろうかと考えていたんですが。

照井：どうかされたんですか。

岩田：卒業式直前、ある生徒に「中学校生活はどうでしたか」って聞いたんです。そし
　　　たら、その生徒は不思議そうな顔で、「おじさんだれ?」って言ってきましてね、
　　　その生徒は校長であるわたしの顔を覚えていなかったんです。

西村：あら、それは失礼ね。そんなインパクトのある顔なのに。

岩田：それがわたしの教育者としての最後の思い出なんてさびしいじゃないですか。

照井：その気持ち、お察しします②。

岩田：そんなとき、どん中の用務員の話がありましてね、そりゃもううれしかったですよ。なんだって、理想の教育がここにはありますから。

照井：で、ですよね。ほら、西村先生、聞きましたか。理想の教育はここにはあるんですよ。

西村：繰り返さなくていいわよ。くどいわね。

照井：岩田さん、一緒に頑張りましょうね。

岩田：ええ、がんばりましょう。

照井：西村先生も頑張りましょうね。

西村：ええ、頑張ってね。

岩田：照井先生、今の教育は…

■ 文法と言葉遣いの解釈

① 用務員をやらせて頂いております岩田進と申します：自謙語表达方式，相当于"用務員をやっている岩田進です"。

② お察しします：自謙語，意为"体谅、了解您的心意、想法"。

■ 解答

○　次の問題を考えながら聞きましょう。

1. a b　　　　2. d

○　では、更に次の問題を意識しながらもう一度聞きましょう。

1. d　　　　2. c

○　もう一度聞いて、次の問題に答えましょう。

1. a(×)　　　b(×)　　　c(○)　　　d(×)

　　e(○)　　　f(○)

2. d

その3 （1分31秒）

照井：この坂道、結構きついですね。

西村：もう、若いのに、だらしないわね。

岩田：ほら、あそこに見えるどんぐりの形をした建物がどん中の校舎です。

照井：へえ、写真で見た通りですね。

岩田：どんぐりの背比べっていうことわざがありますでしょう。みんな仲良く、平等にっていう教育理念をそのまま校舎の形に反映させているそうですよ。

西村：そのことわざ、通常あまりいい意味で使われないわね。ころころ転がって、さあたいへん、なんてことにならなきゃいいけど。

照井：西村先生。

西村：なによ。大きな声を出して。

照井：初めてお会いしたときから気になっていたんですけど、西村先生はどうしてどん中の教師を希望されたんです？正直あまりうれしそうには見えないんですよ。

西村：希望なんかしてないわよ。大学の工学部を卒業してから働いていた研究所がわけあって閉鎖になってね、そこの所長が私の就職を世話するとか言って、押し込められたのがここってわけ①。

照井：押し込められたなんて、そんな。

西村：心配しないでも大丈夫よ。あんたに言われなくても、最低限の仕事はするから。

照井：西村先生。

岩田：まあ、まあ、お二人さん、夫婦喧嘩もそれぐらいで。

西村：セクハラで訴えるわよ。

岩田：ああ、冗談ですよ。

■ 文法と言葉遣いの解釈

① 押し込められたのがここってわけ："押し込められる"表示"被硬塞进去"的意思，这里说明西村老师来到这所学校并非出于自愿，而是被硬拉过来的。"ここってわけ"是"ここというわけです"的口语简略形式。

■ 解答

○ 次の問題を考えながら聞きましょう。

1. a　　　　　2. d

○ では、更に次の問題を意識しながらもう一度聞きましょう。

1. d　　　　　2. d

○ もう一度聞いて、次の問題に答えましょう。

a(○)　　　　b(×)　　　　c(×)　　　　d(×)

その4（3分28秒）

子供：じゃあ、いくぞー。

岩田：お、校庭で元気に遊んでいるのはどん中の生徒ですね。都会の生徒にはない純粋さがあるとは思いませんか。

照井：ドッチボール①か。なつかしいなあ。ね、西村先生、せっかくだから、あいさつしていきませんか。

西村：そのせっかくって何。

照井：生徒と教師がドッチボールを通じて気持ちと情熱をぶつけ合う、コミュニケーションを図るには、最高のシチュエーションじゃないんですか。ははは、スピーチの練習、無駄になっちゃいましたね。おおい。

岩田：おお、飛び出せ、青春だね。ははは。

西村：さっきまであんなに具合悪そうだったのに、おそろしい単純バカね。

照井：おおい。

子供：はい、わたしたちに何か。

照井：ああ、その、ぼく、今度から、このどん中で頑張らせていただくことになりました。て、照井幸一です。以後、ず、ず、ずいっとお引き立てのほど。

子供：ああ、国語課を担当される照井先生ですね。お待ちしておりました。よろしくお願いします。

照井：こ、こちらこそ。おお、都会の子供たちとは明らかに違う、明朗、快活なあいさつ、すばらしい。どん中に来てよかった。

子供：照井先生、どうかなさいました?

照井：あ、いや、ハハ、そういえば、君たち、今日まで春休み中だよね。どうしてみんな校庭に集まってるの?

子供：私たちは全員、学校の隣にある学生寮で暮らしています。生活も寮母さんがすべて面倒みてくれるわけではなく、それぞれが分担して共同生活を送っているんです。おまけに学校の時間割もあってないようなものです。プライベートと学校生活のくぎりなんてほとんどありません。

照井：へえ、年中林間学校みたいなもんか。憧れちゃうなあ、そういうの。

子供：あ、申し遅れました。私は、4月から生徒会長をやらせていただくことになりました3年B組の高野加奈です。

子供：同じく副会長の3年C組、石崎りょうです。よろしくお願いします。

照井：生徒会長に副会長か。二人とも優秀なんだなあ。

子供：とんでもありません。ご存知の通り、どん中は自由と平等がモットーです。みんなそれぞれ何らかの役職についているんですよ。例えば、今こっちに向かってダブルピースをしている生徒は団長、それから、あ、あそこにいる趣味の悪いジャージーを着ている、もじゃもじゃ頭の生徒は総書記です。

照井：へえ、いろんな役職があるんだな。あ、じゃ、あそこでしゃがんでいる大人しそうな色白の女の子は？

子供：あ、ああ、あれのことですか。

照井：ええ？

子供：あれはなんでもないんですよ。照井先生。

照井：ちょ、ちょっと待ってよ。君たちさっき、生徒全員に何らかの役職があるって言ったよね。それに、お友達に「あれ」っていう言い方はないんじゃないかな。

子供：そ、それは、なあ。

子供：うーん。何から説明したらいいのかな。

■ 文法と言葉遣いの解釈

① ドッチボール：投掷球游戏，场地一般为长方形，被划分成两块，比赛双方互相掷球，被打中的离开场地，留在场地上的人为零时负于对方。

■ 解答

○ 次の問題を考えながら聞きましょう。

1. a d   2. a

○ では、更に次の問題を意識しながらもう一度聞きましょう。

1. b   2. b

○ もう一度聞いて、次の問題に答えましょう。

1. a（×）   b（×）   c（○）

2. d

その 5 （2分）

西村：あなたいい加減にしなさい①。ここにはここの事情ってもんがあるんでしょう。

照井：でも…

岩田：ああ、あの子は確か、桜美咲さんです。他の生徒よりだいぶ小柄で童顔ですが、ここにいる生徒と同じ、3年生ですよ。

照井：桜美咲さんか。立派な名前があるんじゃないか。それをどうして「あれ」がなんていうんだよ。

西村：熱血教師の陥りやすいわなね。一見弱者に見えるほうに一方的に肩入れし、事実関係を客観的に分析しようとしない。

照井：じゃ、西村先生は黙って見過ごせっていうんですか。

子供：あ、あの、お二人とも落ち着いてください。ちゃんと事情をご説明しますから。

照井：フライングならフライングであとでみんなの前で謝罪すればいいんです。いじめの芽を見過ごして、取り返すのつかないことになるよりか100万倍ましです。

西村：じゃ、すきにすれば。

金松：はは。

岩田：ああ、金松校長。

照井：校長先生、あ、初めまして。

金松：えや、そのままで結構ですよ。照井先生。それにしても、お二人ともプロフィール通りですね。

西村：それはどういう意味かしら。

金松：熱血漢の照井先生と冷静沈着な西村先生。いや、実にすばらしい。

照井：いや、それほどでも。

金松：お二人ともご存知と思いますが、ここどん中は生徒たち一人一人の個性に応えていくため、毎年さまざまなタイプの先生方をお招きしているのです。おおいに、期待しておりますよ。

照井：はい、頑張ります。しかし、校長先生。

金松：ええ、桜美咲のことですよね。まあ、実際に見てもらったほうが説明も早いですよ。さあ、みんな、いつものようにドッチボールを続けてくれ。

子供：はい。

■ 文法と言葉遣いの解釈

　① いい加減にしなさい：意为"适可而止吧"。

■ 解答

○　次の問題を考えながら聞きましょう。

1. a　　　　　　2. c

○　では、更に次の問題を意識しながらもう一度聞きましょう。

1. b　　　　　　2. c

○　もう一度聞いて、次の問題に答えましょう。

a（×）　　　　　　b（×）　　　　　　c（○）

その6（4分45秒）

岩田：照井先生、どん中のドッチボールは通常とルールがまったく違います。ご参加
　　　される前に、先ずは見学なさってください。

照井：あ、はい。でも、どんなふうに違うんですか。

岩田：ドッチボールは短い休み時間でも気軽に遊べる球技として知られていますが、
　　　その実態はいじめや差別の温床です。例えば、内野と外野という区切りです。
　　　下手な生徒は無条件で外野に押しやられ、半永久的にパスが回ってきません。

照井：ああ、そういうケース、実際によくありますね。

岩田：逆に内野で狙いうちにされる生徒、そのまた逆に、わざと最後まで狙われず、残り
　　　の一人となってなぶり殺しにされる生徒、ひどいのになると、わるい、わるい、手
　　　が滑った、なんて至近距離から味方にぶつけるという場合もあるらしいです。

西村：低俗なやり方ね。無能な人間らしいわ。

照井：でも、いくつか教育実習生時代にいじめの勉強会で聞いたことがあります。

岩田：そこで、どん中では先ず、内野と外野という区切りをなくしました。そして参
　　　加者全員に均等にパスがまわるように、決められた順番でボールを回していく
　　　んです。

照井：なるほど、それなら平等ですよね。

西村：それのどこがドッチボールなのよ。

岩田：3回目にパスを受けた人がアタックをするんです。このへんはバレーボールに
　　　似てますね。おっと、準備が整いましたね。

照井：あれ、みんな円陣を組んでいるみたいですね。

西村：円陣の中央にさっきの桜美咲とかいう女の子だけしゃがんでいるわ。

照井：そのようですね。

子供：しまっていこうぜ。

子供全員：オーイ。

子供：よし、じゃ、行くよ。

子供：はい、安田君。

子供：ほいきた、それ、石崎。

子供：よし、大リーグボール2号、改め消えない魔球！

子供：ああ。

照井：うわ。

子供：すげー。さすが。

西村：あら、桜美咲って子。ずいぶん思い切りぶつけられちゃったわね。

照井：思い切りって。あんな小さな女の子に、ひどいですよ。ぶつけるにしても、もうすこし手加減をするべきです。

西村：でも、あの子避けようともしないし、痛がる素振りも見せなかったわ。人間だったら普通ぶつけられるって分かっていても、目ばたきの一つぐらいするはずよ。へんね。

照井：確かに、何事もないっていう顔してますけど。きっとやせがまんですよ。

岩田：やはり、ドッチボールのだいごみは思いっ切り投げて的にぶつけることです。その楽しみもちゃんと順番ですよ。

照井：ちょっと待ってください。順番っておっしゃいましたけど、あのフォーメーションを見るかぎり、ぶつけられる的はずっと桜美咲さんですよね。それこそいじめじゃないですか。

岩田：とんでもありません。桜美咲はそのために作られたのですから。

照井：え、そのために作られた？

西村：なるほど、やっぱりね。

照井：やっぱりって、西村先生。

西村：いいから黙ってみてなさい。すぐに分かるから。

子供：行くぞ。よし、つぎ。はい、それ、よし、からっぺ。

子供：はい。

子供：よし、血と汗と涙の結晶、えびぞり①、ハイジャンプ、分身大回転魔球！

子供：うっ。

子供：よっしー、やったー。さすがー。

照井：桜さん。君たち、いくら何でもひどいじゃないか。桜さん、大丈夫か。首が、桜さんの首が外れた。

　　黒川哲也・作　フラット

　　僕の愛した人　第一話

　　ただいまの出演は、北川強、渡辺友香、佐々木雪野、宇野昌義、藤田武、林里美、田畑芳江、荒井由美、以上でお送りしました。

■ 文法と言葉遣いの解釈

　　① えびぞり：身体朝后弯曲的样子。

■ 解答

　　○　次の問題を考えながら聞きましょう。

　　1. a b　　　　　　　2. d

　　○　では、更に次の問題を意識しながらもう一度聞きましょう。

　　1. d　　　　　　　2. a

　　○　もう一度聞いて、次の問題に答えましょう。

　　1. a（×）　　　　　b（○）　　　　　c（×）　　　　　d（○）

　　2. d

課外でチャレンジしましょう

スクリプト

高天原高校新聞部 （10分25秒）

エリカ：太郎ちゃん先輩、どうするんですか。

太郎：どうするって、ずっと考えてるんだけど。

エリカ：だって、だって、文化祭展示の企画書の提出、今日が締め切りなんですよ。

太郎：分かってるんだけど。

エリカ：ああ、このままじゃ、新聞部はつぶされちゃう① よ。太郎ちゃん先輩とエリカの愛の巣も没収されちゃうよ。

太郎：さ、もう太郎ちゃん先輩っていうのをやめてってば。

エリカ：そんなのは今どうでもいいじゃないですか。

太郎：あと、ここは部室だよ。なんとかの巣じゃないよ。

エリカ：もう、太郎ちゃん先輩って、バカ。

太郎：あ、こんなことをしてる場合じゃないのに。

　僕は、山田太郎。私立高天原高校の三年生。新聞部に在籍している。入学したばかりのころ、なんとなく入部したぼくに先輩たちはものごとを調べること、文章を書くこと、人に伝えること、そのすばらしさを教えてくれた。そして、この春、3年生になり、部長に任命されたぼくはこの部の、ますますの発展のために、日々努力しているんだけど。

泉：先輩、なにか思いつきました？

太郎：あ、泉ちゃん、ああ、それがなかなか思いつかないんだよ。政治や経済のネタはIT部の得意分野だから、勝ち目はないし、かといって、あんまり軽い話題は生徒会の印象がわるいし。

泉：それじゃ、スポーツとかはどうでしょう。

太郎：うん、なんか押しが弱いっていうかさあ。

泉：勝敗は全校生徒の投票で決まるんですもんね。

太郎：そうなんだよ。この高校のみんなが関心があって生徒会にもにらまれないようなテーマで、そしてぼくたちに取材が可能なことって難しいんだ。

泉：困りましたね。どうしよう。投票で負けちゃったら、新聞部は廃部だわ。この部室だって、パソコン、ガーって置かれてIT部の第二部室になっちゃうよ。

太郎：そんなことになったら、卒業した先輩たちに顔向けできないよ。新聞部は歴史と伝統があるんだから。なんとしても守らなくちゃ。

　そう、われらが新聞部は、現在廃部の危機にあるんだ。去年、高天原高校にコンピューター情報技術部、通称IT部ができたからというもの、新聞部の部員数が激減した。なにせIT部は学校側から多大なる支援を受けている。最新型の、パソコンとデジカメを支給され、メールマガジンだとか、ブログとかの公開に乗り出したんだ。IT部のメールマガジン、「速報高天原高校」の勢いに押されて、掲示板に貼り出されるわれらが新聞部の「高天原高校かわら版」も最近では立ち止まって読む生徒が、めっきり少なくなった。新聞部創立以来、生徒に愛されながら、毎週発行し続けてきたかわら版が、掲示板の横に設置

された目安箱にも、投書が途絶えて久しい。そりゃ②ね、みんな IT 部にメールするほうが楽だし早いよね。そんなわけで、われらが新聞部の部員は、次々と IT 部に移り、残った部員はたった 3 名。2 年生の渋谷エリカ、1 年生の藤沢泉、そして、3 年生であり、部長のぼく、山田太郎だ。生徒会側としては、もはや新聞部に用はなく、IT 部に吸収合併させたいらしいんだけど。

エリカ：ああ、生徒課にたんかきった太郎ちゃん先輩はあんなにかっこよかったのに。「新聞部は今までも、これからも高天原高校の生徒に愛されて必要とされている。そんなに IT 部のほうが優れているというのなら、新聞部は IT 部に負けないという証拠を見せます」ってさあ、エリカ惚れ直しちゃったんですよ。

太郎：だって、あの時はさあ、必死だったから、とりあえずなんか言わないと、すぐにでも廃部を決定しそうな勢いだったじゃないか。まさか生徒会が勝負に次の文化祭の展示を持ち出すとは思わなくてさ。

エリカ：もう時間がないよ。とにかく、テーマ決めなくちゃ。

泉：渋谷先輩はなにかあるんですか。

エリカ：エリカ？ エリカが思いつくのは、春のファッション、30 日着回しテクニックとか、スイーツ食べ放題マップとか。

泉：それはどうかと思います。

エリカ：何を！ もっといいのが思いつくなら、とっくに言ってるわよ。

太郎：まあまあ、渋谷さんも泉ちゃんもけんかしないでね。

エリカ：あいつはなぜ太郎ちゃん先輩は藤沢のことは名前で呼ぶんですか。エリカのことは名字でしか呼んでくれないのに。ずるい。

泉：だから、今それどころじゃ。

西川：山田、いるかしら。

太郎：あ、西川、どうしたんだ?

西川：どうしたんだっじゃないわよ。生徒会に提出する企画の締め切り、今日まででしょ。

太郎：あは、見てる通り、今相談中なんだよ。

西川：はあ、この期に及んでまだ相談なんてしてんの。IT 部なんてとっくに提出したわよ。勝ち負けなんてやる前から決まったのも同然ね。

太郎：西川、偉いな。IT 部はあんなに部員がいるのに、ちゃんと話し合って、テーマまとめてるんだもんな。僕も見習わないと。

西川：あんた③は、どうしてそうなのよ、バカ。

太郎：ところで、西川、なにしに来たの？

西川：うん、そうだったわ。あんたんとこの目安箱、たおされてさっき躓いちゃった
　　　んだよね。このわたしが、なにか入ってるみたいだから、とりあえず持ってき
　　　てあげたわ。

太郎：わざわざ、ありがとう。西川、いいやつだな。

西川：別に。親切心からじゃないわよ。あれ邪魔なのよね。ろくに利用もされてな
　　　いくせに、場所ばかりとって。さっさと撤去してって言いにきたのよ。まあ、
　　　今度の勝負で新聞部が廃部になれば、目安箱も廃止されるし、せいせいするわ。

エリカ：ちょっと、黙って聞いてれば。

太郎：ああ、とにかくありがとう。じゃ、お互い文化祭でベストを尽くそうな。こっ
　　　ちは部員も少ないけど、頑張るよ。

西川：せいぜい三人で雁首を揃えて④、相談を続けるといいわ。文化祭が終わったら、こ
　　　の部屋もIT部の第二部室になるわね。狭いし、古いし、しょうぼいけど。ま
　　　あ、有効に活用してあげるから。じゃね。

エリカ：ちょっと、太郎ちゃん先輩、なんなんですか、あの女。

太郎：ああ、IT部の部長で、西川っていうんだ。ぼくのクラスメートだよ。

エリカ：なあに。あの高飛車⑤っぷり。信じられない。

太郎：まあまあ。あれで意外と親切なところもあるんだよ。あ、ところで。

泉：はい。目安箱ですよね。開けてみます。

エリカ：いやだ、久しぶりに投書があるっていうから期待したのに、たった１通。

太郎：それでも、２ヶ月ぶりだ。素直にうれしいよ。なんて書いてある？

泉：読んでみましょう。

三人：文化祭の展示には高天原高校の７不思議を特集してください。

エリカ：な、７不思議って。

太郎：うん、聞いたことはあるけど。

泉：わたしもいくつか聞いたことあります。校門前の桜の巨木が絶対に咲かないと
　　か、丑三つどきになると、開かずの扉が校内のどこかに現れるとかですよね。

エリカ：ええ、今どき、７不思議はないわよ。そんな与太話。

太郎：信憑性に乏しい話ばっかりだからなあ。それにしても、７不思議の特集を期待
　　　している生徒がいるなんて。

泉：ちょっと、待ってください。あのう、この投書…

エリカ：何よ。

太郎：ああ、まさか、そんな。

泉：ええ、邪推かもしれないですが、さっきのIT部の方が入れたんじゃないですか。

エリカ：なんでそんなことをするのよ。

太郎：僕らにとんちんかんの特集をやらせて、文化祭の投票で確実に勝つためかな。

泉：はい、そうかもしれないかと。

エリカ：なによ、それ、汚いやり方。ますます許せないわ。

太郎：うん、でも西川がそんなことをするかな。そんなことをしなくても、IT部だって一生懸命活動してるのに。

エリカ：太郎ちゃん先輩。

太郎：な、なに。

エリカ：やってやりましょうよ。7不思議。IT部のやつらに目にもの見せてやるわ。

太郎：ええ？

エリカ：こんなひきょうな真似して、エリカ許さないんだから。あいつらの提案したテーマで勝負に勝ってやりましょうよ。ね。

太郎：そんな、でも…

泉：面白いかもしれません。

太郎：ええ？ 泉ちゃんまで。

泉：高天原高校の7不思議は不明瞭な点ばかりとはいえ、全校生徒はその概略は知っています。興味を持ってもらうにはふさわしいテーマですし、文献調査や、写真撮影など、各方面からの取材も可能なんじゃないかと思うんですけど。

太郎：それは、そうだけど。

エリカ：藤沢もたまにはいいことを言うんじゃない。ね、決まりよ、決まり。だってもう企画書提出締切時間になっちゃうもん。

泉：それじゃ、わたし、生徒会議室に行ってきますね。

太郎：ええ？ 決定？ 僕の権限は。あの、部長ってぼく。

エリカ：いってらっしゃい。

こうしてわれらが新聞部は高天原高校の7不思議のなぞを解明すべく、取材を始めることになった。タイムリミットは1ヵ月後の文化祭、企画書も提出してしまったし、とにかくやるしかないんだけど。

本当にできるのかな。

■ **文法と言葉遣いの解釈**

① ちゃう：是"てしまう"的口语简略形式。

② そりゃ：是"それは"的口语简略形式。

③ あんた：是"あなた"的口语变体说法，女性多用。

④ 雁首を揃えて："雁首を揃える"是词组，形容凑齐人数。

⑤ 高飛車：形容高压，以势压人，蛮横强硬。

■ **解答**

1. 文化祭展示の企画書について考えています。

2. 部員が3人います。2年生の渋谷エリカさん、1年生の藤沢泉さんと3年生の山田太郎さんです。

3. 仲良くないです。競争相手です。

4. 西川さんはIT部の部長です。

5. 高天原高校の7不思議にしました。

ロボタン(ラジオドラマ)

スクリプト

ロボタン (18分50秒)

その1 (4分)

　驚異のキャラクターヴォイス七変化を武器に、自ら台本、演出、そして、もちろんすべてのキャラクターをたったひとり生放送で演じきる、わしおルンナのラジオドラマ一人、いったい何人のキャラクターが登場するんでしょうか。ようこそ、ルンナワールドへ。

お手伝いロボット、ロボタンがやってきた。

母：あっ、「ふゆのどなた」が始まる時間や。お父ちゃん、野球なんかみてんと、ちょっとテレビ変えるで。

そら：お笑いだろう。一家だんらんは笑いで作るんじゃねえ①かよ。

あおい：スマップ！

母：…って、お父ちゃん、どさくさにまぎれて、またチャンネル野球に戻すのん止めてんか②。

あおい：ああ、もうCMになっちゃったじゃない。

ナレーション：はい、お待たせしました。人類の憧れ、ロボットと暮らす、夢の生活が実現したのよ。より人間に近いロボットを目指し、ハイテクノロジーを追求

　　　　　　した、人工知能搭載、学習機能も発達しているから、一緒に暮らせば暮らすほ
　　　　　　ど、もう手放せません。ご家庭で、新しい家族として、仲良くしてね。はい、ロ
　　　　　　ボタン、調子はどう?

ロボタン:はい、お手伝いロボット、ロボタンです。お手伝い、大好き、人間、大好き。
　　　　　　　ただし、ご利用は計画的に。

あおい:そういえば、ロボタン申し込んでから、もう2ヶ月ぐらいたつよね。います
　　　　　　ごい人気があって、商品が品切れで、生産も追いつかないらしいよ。でも、メ
　　　　　　ーカーに問い合わしてみたら、8月中旬までには納品できるって言ってたん
　　　　　　だけどなあ。

あかね:早くこおへんかな、ロボタン。

あおい:あ、うわさをすれば、来たんじゃない。

母:はい。あら、お隣のどだめさんの奥さん。

そら:なんだよ、隣の教育ママゴンかよ。

奥さん:宅急便預かってたざます。お盆に帰省していらっしゃったときに届いたん
　　　　　　ざますのよ③。

母:お盆って奥さんもう2週間以上も前のことですやん④。

奥さん:おほほ、ごめんあそばせ。昨日まで、たくどものぼくちゃんの希望で、本場の
　　　　　　ディズニーランドに旅行に出かけていたざますのよ。たくのぼくちゃんは
　　　　　　夏休みだというのに、お勉強ばっかりざましょう。なので、どこか行きたい
　　　　　　ところがないって聞いてみたら、近場でいいだなんて謙虚なこというざまし
　　　　　　ょう。じゃ、近場で、とちょっとおフランスまで。

母:奥さん、ちょっといまうち。

奥さん:あーーら、おじゃまだったざますねえ。では、これ確かに。

あかね:おかあちゃん、あのおばちゃんの話、うそやで⑤。さっきディズニーランドや
　　　　　　のに、おフランス言うとった⑥もん。

母:そうか。お母ちゃんは最初からうわのそらで聞いてへんかったわ⑦。それより、
　　　　　　なんやろな⑧、この荷物。えらい重たいよ。…あれ、ガムテープこれ一回あけた
　　　　　　んとちゃうか⑨。

あかね:あ、ロボタンや。やっと届いたんや。やった。

■ **文法と言葉遣いの解釈**
　① 作るんじゃねえ:"じゃねえ"是男性用语,表示"じゃない"的意思。

② 止めてんか：关西方言，等于"やめてくれませんか"。

③ 届いたんざますのよ。"ざます"是"(で)ございます"的转变，"是"，是东京有闲阶级妇女故作风雅的用语。

④ 2週間以上も前のことですやん：关西方言，等于"2週間以上も前のことじゃない?"。

⑤ うそやで：关西方言，"名词＋やで"，等于"名词＋だよ"。

⑥ 言うとった：关西方言，等于"言っていた"。

⑦ 聞いてへんかったわ："へんかった"是关西方言，等于"聞いていなかったわ"。

⑧ なんやろな：关西方言，等于"なんだろう"。

⑨ あけたんとちゃうか：关西方言，等于"あけたのではないか"。

■ **解答**

○　次の問題を考えながら聞きましょう。

1. b　　　　　　　　　　　　　　　　2. b

○　では、更に次の問題を意識しながらもう一度聞きましょう。

1. b c d　　　　　　2. c　　　　　3. b

○　もう一度聞いて、次の問題に答えましょう。

1. d

2. a(×)　　　　b(○)　　　　c(○)　　　　d(×)　　　　e(○)　　　　f(×)

その2（2分53秒）

ロボタン：奥様、またメロンですか。奥様、松阪牛はたったの3キロでいいのですか。
　　　　　奥様、キャビアのおにぎりの具はトリュフでよかったですか。

母：なんや、これ、隣の奥さんやなあ。

そら：いいよな、となりは。メロンに松阪牛にキャビアかよ。

母：いいや、これは罠や。隣の奥さんの陰謀に違いない。みんなだまされたらあ
　　かん①。

あかね：ていうか、隣のおばちゃん、人の家の宅急便勝手に開けてるやん②。

母：しかも、ちょっとつこうてるがな。

あおい：本当だ、ひどいよね。しかも、ロボタンに嫌味なことばっかり覚えさしちゃ
　　　　って③さあ、ちょっとこれ消そうよ。初期化できるんでしょう。
　　　　なになに、初期化は前のご主人との記憶は消えても、学習したことは消え
　　　　ないんだって。例えば、こういうくだらない隣の奥さんとの会話は忘れても、

　　　　　車の運転とか、家事なんかでも、一度経験したことはそのままできるみたい
　　　ね。ええと、初期化はこのボタンね。
　　　　　　人工知能と学習機能が発達していて、使えば使うほど、人間に近くなって
　　　賢くなっていく、それがロボタンの売りなんだって。でもさびしいけど、も
　　　し人に譲ることになったら、ちゃんと初期化してわたしたちの記憶を消さな
　　　いといけないらしいわ。でも、せっかく家族になったんだから、ペット同様
　　　捨てることはないよね。ロボットだから、病気にもならないし。
そら：でもさあ、なんかへましたら④、かあちゃんにどつかれて⑤、ぶっこわれるかも
　　　しれないな。痛いな、何するんだよ。
母　：おかあちゃんが、そんな残酷なことをするわけないやろ。
そら：今やったじゃんよ。
母　：あんたのも脳みそがいがんどったさかいに⑥。ちょっと直しといただけや。
そら：なんだよ、まったく。それより早く電源を入れようぜ。
あかね：うん、楽しみやな。
ロボタン：バッテリーが切れました。充電してください。
そら：なんだよ。
母　：あのおばさん、やってくれるやないの⑦。計画的犯行やな。
ロボタン：充電してください。ご利用は計画的に。
　　お母ちゃんです。せっかく手に入ったロボタンやのに、バッテリーが切れたやなん
て。今回は隣の奥さんにしてやられてしまったけど、次回のラジオドラマ一人では、い
よいよロボタンが動き出しまっさかいに、第 2 回目の放送も聞いてよ。頼むで。次はこ
の後、午後 10 時 50 分ごろから始まります。ほら、また後でな。さいなら⑧。

■ 文法と言葉遣いの解釈
　① だまされたらあかん："あかん"，关西方言，等于"いけない、だめ"。
　② 開けてるやん：关西方言，等于"あけているじゃないか"。
　③ 嫌味なことばっかり覚えさしちゃって："さす"等于"させる"。"～ちゃう"是"～てしま
う"在口语中的缩略表达形式。
　④ なんかへましたら："へまする"，关西方言，等于"失敗する"。
　⑤ どつかれて："どつく"，关西方言，等于"叩く"，"打、捧"的意思。
　⑥ 脳みそがいがんどったさかいに："いがんどった"关西方言，等于"変形していた"，"跟别
人不一样"的意思。"さかい"，关西方言，表示原因，"因为，由于"。

⑦ やないの：关西方言，等于"ではないですか"，"……不是吗?"的意思。

⑧ さいなら：关西方言，等于"さようなら"。

■ 解答

○ 次の問題を考えながら聞きましょう。

1. c　　　　　　2. b

○ では、更に次の問題を意識しながらもう一度聞きましょう。

1. a　　　　　　2. a c　　　　　　3. c

○ もう一度聞いて、次の問題に答えましょう。

a（○）　　　　b（×）　　　　c（×）　　　　d（○）　　　　e（○）

その3（4分20秒）

　　驚異のキャラクタヴォイス七変化を武器に、自ら台本、演出、そして、もちろんすべてのキャラクタをたったひとり生放送で演じきる、わしおルンナのラジオドラマ一人、いったい何人のキャラクタが登場するんでしょうか。ようこそ、ルンナワールドへ。

　　はじめまして、ロボタン

そら：あ、やっとロボタンの充電ができたみたいだぜ。

あかね：やっとやな。

母：洗い物も、洗濯物もたまっているし、部屋も散らかっているし。はよう働いてもらわんとな①。

あかね：ほな、スイッチ入れるで。

ロボタン：はじめまして、僕お手伝いロボット、ロボタンです。最新のテクノロジーを集結した人工知能や特殊機能を装備、あらゆる言語、習慣、地理、歴史に精通し、弾丸をもはね返す強靭のボディー、10万馬力のパワーで、皆さんをおもり、いいえ、お守りします。人畜無害、心優しく、思いやりをもち、謙虚さも兼ね備えたスーパーコンピュータ、頼りになるロボット、ロボタンです。より人間に近づけることを目標にがんばりますが、ご利用は計画的に。では皆さん、自己紹介をお願いします。

母：なんか、たいそうよな、まあ、ほな自己紹介しようか。私がこの黒川家のお母ちゃんの黒川みどりや。みどりちゃんはちょっとはずかしいさかい。やっぱりみどいさんって呼んでもらおうかな。でも、女学生時代はみんなにどりちゃんって呼ばれてたんやけど、どうしようかな。

そら：母ちゃんは母ちゃんでいいんじゃねえの。

母：なんやな、夢のない子やな。まあ、ええわ。あんたにこれからこの家のことをいろいろ覚えていってもらわなあかんな②。まあ、やさしいお母ちゃんやさかいに何でも聞いてや。

ロボタン：はい、お母さん。

母：かなんなあ③、みどりちゃんって呼んで言うてんのに。はい、次、お父ちゃん、お父ちゃん。

あかね：あかん。野球に夢中や、しかもさっきよりボリュームが大きくなってる。

あおい：もともとお父ちゃんは留守電とかビデオのセットもできないような機械音痴だから、むりかもね。ロボタン、あれがうちのお父ちゃんの黒川しろ。まあ、お父ちゃんの人生にロボットが必要なことってないだろうから、いいよね。というわけで、次わたしね。長女の黒川あおい、現在高校3年生、一応受験生なんだ。ロボタンには勉強でも教えてもらおうかな。

そら：ほんとかよ。いつも携帯でメールばっか(り)やってんじゃん。

ロボタン：なんでも聞いてください。

そら：よし、次、おれおれ、黒川そら、中学2年。サッカー部のエースストライカーなんだ。成績優秀、スポーツ万能、クラスの人気者。女の子にもモテモテ。

あかね：兄ちゃん、あんまりうそ教えんほうがいいで④。

母：聞いてあきれるわ。

あおい：そら、ロボタンうそ発見器も装備しているみたいよ。

そら：げ、まじかよ。

あおい：うそだよ。

そら：なんだよ。成績優秀と女の子にモテモテってとこ(ろ)以外はうそじゃねえかんな⑤。

ロボタン：ただいまのそらさんの発言の信憑性は45％と、出ました。

そら：げ、ほら、つぎ。

あかね：ロボタン、わたし、黒川あかね、小学校2年生やねん⑥。ロボタン、いっぱい遊ぼうな。

ロボタン：任せてください。

■ 文法と言葉遣いの解釈

① はよう働いてもらわんとな：等于"はやく働いてもらわないとね",関西方言。

②覚えていってもらわなあかんな：等于"覚えていってもらわないとだめですね"，关西方言，"必须得让你记住"。

③かなんなあ：等于"敵わないな、あなたには負けます"，关西方言，"败给你了，真受不了"的意思。

④教えんほうがいいで："ん"等于"ない"，关西方言，表示否定。"で"，关西方言，等于"よ"。

⑤かんな："かん"等于"から"，关西方言，表示原因。

⑥２年生やねん："やねん"等于"だよ"，表示判断。

■ 解答

○ 次の問題を考えながら聞きましょう。

1. a　　　　　　　2. b　　　　　　　3. c

○ では、更に次の問題を意識しながらもう一度聞きましょう。

1. a c　　　　　　2. b

○ もう一度聞いて、次の問題に答えましょう。

1. c

2. a(○)　　　　b(○)　　　　c(×)　　　　d(×)　　　　e(○)　　　　f(×)

その 4 （4分）

あかね：それで、おうちにいるときはおばあちゃんも一緒に遊んであげてな。いつもなあの世とこの世を行ったり来たりしているみたいに、暇そうやねんもん①、ねえ、おばあちゃん。

おばあさん：おや、まあ長生きはしてみるもんだね。でも早う②この箱から出してあげん③と、中の人が苦しんでやしないかい④。空気穴も開けてやらんとからに⑤。はて、どこにチャックがあるのやら。

ロボタン：おっ、おばあさん、そ、そのはさみをしまっていただけますか。

あおい：おばあちゃん、何呆けたことを言ってんのよ。うちのおばあちゃん、別に痴呆って言うわけじゃないんだけどね。天然なんだ。かわいいでしょう。うちの黒川ももえおばあちゃん。若いころは、町内でも山口百恵だって、自分でよく言ってたっけ。仲良くしてあげてね。

そら：おっとと、忘れちゃいけない。俺たちの大事な家族がもう一人、いや、もう一匹。おおい、ビリジヤン、こっち来いよ。

そら：人懐こいから、番犬にもならないし、頭が悪い馬鹿犬だけど、憎めないやつなん

　　　　だ。仲良くしてやってくれよな。

ロボタン：なるほど、犬は飼い主に似ると言います。納得、納得。

そら：何言ってんだよ、こいつ、まったく。お手伝いロボットなんだろ、早く何か手伝
　　　ってみろよ。

母：そうよな。ちょっと何かやってもらおうか。ほな、手始めに台所のあの山のよう
　　　な洗いもの、片付けれくれるか。で、終わったら、掃除、洗濯、それからお風呂沸か
　　　して、ビリジヤンの散歩。

ロボタン：ご、ご利用は計画的に。

あおい：ちょっと待って。わたしも新学期までに部屋の模様替えがしたいの。

そら：じゃ、俺はそのスーパーコンピュータとやらで、夏休みの宿題片付けてくれ
　　　よな。

ロボタン：しゅ、宿題は自分の力でやったほうが…

母：ロボタン、そらの成績見てみ。2学期もこんな成績やったら、隣のおばはんにまた
　　　何言われるかわからへんさかいな。頼むわ。

あかね：ほな、あかねのお願いも聞いてくれる。あかね、モーニング娘入りたいねん。

ロボタン：そ、そうですか。

おばあさん：どれ、おばあちゃんも一つ、肩でも揉んでもらうかね。

母：そうよな、マッサージもやな。ついでに、お父ちゃんの頭の毛が生えてくるよう
　　　に、頭皮マッサージも頼むわ。

そら：じゃ、母ちゃんの贅肉も取れるように、インドエステでもやってもらえばいい
　　　じゃねえの。10万馬力のフルパワーでも難しいかもしれねえけどな。

母：なんやて、でも、それもええな。

ロボタン：あのう、最後のご要望だけは無理があるかと。

母：な、なんやてー。

ロボタン：ご、ご利用は計画的に。

　　あおいです。待ちに待ったロボタンの登場で、我が家はとてもにぎやかになりそう
です。ペットというよりは、兄弟が一人増えたような感じで、うれしいな。次回のラジ
オドラマ一人では、スーパーコンピュータロボタンがいろんな機能を披露してくれるか
ら、絶対聞き逃さないでね。時間は午前2時40分くらいから始まるわよ。じゃくまた
ね。

■ 文法と言葉遣いの解釈

① 暇そうやねんもん：等于"暇そうなんだもん"，"看来很闲"。

② 早う：等于"はやく"，关西方言。

③ 出してあげん："あげん"等于"あげない"，"ん"表示否定。

④ 苦しんでやしないかい：等于"苦しんでいるのではないか"，关西方言。

⑤ 開けてやらんとからに：等于"開けてあげない状態のままだ"，关西方言。

■ 解答

○ 次の問題を考えながら聞きましょう。

1. b　　　　　　　　　　　　2. c

○ では、更に次の問題を意識しながらもう一度聞きましょう。

1. c　　　　　　　　　　　　2. b—オ　c—ア　d—イ　e—エ

○ もう一度聞いて、次の問題に答えましょう。

1. b

2. a（×）　　　b（×）　　　c（○）　　　d（○）　　　e（×）　　　f（○）

その5（3分37秒）

　驚異のキャラクタヴォイス七変化を武器に、自ら台本、演出、そして、もちろんすべてのキャラクタをたったひとり生放送で演じきる、わしおルンナのラジオドラマ一人、いったい何人のキャラクタが登場するんでしょうか。ようこそ、ルンナワールドへ。

夏休みの宿題はロボタンにお任せ

ロボタン：やっといま洗い物、掃除、洗濯、ビリジアンの散歩が終わりました。なかなかここのお母さんはてごわいです。お手伝いロボット、ロボタンまだまだ修行が足りません。でも、次はもっとてごわそうな子供たちが待っているです。予備のバッテリー装備完了。気合を入れるです。

そら：おう、ロボタンやっと来たか。

ロボタン：お待たせしました。さっそく宿題を。

あおい：ちょっと待ってよ。そらの宿題やりだしたら、何時間かかるかわからないんだから、先に部屋の模様替えやってよね。子供部屋3人で使ってたら、狭くて使いにくいから、せめて気分だけでも変えたいの。

ロボタン：わかりました。では、まず変えたいと思う配置の見取り図をここに書いてください。

あおい：わかったわ。ええと、ここからここまではわたしのエリアね。あとはそらと
　　　　あかねの 2 人で好きに決めればいいわ。

そら：何だよ。自分だけ窓際のいい場所をとりやがって①。

あかね：ほんまや。

あおい：いいじゃない。あんたたち、朝起きるのが遅いんだし、朝日が顔に当たるの
　　　　がいやなんでしょう。

そら：ちぇー、うまいことを言ってさ。じゃ、俺、ここからここまで。

あかね：そんな、あかねの場所めっちゃ少なくなるよ。大体、もうあかねも小学校 2
　　　　年生になるのに、何でそらにいと一緒の部屋なんや。プライベートも何もあ
　　　　らへんやん。ね、ロボタン。で、ロボタン、何やってんの。

そら：あれ、何だよ、これ。いつの間に。

ロボタン：皆さんが話している内容を聞きながら、平等にかつ機能的に、年相応な配
　　　　　分で模様替えをしてみました。そして、更にプライベートを守るため、それぞ
　　　　れ、パテーションで仕切ってみましたが、いかがでしょう。

そら：へえ、それぞれに収納スペースまでついてんじゃん。

あおい：ちょっとパテーションの分、部屋が狭く感じるけど、プライベートがあって
　　　　いいんじゃない。

あかね：ほんまや、でもあかね一人ぼっちみたいで、ちょっとさみしい。

ロボタン：大丈夫です。そんなこともあろうかと、熊のぬいぐるみを置いておきまし
　　　　　た。

あかね：うわあ、ほんまや、かわいい。これ、ロボタンが作ったん。

ロボタン：そうです。ちゃんと検診済みですので、針も残っていません。

■ 文法と言葉遣いの解釈

① とりやがって：是比较粗鲁的说法，等于"取って！"，带有看不惯、气愤之意。

■ 解答

○ 次の問題を考えながら聞きましょう。

1. a　　　　　　　　　　　　　　　2. b

○ では、更に次の問題を意識しながらもう一度聞きましょう。

1. c　　　　　　2. b　　　　　　3. c

○ もう一度聞いて、次の問題に答えましょう。

1. a(×)　　　　b(○)　　　　c(×)　　　　d(○)　　　　e(○)
2. a b

課外でチャレンジしましょう

スクリプト

その 6（2分50秒）

ロボタン：大丈夫です。そんなこともあろうかと、熊のぬいぐるみを置いておきました。

あかね：うわあ、ほんまや、かわいい。これ、ロボタンが作ったん。

ロボタン：そうです。ちゃんと検診済みですので、針も残っていません。

そら：すげーな、ロボタン。よし、その熊、名前考えようぜ。やっぱり黒川家の一員になるためには、父ちゃんが白、母ちゃんは緑、姉ちゃんが青、俺がそら色だろう。あかねが赤、ばあちゃんが桃、じいちゃんが黄色。犬がビリジヤンときたら、この熊は、そうだな、金太郎で、どうだ。

あおい：金太郎って、熊と相撲とって、勝ったんじゃなかったっけ。そんなカタギの名前付けちゃったら、この熊ちゃんはかわいそうじゃない。ねえ、金太郎。

あかね：って、あおい姉ちゃん、早速呼んでるやん。

そら：でも、ロボタン、こんな重たい勉強机とか、よく運べたよな。さすがは10万馬力。

あおい：それより、この金太郎だって、すごく縫い目が揃ってて、完璧よ。

あかね：ほんまや、ロボタンって、何でもできるんよな。

そら：すげーよな。ほかには、どんな機能があるんだよ。ちょっと、見してくれよ。

ロボタン：あのう、宿題は。

そら：そんなのは、あとでいいからさあ。どっちみち①ロボタンなら、宿題くらいちょっちょいのちょいで、3秒ぐらいでできんだろう。

ロボタン：まあ、わたしは本気を出せば、軽いもんです。

そら：じゃ、そんなのは、後回し、後回し。

ロボタン：わかりました。では、さっそく。非常時に備え、胸のパネルを開ければ、電

　　　　　子レンジに。電話線を口に加えれば、パソコンとしてインターネットも可能。
　　　　　両腕は特殊パーツを組みかえれば、はさみ、包丁、靴べら、はえたたき、耳掻き、
　　　　　まごのて、栓抜きなど、ありとあらゆるものにチェンジできます。

そら：へえ。

ロボタン：そして、ひざのボタンはスプレーになっていて、消毒スプレー、虫除けスプ
　　　　　レー、ゴキブリ退治から、部屋スプレー、脇の下には、制汗スプレー、キスの前
　　　　　には口臭スプレーも、OK です。

あおい：でも、ゴキブリをやっつけたあとに、口にスプレーってのもねえ。

あかね：ほかに、もっと遊べるものはないの。

ロボタン：そうですね。旅行や運動会などに最適な、写真やビデオ撮影、プリクラ機
　　　　　能も完備しています。

あかね：そうなんや。あかね、プリクラ取りたい。みんなでとろう。

ロボタン：わかりました。プリクラ機能スイッチ ON。

■ 文法と言葉遣いの解釈

　① どっちみち：等于"どちらにしても"，关西方言。

■ 解答

　1. ぬいぐるみに、黒川そらさんが金太郎という名前をつけました。

　2. はさみ、包丁、靴べら、はえたたき、耳掻き、まごのて、栓抜きなど、ありとあらゆるもの
　　 にチェンジできます。

　3. 消毒スプレー、虫除けスプレー、部屋スプレー、脇の下に使う制汗スプレー、キスの前の
　　 口臭スプレーなどです。

　4. 殺虫スプレーとしてゴキブリをやっつけた後、口に使う口臭スプレーとして使ったら、
　　 おかしくて、ちょっと気持ち悪いと思っています。

その 7 （3分32秒）

ロボタン：好きなフレームを選んでね。

そら：何だよロボタン、声まで変わってんじゃん。

あかね：わあ、すごいやん。いろんなフレームがあるで。ほんじゃ、これ、南の島の海
　　　　にするわ。

ロボタン：じゃ、衣装を選んでね。

あおい：じゃ、わたしはウェットスーツで、ダイビングをしているところ。

そら：じゃ、俺は何にしようかな。

ロボタン：はやく、はやく。

そら：なんだよ、うるせえな。しょうがないから、これでいいや。でっかい魚を釣っ
　　　ている魚釣りスタイル。

あかね：ほな、あかねは普通に、セクシービキニルックにするわ。

そら：ませがきね。

ロボタン：OK。じゃ、行くよ。はい、ポーズ。

そら：あ、すげえじゃん。

ロボタン：落書きもできちゃうよ。落書きスタート。

そら：お、ロボタンの指がペンになってんじゃん、へえ。痛い、やべえ。

母：あんたら、いつまで遊んでんねん。宿題全部できたんか。んなにをぎゃあぎゃあ
　　遊んでんや。ロボタン、あんた宿題見たってって言うたんやろう。スーパーコン
　　ピュータだかスーパーファミコンだか、知らんけど、たいしたことないんでしょ
　　うか。もうええさかい①、こっち来て。おばあちゃんの肩揉んであげてんか。

そら：なんだよ、かあちゃん。宿題、これからやるじゃんよ。ロボタン連れて行く
　　　なよ。

あわい：そうよ、おかあちゃん、ロボタンを責めないでよ。

母：あかん、あかん、やっぱり勉強は自分の力でしな②。身にならへんしな③。それ
　　に、ロボタンに任しといたら、いつまででも遊んでるやろう。

ロボタン：お母さん、これが人間の世界でいうところの理不尽というやつなんです
　　　　ね。お、学習ランプが点滅している。ロボタン、また一つ学習しました。あ、
　　　　お母さん、そんなところを引っ張ったら、ああ、やめて、やめて、お母さん。

あかね：ロボタンが人間になれる日がくるんやろうか。なあ、金太郎。

あかねです。ロボタン、すごいな。夏休みの宿題で書き忘れていた絵日記、さっき撮
ってもらったプリクラを見ながら、適当にかけそうやわ。これからも、いっぱいいっぱ
い遊んでもらうねん。なあ、金太郎。次回のラジオドラマ一人はうちの家でたった一人
かげの薄いおとうちゃんと対照的に見た目も中身も濃いいおかあちゃんの若いころの
話もでて来るねん。時間はこのあと、午前3時48分ごろから始まるね。そやけど④、あ
の二人、何で結婚したんやろうな。

■ 文法と言葉遣いの解釈

　① もうええさかい：等于"もういいから"，关西方言。

　② しな："しなくちゃ"的省略，"必须"。

　③ 身にならへんしな：等于"身にならないしね"。"へん"是关西方言，表示否定。

　④ そやけど：等于"そうだけど"，关西方言。

■ 解答

　1. 黒川あおい：ウェートスーツで、ダイビングをしている写真を撮りました。

　　　黒川そら：でっかい魚を釣っている魚釣りスタイルを撮りました。

　　　黒川あかね：セクシービキニルックの姿を撮りました

　2. ロボタンは指をペンにして落書きをしました。

　3. ロボタンはお母さんの行動が理不尽だと思っています。

　4. お母さんは怒りました。

第 20 課
ニュース［スポーツ］(ラジオニュース)

スクリプト

内容 1 (1分23秒)

　6年後の東京オリンピックとパラリンピックのバスケットボールの会場について、東京都が新たな施設の建設を取りやめ、埼玉市の「埼玉スーパーアリーナ」に変更する方向で検討していることを受けて、地元からは期待の声が上がっていました。6年後の東京オリンピックとパラリンピックの競技会場を巡っては、コストや環境への影響などを踏まえて、東京都や大会の準備を担う組織委員会が会場の見直しを始めています。このうちバスケットボールの会場について、都は江東区に新たな施設の整備を計画していますが、建設費や土壌汚染の処理に多額の費用がかかることから、埼玉市の「埼玉スーパーアリーナ」に変更する方向で検討を進めていることが分かりました。これについて、埼玉市では、期待の声が聞かれました。「近くて見に来れるのでいいと思います」「海外からのお客もたくさん来ると思うので英語とか勉強しながらね、みんな、歓迎できるかなと思います」東京都などは、変更を検討する競技会場の整備計画を速やかにまとめ、IOC＝国際オリンピック委員会などに理解を求めていくことにしています。

■ 解答
　○ 次の問題を考えながら聞きましょう。
　　1. b　　　　2. c
　○ では、更に次の問題を意識しながらもう一度聞きましょう。

　　1. b　　　　　　　2. d

○　もう一度聞いて、次の問題に答えましょう。

　　a.（○）　　　　　b.（×）　　　　　c.（○）　　　　　d.（×）

内容2 （1分21秒）

　　6年後のオリンピック・パラリンピックに向けて海外からの旅行客を増やしていくために東京の都市としてのブランドをどう発信していくかを議論する会議が開かれ、参加した専門家からは「東京の多様なイメージの根幹①にある価値を表現していく必要がある」などの意見が出されました。昨日、東京都庁で開かれた会議には東京都の前田副知事や観光や広告の分野の専門家などおよそ20人が参加しました。都内には去年、これまでで最も多い681万人の外国人旅行者が訪れましたが、東京都は6年後のオリンピック・パラリンピックまでに2倍以上の1500万人に増やす目標を掲げています。会議で参加者からは「東京は先進的な都市や伝統文化など多様なイメージがあるが、こうしたイメージの根幹にある価値を見いだして、ひと言で表現していく必要がある」などといった意見が出されました。この会議は今後、3回開かれ、来年1月をめどに②東京のブランド戦略に向けた報告書をまとめて都に提言することにしています。

■　**文法と言葉遣いの解釈**

　　① 根幹にある：本意表示樹根和樹干。引申为表示根本，基本和原则。

　　② ～をめどに：常接在时间名词的后面，表示以此时间为目标而努力。

■　**解答**

○　次の問題を考えながら聞きましょう。

　　1. d　　　　　　　2. c

○　では、更に次の問題を意識しながらもう一度聞きましょう。

　　1. b　　　　　　　2. a

○　もう一度聞いて、次の問題に答えましょう。

　　a.（×）　　　　　b.（○）　　　　　c.（×）　　　　　d.（○）

内容3　(1分16秒)

「今日、福原愛選手ですね。」「はい、そうです。」左足の小指疲労骨折で治療を続けてきた福原愛選手ですが、5か月ぶりに国内の公式戦に出場しました。福原、疲労骨折の痛みを引いて先月末、本格的な練習を再開しました。復帰した姿を一目見ようと、会場は立ち見の観客も。感謝の気持ちでプレーしたいと望んだ福原。しかし、実戦の感覚が戻らず、序盤ミスを連発します。それでも、要所で決めて3ゲームを連取。ロシアの選手を追い込みます。そして第4ゲーム。最後は強烈なフォア①。観客の声援に結果で答えました。「一日も早く前の自分よりも強くなったというふうに思えるようになりたいと思います。」

■　**文法と言葉遣いの解釈**

① フォア："フォアハンド"的省略。正拍击球。正手球。

■　**解答**

○　次の問題を考えながら聞きましょう。

1. c　　　　　　2. a

○　では、更に次の問題を意識しながらもう一度聞きましょう。

a. 実戦；連発　意味：实战；连续发生

b. れんしゅ　意味：连续得分

○　もう一度聞いて、次の問題に答えましょう。

b

内容4　(1分16秒)

ゴルフのメジャー大会、日本ツアー選手権は第3ラウンド、ツアー初勝利を目指す竹谷佳孝選手が、首位を守りました。34歳の竹谷は初めて最終組でのスタート。緊張していたと、3番でピンチを迎えます。これがパーパット①。好調なパットでしのぎ、リズムに乗ります。続く4番の第2打。ピン②そばにつけてバーディー③。スコアを伸ばし

ます。さらに 12 番は、7 メートルのバーディーパット。自信を持って強めに打てたと竹谷。あすの最終日、プロ 9 年目で、初優勝を目指します。「3 日間やってきたことをあのう、自分でしっかり、また前向いて自分のスタイルを貫いてやりたいと思います」。

■ **文法と言葉遣いの解釈**

　① パーパット：高尔夫术语。表示此杆入洞就完成标准杆的规定打数。

　② ピン：高尔夫比赛用的小旗竿。

　③ バーディー：高尔夫术语。得分少于标准杆的一击。

■ **解答**

　○　次の問題を考えながら聞きましょう。

　　1. a　　　　　　　　2. c

　○　では、更に次の問題を意識しながらもう一度聞きましょう。

　　a. リズム　意味：节奏，规律

　　b. スコア　意味：得分

　○　もう一度聞いて、次の問題に答えましょう。

　　a. 3 番：パーパット

　　b. 4 番第 2 打：ピンそばにつけてバーディー

　　c. 12 番：7 メートルのバーディーパット

内容 5　（2 分 13 秒）

　ザッケローニ監督や選手たちが現地時間の午後二時すぎ、キャンプ地、イトゥーに戻りました。夕方には次のコロンビア戦に向けて練習を再開。冒頭の 15 分だけが公開されました。夜になっても気温が 30 度近くあり、蒸し暑かったナタルに対してイトゥーは夕方の気温が 20 度前後、選手たちはストレッチなど軽めのメニューで調整していました。ザッケローニ監督はギリシャ戦のあと、攻撃にスピードがなかったことを課題に挙げました。持ち味の攻撃サッカーに本来のスピード取り戻すことが、これからの調整の鍵となります。「今まで自分たちが掲げてきた大きな目標というのを、自分たち自身が信じられるかどうかっていうのをほんとに、試されているところだと思うので、自分

たち自身を信じなくてはいけないと思いますし、大きな気持ちを持って次の試合に臨むことが大前提じゃないのかな。」「メンタル的なコンディションをしっかり整えないと試合には臨めないと思うんで、しっかりと前を向いてポジティブにとらえて進んでいくだけです。」「最終的なクロスの精度パスの精度、あとはシュートの精度が上がれば点は確実に取れると思うからどんな相手でも。」「そこは、しっかりと反省点としてみつめてコロンビア戦に活かせるようにやっていきます。」「自分たちのスタイルをやり続けるだけですし、あとは結果として結びつけるだけなので、もちろん1戦目2戦目と思うような結果になっていないけれど、ここでぶれていてはいけないし、自分たちがやってきたものを信じてやり続けるだけなので、それを必ず結果に結びつけるために、みんなが信じて1人1人やるだけだと思っています。」

■ 解答

○　次の問題を考えながら聞きましょう。

1. 答え：サッカーワールドカップ。

　　根拠：ザッケローニ監督、コロンビア戦、ギリシャ、攻撃サッカー、パスシュートなどの単語。

2. b

○　では、更に次の問題を意識しながらもう一度聞きましょう。

1. c　　　　　　2. b

○　もう一度聞いて、次の問題に答えましょう。

a. ストレッチ　意味：短距離跑

b. コンディション　意味：条件，状況

c. ポジティブ　意味：積極的，肯定的

内容6　(1分11秒)

　6年後の東京オリンピックとパラリンピックの聖火リレーを想定して、東日本大震災の被災地と東京をたすき①でつなぐ「1000キロ縦断リレー」に、女子マラソンの高橋尚子さんなどが参加することになりました。「1000キロ縦断リレー」は、東京都などが6年後の東京オリンピックとパラリンピックの聖火リレーにつなげる大会として去年から始

めています。オリンピックの招致が決まって初めてとなる今年の大会には、女子マラソンの高橋尚子さんのほか、有森裕子さんなど、多くのゲストランナーが参加することが決まりました。リレーは、明後日青森県庁をスタートし、岩手・宮城・福島、そして茨城・千葉の沿岸部など東日本大震災の被災地を経て、来月7日の東京江東区でのゴールまで、すでに参加が決まっているおよそ900人がたすきをつなぎます。東京都は「リレーを通して、復興を後押しするとともに震災の記憶を風化させないようにしたい」と話しています。

■ **文法と言葉遣いの解釈**

　① ：たすきでつなぐ："たすき"本意指在选举或者接力赛中斜挂在肩上的窄布条。引申为通过进行接力赛来推动其他活动。

■ **解答**

　○　次の問題を考えながら聞きましょう。

　1. c　　　　　2. a

　○　では、更に次の問題を意識しながらもう一度聞きましょう。

　1. c　　　　　2. d

　○　もう一度聞いて、次の問題に答えましょう。

　青森県庁をスタートし、岩手・宮城・福島、そして茨城・千葉の沿岸部など東日本大震災の被災地を経て、東京江東区でのゴールに辿りつきます。

内容7 （2分09秒）

　大相撲名古屋場所は今日も波乱が起きました。エジプト出身の大砂嵐が、はじめての横綱戦で鶴竜に勝って、初金星①を挙げました。パワーが持ち味の大砂嵐は、ここまで2勝3敗、その立合いは？ 4日間連続で右からの強烈なかちあげ②を見せてきました。

　今日は横綱初挑戦。鶴竜にもかちあげを見せるかが注目されました。

　おっと、鶴竜、動いた。

　左4つ。

巻き替えて、大砂嵐の勝ち。

横綱初挑戦で初金星。

大砂嵐、横に動いた鶴竜にかちあげをしません。もろ差し③になったところをすぐに巻き替え④、スピードと技術で初金星を挙げました。鶴竜は今場所初黒星⑤。落ち着いて出ればよかったと土俵際の攻めを悔やんでいました。「よかったです。うれしいです」。

中入り後の勝敗です。

千代丸は持ち味の突き押し⑥相撲がさえて五連勝です。高安も5連勝と元気です。遠藤は若手の千代鳳に敗れ、4敗目です。琴奨菊は5連勝、白鵬は昨日日馬富士を破った嘉風との一番でした。

さあ、白鵬、今回もすぐはさせません。

白鵬を見て、突いて、はたいた、はたきこみ。

白鵬の勝ち。

2日連続の金星ならず、嘉風です。

■ 文法と言葉遣いの解釈

① 初金星:金星是指平幕的力士在与横纲的比赛中赢得胜利。初金星就是第一次赢得横纲。

② かちあげ:相扑术语。弯曲自己的肘部，使用腕部和肩部的力量，往上顶对手的上半身。

③ もろ差し:相扑术语。双手插入对方腋下。

④ 巻き替え:相扑术语。换手的动作。从对方胳膊外侧抓住腰带的手换手到插入对方腋下的动作。

⑤ 初黒星:黑星是指在比赛中失利、失败。初黑星就是第一次失利。

⑥ 突き押し:相扑术语。直接攻击用手推对方的脸部或者身体使之出界。

■ 解答

〇 次の問題を考えながら聞きましょう。

1. b　　　　　2. d

〇 では、更に次の問題を意識しながらもう一度聞きましょう。

千代丸:5連勝　　高　安:5連勝

遠　藤:4敗　　琴奨菊:5連勝

〇 もう一度聞いて、次の問題に答えましょう。

a.（〇）　　　b.（〇）　　　c.（×）　　　d.（〇）

課外でチャレンジしましょう

スクリプト

内容1 （1分01秒）

　バスケットボールです。男子の国内トップリーグが NBL と BJ リーグの2つに分かれた状況が問題とされている中で、両リーグは、統一した新しいプロリーグの創設を目指すことで、合意しました。「2020年の東京オリンピックに向けて、一つのプロリーグにし、強化をあわせて出来るようなしっかりとしたリーグにしていきたい。」この問題でNBL、BJ リーグは、2016年をめどに統一した新しいプロリーグの創設を目指すことで合意し、そのための組織委員会を設置しました。これについて、国際バスケットボール連盟は今年10月までに事態が改善されなければ日本代表を国際大会への出場停止処分にすると勧告しています。

■ 解答
1. NBL と BJ リーグです。
2. 両リーグを統一し新しいプロリーグを創設することについてのニュースです。
3. 国際バスケットボール連盟によって、日本代表が国際大会への出場停止処分にされます。

内容2 （1分02秒）

　来月13日に始まる大相撲名古屋場所の番付が発表されました。東の横綱に座った白鵬が30回目の優勝を目指します。
　先場所14勝1敗の成績で二場所ぶりの優勝を果たした白鵬。
　今場所は東の横綱に座り、30回目の優勝を狙います。
　これまで30回の優勝を果たしたのは、大鵬と千代の富士の2人だけです。東の関脇

の豪栄道は昭和以降で単独 1 位となる 14 場所続けての関脇です。

　先場所 10 勝を挙げたエジプト出身の大砂嵐は西の前頭 3 枚目に番付を上げました。大相撲名古屋場所は、来月 13 日から名古屋市の愛知県体育館で行われます。

■ 解答

1. 29 回優勝しました。
2. 大鵬と千代の富士です。
3. 昭和以降で単独 1 位となる 14 場所続けての関脇となりました。

内容 3 （1分17秒）

　韓国で開かれるアジア大会の開幕が 2 週間後に迫ってきました。柔道の中村美里選手、北京オリンピックの銅メダリストが本格的な復活を目指しています。アジア大会に向けて、強化合宿を行っている柔道女子の日本代表。中村選手は、2 大会連続で出場したロンドンオリンピックは 2 回戦で敗退、その後、左ひざの手術などで休養し、去年 11 月に国内の試合で復帰しました。不安はなくなったと合宿では、得意な足技を次々と決め、回復振りをアピール、アジア大会から、本格的な復活を目指します。「リオオリンピックを目指すには、ここでしっかり自分の柔道をアピールというか、したいなと思います。2 連覇目指して頑張ります。」「この結果というものはどこにつながっていくか自身で分かっていると思いますので、本人も力を出してくれるのではないかと思います。」

■ 解答

1. 韓国で開かれるアジア大会に参加します。
2. いいえ、2 回戦で敗退しました。
3. アジア大会とリオオリンピックで優勝することを指しています。

内容 4 （1分26秒）

　アギーレ監督が率いるサッカー日本代表の合宿は 2 日目、本田圭佑選手など海外でプレーする 7 人が合流しました。「生で本田選手などが見られるのが嬉しいです。」今日の公開された練習には、3000 人のファンが詰め掛けました。所属のチームの試合のために、今日帰国した本田選手や長友選手など、7 人が合流し、23 人すべてがそろいました。アギーレ監督は、練習で積極的に選手たちに声をかけます。初めて指導する本田選手とはしばらく話す場面も見られました。本田選手は 2 日前イタリア 1 部リーグの開幕戦でゴールを決め、新たな日本代表でも攻撃の中心として期待がかかります。「オンとオフがはっきりしてることが少しでも彼が見えたんじゃないのかな。もちろん、まだ自分自身が改革は始まったばかりなんですけれど、あの、そういう変わっていく姿というのを見せていければいいかなと思います。」

■ 解答
1. 23 人すべてそろって合宿に参加しました。
2. いいえ、初対面です。

内容 5 （1分51秒）

　サッカーのドイツ 1 部リーグ、ドルトムントに復帰した香川真司選手が、復帰後初めてとなるリーグ戦を迎えるのを前に、地元では 2 連覇を果たしたときの中心選手の 1 人だった香川選手の活躍に大きな期待が集まっています。香川選手はイングランドプレミアリーグのマンチェスターユナイテッドから 3 シーズンぶりにドルトムントに復帰し、13 日、復帰後初めてとなるリーグ戦を迎えます。香川選手は 2010 年から 2012 年にかけてドルトムントに所属し、中心選手としてリーグ 2 連覇に貢献し、地元のファンが復帰を熱望していました。ドルトムント市内のスポーツ用品店です。この店では、香川選手の新しいユニフォームを店頭に飾って、復帰を歓迎しています。専門誌によりますと、香川選手の新しい背番号「7」のユニフォームは、発売から 6 日間で 1 万着以上が売れました。チームとしてこれまでで最も早いペースだということです。「ドイツ攻略。」チ

ーム内でけが人が相次いでいることもあり、香川選手が 13 日のホームでのフライブルクとの試合に出場することが確実視されています。地元のファンからは 3 シーズンぶりのリーグ制覇に向けて、大きな期待が寄せられています。

■ 解答

1. サッカーのドイツ一部リーグ、ドルトムントです。
2. 7 番です。
3. いいえ、3 シーズンぶりに復帰しました。

图书在版编目(CIP)数据

日本语听力教学参考书. 第3册/侯仁锋,梁高峰主编.
—3版. —上海:华东师范大学出版社,2015.6
ISBN 978 - 7 - 5675 - 3713 - 2

Ⅰ.①日… Ⅱ.①侯…②梁… Ⅲ.①日语-听说教
学-高等学校-教学参考资料 Ⅳ.①H369.9

中国版本图书馆 CIP 数据核字(2015)第 134441 号

日本语听力教学参考书·第三册
(第三版)

主　　编　侯仁锋　梁高峰
项目编辑　夏海涵　孔　凡
特约审读　郑　艳
装帧设计　卢晓红

出版发行　华东师范大学出版社
社　　址　上海市中山北路 3663 号　邮编 200062
网　　址　www.ecnupress.com.cn
电　　话　021 - 60821666　行政传真 021 - 62572105
客服电话　021 - 62865537　门市(邮购) 电话 021 - 62869887
地　　址　上海市中山北路 3663 号华东师范大学校内先锋路口
网　　店　http://hdsdcbs.tmall.com

印 刷 者　扬中市印刷有限公司
开　　本　787 × 1092　16 开
印　　张　19.25
字　　数　413 千字
版　　次　2016 年 1 月第 2 版
印　　次　2016 年 1 月第 1 次
书　　号　ISBN 978 - 7 - 5675 - 3713 - 2/H · 786
定　　价　43.00 元

出 版 人　王　焰

(如发现本版图书有印订质量问题,请寄回本社客服中心调换或电话 021 - 62865537 联系)